Thomas Steinfeld / Heidrun Suhr (Hg.)

In der großen Stadt

athenäums
monografien

Literaturwissenschaft
Band 101

»Großstadtkultur« – und in ihr »Metropolenliteratur« – ist als Kategorie von ästhetischer Erfahrung mittlerweile zum festen Bestandteil kulturtheoretischer Reflexion geworden. Im historischen Nachvollzug dieser Kategorie wird jedoch ein Phänomen deutlich, das sich im Verlauf der urbanen Mode der jüngsten Zeit ergeben hat: die Verwandlung der Metropole in einen sentimentalen Gegenstand. Demgegenüber scheint die Stadt, wie sie vor allem in der Literatur und Malerei der zwanziger Jahre dargestellt ist, aus ganz anderer Perspektive betrachtet zu werden – als ultimativer Ausdruck einer Moderne, mit der man offenbar erst noch zurechtkommen muß.

Was also ist der eigentliche Fixpunkt einer kulturellen Topographie der Stadt? Die Erfahrungen, die man darin machen muß und kann – oder bereits verwandelt das Gerede davon? Schafft sich dieses Gerede eine eigene Wirklichkeit? Gibt es eine Kontinuität in der kulturellen Bedeutung der Stadt, die aus den ersten Jahrzehnten dieses Jahrhunderts bis in die Gegenwart hineinreicht?

Diese Fragestellungen und das Bemühen um die Bestimmung dessen, was »Großstadtkultur« sei, wie Literatur und andere Künste und Medien darin zusammenfinden, begründen den Zusammenhang der in diesem Band versammelten Beiträge.

Thomas Steinfeld, studierte Germanistik und Musikwissenschaft in Marburg und Berlin und ist derzeit DAAD-Lektor für deutsche Sprache und Literatur an der Université de Montréal (Kanada).

Heidrun Suhr, studierte Germanistik, Anglistik, Philosophie und Politologie in Marburg und ist derzeit DAAD-Dozentin für German Studies an der University of Minnesota in Minneapolis (USA).

Thomas Steinfeld / Heidrun Suhr (Hg.)

In der
großen Stadt

Die Metropole
als kulturtheoretische Kategorie

ANTON HAIN

Die Reihe erschien bis Ende 1987 unter dem Titel
»Hochschulschriften Literaturwissenschaft«.

CIP-Titelaufnahme der Deutschen Bibliothek

In der großen Stadt: die Metropole als kulturtheoretische
Kategorie / Thomas Steinfeld; Heidrun Suhr (Hg.). – Frankfurt
am Main: Hain, 1990
   (Athenäums Monografien: Literaturwissenschaft; Bd. 101)
   ISBN 3-445-08951-5
NE: Steinfeld, Thomas [Hrsg.]; Athenäums Monographien /
   Literaturwissenschaft

Reproduktion, Druck und Bindung: Poeschel & Schulz-Schomburgk, Eschwege
Printed in West-Germany
ISBN 3-445-08951-5

INHALT

VORWORT

Was Großstadtkultur - und in ihr Metropolenliteratur - sei, und daß
es so etwas als Kategorie ästhetischer Produkte gebe, scheint
während der letzten Jahre im Zuge einer Renaissance des Gegenstandes zu einem festen Element kulturtheoretischer Reflexion
geworden zu sein. Die Berufung auf künstlerische Praktiken und
ästhetische Überlegungen aus der Zeit zwischen 1870 und 1930, aus
der Zeit also, in der eigentlich erst entstand, was heute eine
Großstadt ausmacht, scheint sich indessen nicht immer rechtfertigen
zu lassen. Denn versucht man, der Kategorie urbaner Kultur eine
eindeutige Bestimmung zu geben, verliert sich bald der Eindruck von
Gewißheit: Geschwindigkeit, Augenblicklichkeit, Konzentration,
Disparatheit, all diese Prädikate großstädtischer Erfahrung mögen
zwar Elemente veränderter Lebensbedingungen jener Zeit gewesen
sein und sich damals tatsächlich auf die Stadt bezogen haben. Als
Definitionsrahmen urbaner Erfahrung im späten zwanzigsten Jahrhundert haben sie etwas Willkürliches.

Im Nachvollzug der Geschichte, die diese Kategorie "Großstadtkultur"
nahm, fällt nun etwas auf: und zwar die Verwandlung der Großstadt
in einen sentimentalen Gegenstand, geschehen im Verlauf einer
Mode von Urbanität, wie sie sich zu Beginn dieses Jahrzehnts
entwickelte. Sentimental sind in dieser Mode beide Aspekte, nämlich
der Rekurs auf das Idyllische einer Großstadt - und idyllisch ist
etwa schon die Anrufung von Intensität, sei es der Wahrnehmung,
sei es gar des Lebens in der Metropole - wie dessen Umkehrung:
die Reflexion auf die Großstadt als Ort existentieller Herausforderung. Demgegenüber scheint die Stadt, wie sie in der Literatur
und Malerei des späten 19. und frühen 20. Jahrhunderts zum Thema
wird, in ganz anderer Perspektive betrachtet zu werden - als
Ausdruck einer Moderne, die es offenbar erst noch zu erfassen gilt,
aber auch als Ausdruck einer existentiellen Unsicherheit.

Was also ist der eigentliche Fixpunkt einer kulturellen Topographie
der Stadt? Die Erfahrungen, die man darin machen kann oder muß
- oder bereits verwandelt das Gerede davon? Schafft das Gerede,
der Diskurs der Großstadt, eine eigene Wirklichkeit? Gibt es eine
Kontinuität in der kulturellen Bedeutung der Stadt, die über 100
Jahre Großstadterfahrung reicht und stets wieder reklamiert werden
kann? Ist also die Kultur der Metropole - der frühen modernen
und der gegenwärtigen - die Kultur, die über sich hinausweist und
aus der eine allgemeine Kultur wird?

Die Beiträge dieses Bandes geben auf diese Fragen nicht alle eine
gleiche Antwort, bilden aber insofern einen Zusammenhang, als sie

8

in voneinander abweichender historischer Perspektive stets wieder
die Frage nach der Gültigkeit der Kategorie des Urbanen für die
kulturtheoretische Reflexion stellen. Sie dokumentieren eine Diskussion, die im Herbst 1987 anläßlich zweier Kolloquien an der
Université de Montréal und an der University of Minnesota in
Minneapolis begann, dort aber nicht aufhörte: Keiner der Beiträge
befindet sich mehr in seiner ursprünglichen Form, mehrere wurden
für diese Veröffentlichung völlig umgeschrieben.

Die Herausgeber danken dem Deutschen Akademischen Austausch-
dienst, der Max Kade Stiftung, dem *German Department* der
University of Minnesota und der Germanistischen Sektion der
Université de Montréal für deren Unterstützung. Der Aufsatz von
Linda Schulte-Sasse wurde von Jochen Schulte-Sasse aus dem
Amerikanischen ins Deutsche übertragen, der Essay von Charles W.
Haxthausen von Heidrun Suhr und Thomas Steinfeld. Walter Mosers
Essay lag ein in französischer Sprache verfaßter Entwurf zugrunde,
der von Thomas Steinfeld übersetzt und bearbeitet wurde. Die
Beiträge von Linda Schulte-Sasse, Charles W. Haxthausen und
Harald Jähner erscheinen in veränderter Fassung in dem von
Heidrun Suhr und Charles W. Haxthausen herausgegebenen Band
Berlin: Culture and Metropolis, der im Herbst 1990 von der Univer-
sity of Minnesota Press veröffentlicht wird. Wir danken diesem
Verlag für seine Kooperation.

New York City und Montréal,
im Januar 1990   Die Herausgeber

DAS REDEN VON BERLIN

Über Literatur und die große Stadt

von Michael Rutschky

Haben Sie's gleich mitbekommen? Den Doppelsinn, meine ich. Wer redet von Berlin, die Stadt, womöglich, von sich selber, und nicht nur ich, einer ihrer Unmengen Bewohner?

Tatsächlich redet die Stadt ununterbrochen von sich selber. Könnte man das Reden sehen, es müßte wie der Lichtschein sein, der, wenn man nachts durch die dunkle Mark Brandenburg anreist, als erste Emanation der großen Stadt zu erblicken ist - der *zwei* Städte, wie man, nach allem und noch immer, doch sagen muß: nicht Berlin und Köln, die Ursprungsdörfer, nein, das ist tiefe, aber, wie es sich für die so beredte Stadt gehört, allzeit präsente Vergangenheit, sondern "Westberlin" sowie "die Hauptstadt", wie man auch in Westberlin ganz gern sagt, also "a tale of two cities".

Also, der Lichtschein. Als Kind, in einem Reisebus der Firma P. Kühn die finstere *Sowjetzone* durchquerend, erblickte ich ihn durchaus als schweigende Mark Brandenburg, oder die Vorausdeutung des Paradieses, wie man es halt aus der Finsternis dieses tiefen Tales zu erblicken hat - was nicht die besondere Phantasiebegabung dieses Kindes bezeugt, sondern nur, wie gut es in die entsprechenden Deutungsmuster bereits eingeübt war. Denn die Stadt in der Ferne als Schimmer der Erwartung, das erkennen wir doch leicht als mythisches Schema. Wobei ich annehme, daß dies Schema von vornherein mit zwei Vorzeichen angewandt werden konnte, "two cities" von Anfang an: Die Stadt des Lichts, Zion vermutlich, sowie die große Hure Babylon, Inbegriff von Lust und Untergang; vielleicht soll das Schema auch eines des Sozialisation darstellen: Die Stadt des Lichts wird die Heimatstadt sein, wohin man zurückkehrt, die andere aber Inbegriff der Fremde, in die der Jüngling, Vater und Mutter verlassend, hinausmuß. Will man auf den binären Code nicht hereinfallen, sieht man in der großen Stadt ohne Umschweife beides, Heimat wie Fremde - ausgerechnet bei Oswald Spengler habe ich gelesen: "Das Heimweh nach der großen Stadt ist stärker vielleicht als jedes andere."[1]

---

[1] Oswald Spengler, <u>Der Untergang des Abendlandes</u>, Bd. II., München 1923, p. 121

Die große Stadt versetzt die Literatur in eine eigentümliche Lage. Sie hat ein neues anthropologisches Modell für das Schreiben hervorgebracht.

Normalerweise stellen Sie es sich doch so vor: Das Schreiben bevölkert die schweigende Mark Brandenburg oder die Natur oder die Wirklichkeit oder die Welt oder wie Sie es nennen wollen, mit Worten; im Schreiben wird der Stille die Sprache abgekämpft. So habe ich es bei Anthony Burgess gelesen, der es seinerseits bei dem Anthroplogen Bronislaw Malinowski gelesen hatte: Die Grunzlaute der Urhorde in der prähistorischen Nacht, ja, hier bin ich, die Angst und Einsamkeit lindern und den Zusammenhang der Menschheit in einer feindselig-indifferenten, jedenfalls sprachlosen Welt stiften.[2]

Das Schreiben entsteht am Übergang von Natur in Kultur - deshalb konnte es solange als Inbegriff von Kultur gelten!

Im Grunde haven wir es dabei jedoch mit einem anthropologischen Konzept der Vormoderne zu tun, als sich die Menschengesellschaft tatsächlich kaum von der sprachlosen Natur abgehoben hatte und fortlaufend vom Rückfall ins Schweigen bedroht war, weshalb jedes fixierte Wort als Kostbarkeit gelten konnte.

Aber in der modernen Welt, deren Inbegriff die große Stadt ist, bleibt dies Modell eigentlich hinter der anthropologischen Lage zurück; denn bei der großen Stadt befinden wir uns eben in einer Welt, die von sich aus überaus beredt ist; hier braucht niemand das Schweigen mit Wörtern zu füllen.

Im Gegenteil. In der großen Stadt empfindet die Literatur nur allzu oft den dringenden Wunsch, aus dieser überbordenden Beredsamkeit der Welt in die Wortlosigkeit zurückzukehren, Sprache in Schweigen zu verwandeln, was, weil Literatur halt aus Worten gemacht ist, zu höchst paradoxen, wenn nicht sogar blutigen Arbeiten führt. Das verbindliche Modell hierfür wäre jedenfalls die Rückkehr von Kultur in Natur; die Poesie öffnet ein schwarzes Loch, das alles Reden, wie es sich auch sträubt, verschlingt.

Ich möchte diesen Text hier, wenn mir nicht andauernd meine eigene Beredsamkeit dazwischen kommt, entlang der Straße organisieren, die von Potsdam zum Potsdamer Platz führt. Hinter Ihnen läge jetzt die Glienicker Brücke - über die, wie man zuweilen überall auf der Welt in Zeitungen lesen und im TV sehen konnte,

---

[2] Anthony Burgess, Shakespeare. Eine Biographie. Hamburg 1982, p. 45

die Spione aus der Kälte zu kommen pflegten, und eine junge Frau aus den USA war, als sie uns besuchte, höchst verblüfft, daß diese eben wieder einmal weltweit publizierte Glienicker Brücke ganz am Rande der Stadt liegt und nicht in ihrem Zentrum, "between the two cities" - ein anderes Bild, natürlich, für den Übergang von Natur in Kultur.

Bevor der Ort Wannsee beginnt, meldet sich die Mark Brandenburg noch einmal eindringlich bei Ihnen mit ihren Wäldern, rechts und links der Straße dunkle Wände. Die Einwohner der Stadt, welche sie endlich einmal hinter sich lassen wollen, um in die Natur draußen einzutauschen, kommen hier schon beim Schauen gut auf ihre Kosten.

Stadtwärts, hinter dem Ort Wannsee und der gleichnamigen Wasserfläche, wenn Sie rechts abbiegen und von dieser Straße, die an Eisenbahngeleisen entlangführt, noch einmal rechts, einen Pfad unter Bäumen zum Wasser hinunter: Dann stehen Sie am Grab Heinrich von Kleists. Hier hat er, am 21. November 1811, erst Henriette Vogel erschossen, dann sich selbst.

Wenn ich Karl Heinz Bohrer richtig verstanden habe, müssen wir diesen Selbstmord als den Höhepunkt von Kleists poetischer Rede auffassen.[3] Dies ist also einer der blutigen Versionen des modernen Schreibens, das vom Reden ins Schweigen, von der Kultur in die Natur zurückwill.

Die große Stadt hat natürlich überhaupt keine Schwierigkeiten, das in ihre Beredsamkeit aufzunehmen: Kleists Grab befindet sich in einer kleinen Parkanlage, unter dichten Bäumen, und wer davor steht, hat die Empfindung einer Stille, die sich deutlich abgrenzt von dem Verkehrslärm der S-Bahn und der Autos drüben auf der Königstraße, auch von den Wassersportlern mit ihren Ruder- und Segelbooten unten auf dem kleinen Wannsee. Stille gegen Lärm; wenn Sie vor Kleists Grab stehen und dies Schema realisieren, nehmen Sie also haargenau die Haltung ein, welche die Stadt-inszenierung für Sie vorgesehen hat.

Der Weg aus dem Reden ins Schweigen, der Kultur in die Natur, dem Seienden ins Nichts: der fortgeschrittene Stadtbewohner ist nicht

---

[3]   Karl Heinz Bohrer, Der romantische Brief, München 1987, siehe insbesondere p. 135 ff. - Ich gebrauche "Natur" nicht im Sinne des Phantasmas aus der deutschen Klassik und Romantik, sondern als einen der Termini des gesellschaftlichen Klassifikationsschemas, das uns Claude Lévi-Strauss zu erkennen gelehrt hat.

darauf angewiesen, daß ihm dies Muster von der Szenerie, in der er sich gerade befindet, aufgenötigt wird. So habe ich mir mal von J. erzählen lassen, wie sie, Gäste erwartend, aus Westdeutschland - so heißt die Bundesrepublik nun mal in Westberlin - auf dem Bahnhof Wannsee nicht mehr loskam von der Phantasie, der Schienenstrang verliere sich dort nicht bloß zwischen grünem Gebüsch, nein, nach dem Gebüsch, hinter jener Kurve beginne buchstäblich das Nichts. Der Zug aus Westdeutschland, den sie erwartete, hätte die DDR gar nicht physisch durchquert, nein, er würde sich kurz vor jener Kurve, bevor sie ihn sähe also, überhaupt erst materialisieren - kurzum, der Perron des Bahnhofs Wannsee, auf dem J. von diesem Phantasma in Bann geschlagen wurde, war, diesem Phantasma zufolge, eine Hafenmole ins Nichts...

*

Die Straße von Potsdam zum Potsdamer Platz ist ein ungeheuer langes, ununterbrochenes Stück, das von Wannsee über Zehlendorf, Dahlem, Steglitz, Friedenau, Schöneberg in den Bezirk Tiergarten führt, wo der Potsdamer Platz liegt. Das Straßenschild, dem Sie ununterbrochen folgen, weist Sie nach "Berlin Mitte"; und ich habe in der Tat mal in Tiergarten unten einem verzweifelten italienischen Autofahrer erklären müssen, daß er so nicht in die City gelangen werde: "Die City, das ist Charlottenburg!" Daß Sie über diese Straße nach Berlin Mitte gelangen, das ist eine Fiktion, denn Berlin Mitte liegt in der anderen Stadt, in der Hauptstadt der DDR - sollten Sie eine Stadtrundfahrt mache, wird Ihnen der Fremdenführer routiniert erklären, daß das Straßenschild eine Utopie verkörpert: Es soll den anhaltenden Wunsch der Einwohner zum Ausdruck bringen, daß aus den "two cities" wieder eine wird; mit den Straßenschildern sei die andere Stadt in der unseren enthalten - lange eine Utopie, die unterdessen freilich italienische Autofahrer verwirrte.

Das lange Stück Straße, das Sie hinunterfahren, heißt mal Königstraße (in Wannsee, das hatten wir schon), dann Potsdamer Chaussee, dann Berliner Straße, dann Unter den Eichen - was, wie ich mir von einem der zahlreichen Berlinologen habe erklären lassen, wiederum die Stadt Potsdam enthält, insofern der Stadtname nämlich in der Sprache der Ureinwohner nichts anderes als "Unter den Eichen" bedeutete, was als Straßenname wiederum natürlich am anderen Ende "Unter den Linden" enthält, und überhaupt, denke ich, gibt es wohl nur noch in Japan so viele einheimische Theoretiker, die Ihnen auf Anhieb so haargenau erklären können, was Berlin bzw. Japan eigentlich sei und wie alles mit allem zusammenhängt, dann haben Sie in Steglitz die Schloßstraße erreicht.

Hier finden Sie kurz hinter dem Rathaus Steglitz, wilhelminische Backsteingotik, und dem Steglitzer Kreisel, einem Skandalmonument des Etatismus - der Staat mußte Mitte der siebziger Jahre dem zusammengebrochenen Kapital, das an der Vermietung dieses Hochhauses sich ordentlich hatte vermehren wollen, unter die Arme greifen -, hier finden Sie linkerhand in der Schloßstraße das alteingesessene Delikatessengeschäft Nöthling, in dem, wie ich mir von einem anderen Berlinologen habe erklären lassen, 1938 Ernst Jüngers berühmt-berüchtigtes Traumstück "Violette Endivien" spielt. (Ich habe mir bei Nöthling mal eine Glasflasche kandierter Veilchen gekauft, einem Hinweis von Horkheimer und Adorno folgend, die an diesem Konfekt noch den Zauber des Blumen-Essens erkannten, das den Lotophagen in der "Odyssee" seliges Vergessen der Individuation schenkt[4] - wir schreiben die siebziger Jahre; alle hörten Gustav Mahler und dachten an Stammheim. Die kandierten Veilchen schmeckten enttäuschend, Heu mit Zucker.

"Ich trat in ein üppiges Schlemmergeschäft ein, weil eine im Schaufenster ausgestellte, ganz besondere, violette Art von Endivien mir aufgefallen war. Es überraschte mich nicht, daß der Verkäufer mir erklärte, die einzige Sorte Fleisch, für die dieses Gericht als Zukost in Frage käme, sei Menschenfleisch -ich hatte das vielmehr schon dunkel vorausgeahnt.

Es entspann sich eine lange Unterhaltung über die Art der Zubereitung, dann stiegen wir in die Kühlräume hinab, in denen ich die Menschen, wie Hasen vor dem Laden eines Wildbrethändlers, an den Wänden hängen sah. Der Verkäufer hob besonders hervor, daß ich hier durchweg auf der Jagd erbeutete, und nicht etwa in den Zuchtanstalten reihenweise gemästete Stücke betrachtete: 'magerer, aber - ich sage das nicht, um Reklame zu machen - weit aromatischer'. Die Hände, Füße und Köpfe waren in besonderen Schüsseln ausgestellt und mit kleinen Preistäfelchen besteckt.

Als wir die Treppe wieder hinaufstiegen, machte ich die Bemerkung: 'Ich wußte nicht, daß die Zivilisation in dieser Stadt schon so weit fortgeschritten ist' - worauf der

---

[4] Max Horkheimer und Theodor W. Adorno, Dialektik der Aufklärung, Amsterdam 1947, p. 79 ff.

Verkäufer einen Augenblick zu stutzen schien, um dann mit einem sehr verbindlichen Lächeln zu quittieren."[5]

Kultur/Natur: In die allgemeine Beredsamkeit hinein einen Traumtext zu schicken, der auf opak stilisiert ist, das entspricht unserem anthropologischen Modell für die Literatur der großen Stadt, wo die Welt ununterbrochen redet, weshalb die Literatur auf Schweigen zielt, genau. Träume sind, wie man, gerade Freud folgend, sagen kann, Naturtexte, die sich, in ihrem Originalzustand, absolut der kommunikativen Verständlichkeit entziehen und nur auf einem mühseligen Interpretationsumweg in diese, in die Kultur hineintransportiert werden können, wobei über dem, was am Ende als halbwegs verständlicher Sinn öffentlich daliegt, immer auch der schwere Zweifel waltet, ob das wirklich draußen, in der Natur, im Schlaf gemeint war? Der Traum ist keine Sprache; wäre er eine, man müßte ja einen beliebigen Wachtext in ihm zurückübersetzen können.

Nun ist es freilich nicht ganz richtig, daß Jünger seinen Traumtext opak belassen oder auf opak stilisiert hätte: Der Traum ist ein Stück Kulturkritik, das geradezu vorbildlich die große Stadt nach dem Schema Kultur/Natur abhandelt - die kulturkritische Pointe ist, denke ich, Ergebnis jener "sekundären Bearbeitung", der "unser waches Denken" den Traum als Natur sogleich unterwirft, indem es "an den Trauminhalt mit dem Anspruch herantritt, er müsse verständlich sein, ihn einer ersten Deutung unterzieht und dadurch das volle Mißverständnis desselben herbeiführt."[6]

Kultur/Natur: In der großen Stadt, soll Jüngers Traum demnach bedeuten, wo die Kultur am weitesten fortgeschritten ist, schlägt sie an diesem höchsten Punkt in Natur zurück, der Delikatessenladen, "shop of horrors", bedient die Kannibalen, der am weitesten verfeinerte Geschmack ist zugleich der roheste. Und wir können auch unser zweites Schema für die große Stadt, das ich bislang vernachlässigt habe, ohne allzu große Mühe applizieren, Zion/Babylon, Paradies und Hölle: Das Paradies, das die am weitesten fortgeschrittene Kultur in der großen Stadt zu installieren meint, *ist* die Hölle; wobei diese konservative Idee eigentümlich fest an den Nihilismus der Warenwelt geknüpft zu sein scheint - die großen Städte sind die großen Märkte: es sind ja die Leuchtreklamen, mit

---

[5] Ernst Jünger, Das abenteuerliche Herz, Zweite Fassung. Hamburg 1942, p. 11 f.

[6] Sigmund Freud, Die Traumdeutung, Gesammelte Werke II/III (Imago-Ausgabe), p. 504

denen die große Stadt vor allem in dem Dunkel draußen schimmert
- : Daß die vorgeschichtliche Barbarei in einem Delikatessenladen
wiederkehrt, in dessen Kühlraum das Menschenwild rationell gelagert
wird, das macht die Zivilisation vollends abscheulich - hätte einer im
Tiergarten sein Stück Mensch erwürgt, geröstet und verzehrt, das
wäre unverändert abscheulich, aber bloß ein einzelner exorbitanter
Kriminalfall, nichts Typisches -

Aber was haben denn nun, mögen Sie unterbrechen, die violetten
Endivien zu bedeuten, von denen das Traumstück ausgeht?

Na, was wohl? Die männlichen Genitalien natürlich. Es fehlt sonst
ja jeder Hinweis, ob wir es mit Männer- oder Weiberfleisch zu tun
haben.

*

Eben noch hat unsere lange Straße von Potsdam zum Potsdamer
Platz "Rheinstraße" gehießen, jetzt aber "Hauptstraße". Und ebenfalls
linkerhand, in ungefähr demselben Abstand wie Nöthling zum
Rathaus Steglitz, befand sich zum Rathaus Friedenau eine Diskothek
namens "La Belle Club", deretwegen 1986 angstvoll in unseren
beiden Städten die Köpfe eingezogen wurden, von ihr möchte der
Dritte Weltkrieg ausgehen: In der Nacht vom 4. auf den 5. April
nämlich, präzise um ein Uhr fünfzig, explodierte hier eine Bombe
nahe der Tanzfläche, verletzte knapp 200 Menschen und tötete auf
der Stelle zwei, einen schwarzen US-Soldaten und eine junge
türkische Frau (die im weiteren Lauf der Ereignisse nicht mehr
vorkam). Der "La Belle Club" war übrigens in dem ehemaligen Kino
"Roxy" untergebracht; in den siebziger Jahren hatten es kurzfristig
die Maoisten zur "Großen Halle des Volkes" erklärt; dann war es,
wiederum unter dem Namen "Roxy", eine Diskothek geworden, die
auf den postmodernen Chic, das Eleganzprogramm der achtziger
Jahre vorausdeutete, diesen manischen Zustand, der die Depression
der siebziger Jahre abgelöst hat - da wirft ein weiterer Berlinologe
dazwischen, ich hätte die Besiedlungsdaten des "Roxy" nicht so ganz
richtig hingekriegt!   Na, egal.

Sie wissen bescheid: Präsident Reagan läßt Libyen bombardieren;
Gaddhafi soll in seinem Beduinenzelt dem Erdboden gleichgemacht
werden, denn Gaddhafi habe, über seine Botschaft in der Hauptstadt der DDR, den Attentätern die Bombe zugesteckt - damals war
Gaddhafi gerade der Inbegriff der Natur, der Barbarei, gegen den
sich nichts weniger als die Menschheit im Namen der Kultur
zusammenschließen sollte, Gaddhafi = Hitler.

Auch der Dritte Weltkrieg wäre also von deutschem Boden ausgegangen. Und ganz und gar unschuldig wären wir daran ja insofern nicht gewesen, als die Energien, die da, ganz oberflächlich gesprochen, im Mittelmeerraum feindselig kollidierten, Wut das etwas mit dem Staat Israel zu tun hat, letztlich von diesem gewissen Hitler und seinesgleichen freigesetzt worden sind. Sie wissen schon, der von vielen als Retter vor eben der Barbarei angesehen wurde, die er dann ins Werk gesetzt hat, eine Barbarei, die tatsächlich technisch und organisatorisch auf dem allerhöchsten Stand war - später hat sich Jünger, haben sich insbesondere seine Apologeten dann rauszureden versucht: Das sei doch bloß Seismographie gewesen, was er über die "Totale Mobilmachung" zu sagen gewußt hat[7], und nicht auch Propaganda dafür, dieses Megamaschine, die den Körper der Gesellschaft durchdringt, weshalb jeder Menschennerv sozusagen den Zündfunken abgibt für das entsprechende Waffensystem -

Ja, ich finde, zu den kanonischen Texten, zu denen du immer wieder im Laufe deines Lebens zurückzukehren hast, gehören auch manche der verbotenen.

Die Hauptstraße endet am Kleistpark. Darin befindet sich ein Monumentalgebäude, wilhelminischer Barock. Ehemals das Preußische Kammergericht, dann der Volksgerichtshof der Nazis; seit 1945 sitzt hier der Alliierte Kontrollrat, die eigentliche Stadtregierung, wenn ich richtig verstanden habe, und das für beide Städte, aber ich weiß es nicht genau. Diese Stadtregierung hat auch nichts genaues zu tun. Davor stehen die Busse der Stadtrundfahrten, während die Fremdenführer erklären: Preußisches Kammergericht - Volksgerichtshof - Alliierter Kontrollrat - "und hier vorn die Königskolonnaden aus dem 18. Jahrhundert, heute Kleistkolonnaden, die ursprünglich den Alexanderplatz zur Königstraße, abschlossen und schon 1910, beim Umbau des Alex, umgesetzt worden sind - Berlin war noch nie besonders pietätvoll in diesen Dingen."

Schon am Kleistpark befinden wir uns in der Potsdamer Straße, und ich möchte zweier Eigentümlichkeiten der deutschen Tradition gedenken.

Von Schopenhauers Begriff des Willens, behaupte ich mal frech, ist die Libido abgespalten (und zur Bearbeitung der "jüdischen Wissenschaft" eines gewissen Freud überschrieben) worden; was dagegen

---

[7]   Ernst Jünger, "Die totale Mobilmachung", in: Blätter und Steine, Hamburg 1934, p. 125 - 156

philosophische Dignität erlangte seit Nietzsche, nicht zuletzt bei den Mandarinen der deutschen Universität, ist der Begriff der Macht, die als elementare Naturkraft den Kulturmenschen lockt und bedroht, er weiß es selber nicht so richtig.

Was in der Potsdamer Straße den Kulturmenschen lockt und bedroht, er weiß es selber nicht so richtig, das ist aber die Libido. Immer wieder ringelt sich eine Schlange, nachtdunkel oder glitzernd, auf ihn zu, läßt ihre Leuchtsignale kreisen und proponiert eine leckere kleine Umschlingung. Wir befinden uns in dem zentralen Hurenviertel unserer Stadt. Woran sich nun wunderschön zeigen ließe, wie das Schema Kultur/Natur überhaupt nur innerhalb der Kultur funktioniert: Huren kommen in der Natur bekanntlich nicht vor - aber innerhalb der großen Stadt gelten sie traditionell als Inbegriff derselben, ja, die große Hure Babylon ist ein Zentralimago der großen Stadt, lockend und bedrohlich zugleich.

Mit jener Aufspaltung von Schopenhauers "Willen" in (jüdische, igitt) Libido und andrerseits sexualfreie Macht, der sich anheimzugeben dem deutschen Geiste lange geziemt hat, mag eine zweite Eigentümlichkeit zusammenhängen: Daß, wer sich auf deutschem Terrain für das Überschreiten der Kulturgrenzen in Richtung Natur interessiert, leicht im Lager der politischen Rechten sich wiederfindet, die gewissermaßen, ich werde immer frecher, die Gesellschaft vital unter Kontrolle bringen wollte, indem sie den Staat an die Naturkräfte anzuschließen suchte - eben dies war ja das Projekt der "Totalen Mobilmachung". Später, als es gescheitert war, um das mindeste zu sagen, hat Jünger sich den "Waldgang" ausgedacht: Wir müssen heraus aus der Kultur, die auf den Untergang, herunter von dem Luxusschiff, das, wie die *Titanic*, auf den Eisberg zusteuert, wir müssen in den Wald, der, weil jenseits der Geschichte, immer da ist, uns wieder anschließen an seine Naturkräfte und seine Anarchie[8] - was übrigens ziemlich genau die Überzeugung einer mächtigen Fraktion unserer Subkultur wiedergibt, die Jüngers Programm, ohne den Autor zu kennen, über Bioenergetik und was weiß ich für therapeutische Ostasiatika zu realisieren trachtet.

Als Studienrat, Sozialarbeiter etcetera beschäftigt vom Senat, der ohnedies der größte Arbeitgeber in unserer Stadt ist - oder als Arbeitsloser von ihm ausgehalten -, tritt diese Fraktion den Weg in den Wald inmitten der Stadt an. Die große Stadt *ist* nämlich der Wald - wenn jene doppelte Spaltung uns nicht so desorientiert hätte, wäre uns das schon länger klargewesen: Seit dem "Paysan de

---

[8] Ernst Jünger, Der Waldgang, Frankfurt 1951

Paris" (1926) von Aragon[9], den wegen dieser Optik auf die Kultur als Natur einer der größten unserer Lokalheiligen, Walter Benjamin, so gepriesen hat. Bei Aragon sind Libido und Macht noch vereint; und in den Verdacht, ein Rechter zu sein, ist er nie gekommen.

Die große Stadt ist der Wald, insofern sie die Warenwelt ist, in der eben auch, lockend und bedrohlich, jene nachtdunklen oder glitzernden Schlangen sich auf Sie zuringeln. Die große Stadt ist der Wald nicht, insofern sie das Schweigen wäre, dies eben ganz und gar nicht: Ihre Beredsamkeit bedient sich des Waldes nur allzu leicht; heutzutage sind die Waldgänger meist städtische Angestellte oder Beamte - wahrscheinlich waren sie schon in den fünfziger Jahren, Jüngers "Waldgang" mit tiefer Zustimmung lesend, Studienräte. Zu den Veranstaltungen, mit denen die Stadt sich 1987 anläßlich ihres 750. Geburtstages selbst gefeiert hat, zählte auch dieses Ausstellung: Bezirksamt Schöneberg, Potsdamer Straße 131; Dienstag bis Sonntag, 12 bis 18 Uhr: "Vergnügungsgewerbe rund um den Bülowbogen". Streifzüge durch die Geschichte der Großstadt-Prostitution.

Gewiß, du kannst dich in diesem Wald immer noch so verirren, daß du darin umkommst.

Im Mai 1987 ist uns die Geschichte von Ingrid Rogge erzählt worden, die Ende der siebziger Jahre aus dem süddeutschen Raum nach Westberlin richtig gesaugt worden ist und in SO 36, wo der Wald am dichtesten ist, Unterschlupf gefunden hatte. Diese Einwohner von SO 36 sehen sich selbst übrigens in einem paradiesischen Naturzustand, von dessen vollem Glück sie nur das *Schweinesystem*, der Staat insbesondere, verkörpert durch die Polizei, durch seine Interventionen immer wieder abhält - ich pflege von dieser Fraktion der Subkultur zu behaupten, es seien die letzten Staatsfrommen; sie glauben in einem religiösen Sinne an den Staat, und ihre *Fights* mit den *Bullen*, also die Verletzung der Staatstabus, bekräftigen diese Tabus ganz im Sinne von Georges Bataille, der den Mechanismus anläßlich der Sexualtabus analysiert hat.[10]

---

[9]   Louis Aragon, Pariser Landleben, München 1969. - "Sich in einer Stadt nicht zurechtfinden heißt nicht viel. In einer Stadt sich aber zu verirren, wie man in einem Walde sich verirrt, braucht Schulung. Da müssen Straßennamen zu dem Irrenden so sprechen wie das Knacken trockener Reiser und kleine Straßen im Stadtinnern ihm die Tageszeiten so deutlich wie eine Bergmulde widerspiegeln..." (Walter Benjamin, Berliner Kindheit um Neunzehnhundert, Frankfurt 1962, p. 9).

[10]   Georges Bataille, Der heilige Eros, Berlin/Neuwied 1963

Im September 1985 wird den Eltern von Ingrid Rogge von der Polizei mitgeteilt, daß man ihre Tochter in einem der Häuser von SO 36, auf dem Speicher, wo niemand hinkommt normalerweise, dichtes Unterholz, in eine Plastikplane verschnürt gefunden habe. Sie muß schon lange tot gewesen sein: Die Leiche ist skelettiert - was als Bild so im Kopf stehen bleibt, als wäre das Mädchen vom Wald selber eingesponnen und ausgesaugt worden.[11]

Ich will nicht behaupten, Ingrid Rogge und ihresgleichen - *Stadtindianer* nannte man sie in den siebziger Jahren - stünden in der Nachfolge Kleists, führten eine poetische Existenz auf dem neuesten Stand. Aber daß solche Existenzen ein Schreiben, das hinter dem anthropologischen Modell von Literatur, welches die große Stadt ausgeworfen hat, vom Reden ins Schweigen -

Verzichten wir auf den Schluß des Satzes.

*

Unsere lange Straße hat ja nicht in Potsdam begonnen - denn Sie kommen in Wannsee nicht über die Glienicker Brücke hinüber -, und sie endet auch nicht am Potsdamer Platz, wird vielmehr, bei den Neubauten der Preußischen Staatsbibliothek und der Neuen Nationalgalerie - und hier wird noch viel mehr neu gebaut - abgebogen auf die sog. Entlastungsstraße, die durch den Tiergarten, vorbei am Brandenburger Tor und dem Reichstag, nach Moabit hineinführt, in dessen Gefängnis, wenn ich mich nicht irre, noch einige RAF-Terroristen aus den siebziger Jahren einsitzen, aber, wie Sie an mir sehen, halbvergessen.

Beitrag zum *Historikerstreit*: So lange Sie diesen Potsdamer Platz so sehen können, wird für Sie die deutsche Geschichte nicht zu normalisieren sein. Dort drüben, dieser leere Erdhügel auf der leeren Bühne, das ist es gewesen, das Herz der Finsternis: Der *Führerbunker* hat sich dem Erdboden nicht ganz und gar gleichmachen lassen. Jetzt werde *ich* einen Traum erzählen:

"Währen die Schlacht um Berlin tobt, diktiert Hitler ununterbrochen Briefe. Ich sitze also an der Schreibmaschine, lasse Hitlers brüllende Tiraden über mich ergehen und suche soviel wie möglich davon niederzuschreiben. Es ist eine große alte Büroschreibmaschine, die hin und wieder

---

[11] Marie-Luise Scherer, "Der unheimliche Ort Berlin", In: Der Spiegel, Nr. 21/1987, p. 98 - 126

klemmt - Hitlers Brüllen, der Kriegslärm und das Klappern
der Schreibmaschine steigern sich wechselseitig. Jetzt wird
auch noch das Papier knapp. Jetzt muß ich, statt des
richtigen Schreibmaschinenpapiers, eine Art Tempo-Taschen-
tuch in die Schreibmaschine einspannen, was sich aber nicht
machen läßt, weil das Zellulosetuch viel zu dick ist, als daß
man es unter die Gummiwalze zwingen könnte. Ohne davon
Notiz zu nehmen, brüllt Hitler ununterbrochen. Durch das
zerstörte Dach der Reichskanzlei strömt der Regen. Ich
kapituliere, breche in Tränen aus und falle K. um den
Hals, die plötzlich neben mir gestanden hat. Ich bin sofort
wach."

Ich möchte zum Schluß eine Geschichte weiterreichen, die mir von
L. erzählt worden ist, der sie aus der anderen Stadt mitgebracht
hat.

Eine schöne Jungbürgerin der Hauptstadt lernt im Sommer, beim
Baden draußen, an einem der märkischen Seen, einen schönen
jungen Mann kennen. Ein Russe; mit dem sie, weil sie ihr Pflicht-
russisch auf dem sozialistischen Gymnasium ordentlich gelernt hat,
gut ins Gespräch kommt. Was aber eigentlich unmöglich ist; weil
der schöne junge Russe Soldat ist, und den russischen Soldaten ist
das Fraternisieren mit den Jungbürgerinnen der Deutschen Demokratischen Republik strikt untersagt.

Es wird eine ganz, ganz große Liebesgeschichte. Unter deren
Ansturm sich seine Kameraden und sogar die unmittelbaren
Vorgesetzten verschwören: Sie schirmen ihn so ab gegen das
Kasernenleben, daß er für mehrere Wochen verschwinden und bei
seiner Geliebten in der Hauptstadt leben darf, die also auch unter
dem real existierenden Sozialismus waldartig genug ist, daß sich ein
Liebespaar darin verbergen kann.

Es bleibt eine ganz, ganz große Liebesgeschichte, als der schöne
junge Russe in die Sowjetunion zurückkehrt. Sehnsüchtige Briefe,
Telefongespräche; ernsthafte Prüfungen durch den Zweifel, ganz wie
es sich gehört. Die schöne junge Frau besucht ihren Geliebten in
Moskau; der schöne junge Moskowiter besucht seine Geliebte in der
Hauptstadt der DDR - der aufwendige Papierkrieg, den so etwas
unter dem real existierenden Sozialismus erfordert, wird von der
Libido glatt gewonnen.

Dann wieder Briefe und Telefongespräche und Prüfungen durch den
Zweifel. Und dann ging es so nicht mehr weiter: Letzten Herbst
ist die schöne junge Frau nach Moskau gefahren und hat ihren

Geliebten geheiratet. Es war nicht ganz so schwierig, wie sie befürchtet hatten - wahrscheinlich muß selbst die sowjetische Bürokratie unter einer solchen Libidoattacke nachgeben.

Jetzt leben sie drüben, in der Hauptstadt. Es ist nicht einfach; vor allem für ihn, denn er hat die richtige Arbeit noch nicht gefunden. Aber es ist, so L., die reine Freude, mit ihnen zusammenzusein, es strahlt einfach, dies deutsch-sowjetische Paar!!

DIE FREMDE STADT

Über Geschichten von Aufstieg und Untergang

von Heidrun Suhr

Fackel und Schwert

An Karl Roßmann erfüllt sich bei seiner Ankunft in New York ein Klischee: Begrüßt wird er von der Freiheitsstatue. Und wie Millionen, die zu jener Zeit nach Amerika auswanderten, sieht er darin vor allem ein Glücksversprechen: das Sonnenlicht scheint ihm plötzlich stärker zu werden, er sieht sogar die um ihre Gestalt wehenden "freien Lüfte".[1] Doch sein Autor Kafka wirft - und das vielleicht nicht nur, weil er selbst mit New York keine Erfahrungen machte - die Symbole der Freiheit ein wenig durcheinander. Denn die Göttin winkt Roßmann nicht, wie die wirkliche Statue, mit der Fackel. In dieser Geschichte leuchtet sie nicht mit dem Symbol des freien Geistes: "Ihr Arm mit dem Schwert ragte wie neuerdings empor" (ibid.) Die Freiheit, die sie Karl Roßmann verspricht, geht unmittelbar in die Bedrohung über: sei es die des Kampfes, sei es die der Gerechtigkeit, der Ahndung oder Rache. Eingeschüchtert betrachtet Karl das Monument: "'So hoch!' sagte er sich" (ibid.) und gibt damit zu verstehen, daß er das Versprechen nicht ohne Vorbehalt auf sich beziehen kann. Als seine will sie ihm nicht erscheinen: weder in der einen noch in der anderen Bedeutung.

Doch bevor Karl Roßmann die Gültigkeit jenes Versprechens über-prüfen kann, läßt er seinen Koffer mitsamt Veroneser Salami stehen, um seinen Regenschirm zu suchen und verliert so bis auf weiteres, was er an Besitz, an heimatlichem Schutz hätte mit ins neue Leben nehmen können. Denn erst einmal verläuft er sich und landet nicht auf einem unbekannten Kontinent, sondern ganz weit unten in der sozialen Hierarchie der Seefahrt, in der kläglichen Kabine, auf dem Bett des Heizers. Dort findet er ein letztes Mal Geborgenheit, bevor er hinaus muß in die Neue Welt: All dem, was fortan auf ihn zukommt, steht er ohne Begriff und Richtung gegenüber. Und der reiche Onkel aus Amerika, der ihn davor bewahren will, "schon gleich in einem Gäßchen im Hafen von New York zu verkommen"[2], erklärt ihm umgehend, daß er sich anzupassen habe: "lerne deine Stellung begreifen."[3] Auch das ist als Drohung zu verstehen: Ein

---

[1] Franz Kafka, <u>Amerika</u>, Frankfurt am Main 1976, p. 9

[2] Ibid., p. 28

[3] Ibid., p. 34

eigenes Dasein ist nur um den Preis seines Gegenteils zu haben,
und auch wenn Karl Roßmann sich unterwerfen will, bleiben ihm,
dem ängstlichen Reflex auf jede Macht, die Gesetze der Welt, der
alten wie der neuen, verborgen. Ihm erscheint darin nur das
Unbeherrschbare und daher Willkürliche.

Karl Roßmann ist auf der Flucht, einer zwar von seinen Eltern
zwecks Vermeidung von Skandal und Alimentenzahlungen erzwungenen, doch auf der Flucht. Darin gleicht er den Millionen, die
aus ökonomischer Not, aus politischen Gründen oder auch nur aus
Abenteuerlust ihr Glück in einem allgemeinen Neuanfang suchten:
Sei es in der großen Stadt des 19. und frühen 20. Jahrhunderts, sei
es in Amerika, wo - wie noch zu sehen sein wird - auch die
urbanen Verkehrsformen die Regeln setzen. An einem Punkt
indessen unterscheidet sich Karl Roßmann von der Mehrheit jener
Flüchtenden und erweist sich als typischer Held Kafkas: Im Lande
der unbegrenzten Möglichkeiten steht ihm nicht der Sinn nach
Reichtum, nicht einmal nach "Freiheit" - was immer das auch sein
mag. Was er will, ist nichts als formell anerkannte gesellschaftliche
Nützlichkeit, nämlich eine "Stellung". Und da am Ende Amerika
auch für Kafka Amerika sein soll, bekommt er sie auch. Vom
Schluß des Fragments aus betrachtet muß die Göttin wohl nicht nur
ein Schwert, sondern sogar einen Palmwedel in der Hand gehabt
haben: In der Beamtenutopie des "Naturtheaters von Oklahoma" darf
er gewesener europäischer Mittelschüler sein und hoffen, eines Tages
Ingenieur zu werden.

Dem Helden in Kafkas Amerika ist die Abhängigkeit nicht nur die
Bedingung, aus der er sich durch seine Flucht in die große Stadt
oder das neue Land zu befreien trachtet. Sie ist ihm absolute
Voraussetzung, und das Glück erscheint ihm schon dann, wenn
niemand etwas Böses von ihm will. Die Metropole gleicht bei Kafka
einem monströsen Dorf: Deswegen sieht sie Karl Roßmann bei
dessen Ankunft "mit hunderttausend Fenstern seiner Wolkenkratzer
an"[4].

Ein Leben ohne Arbeit

"Das Provinzleben", schreibt Balzac sechzig Jahre zuvor, "begünstigt
eine (...) ausgebildete Spionage, es beruht auf einer (...) großen

---

[4] Ibid., p. 19

Durchsichtigkeit selbst noch der innersten Räume."[5] Und weil man da nichts werden kann, und weil sich das poetische Bewußtsein ganz andere Möglichkeiten der Selbstverwirklichung als Sonette an Gänseblümchen oder die geheime Liebe zu einer Provinzadligen vorstellt, steigen die ersten zwei Generationen von Helden der Metropole Paris in ihre altmodischen Nankinghosen, knöpfen ihre Jacken zu, deren Ärmel zu kurz sind, schnüren die groben Stiefel, begeben sich auf den Weg in die große Stadt ... und machen sich erst einmal lächerlich.

Der erste Eindruck Lucien Chardons von der großen Stadt gleicht dem Karl Roßmanns - allerdings unter umgekehrten Vorzeichen: "In Paris lenkt zuerst die Massenhaftigkeit die Aufmerksamkeit auf sich; der Luxus der Geschäfte, die Höhe der Häuser, die Flut der Wagen, der Gegensatz zwischen größter Üppigkeit und äußerstem Elend packen den Zuschauer. Während er in der Menge dahintrieb, in der er niemanden kannte, empfand er als Mensch der Phantasie eine ungeheure Verkleinerung seines Selbst."[6] Der erste Eindruck von der großen Stadt ist, beim einen wie beim anderen: eine Verschiebung der Proportionen - zwischen dem Ich, das gleichsam schrumpft, und der Welt, die wächst. Doch während der kleine Karl die Augen der großen Stadt auf sich spürt und das sich auch nie ändert, begreift Lucien nach der anfänglichen Niederlage allmählich die Menge als Möglichkeit: "Die Welt mißachtet Sie, mißachten Sie die Welt"[7], sagt der Baron du Chatelêt, nachdem Lucien als schlecht gekleideter Apothekersohn entlarvt und von der guten Gesellschaft verstoßen worden war, noch bevor er in sie eintreten durfte. Doch die Niederlage, die ihm durch das Bekanntwerden seiner Herkunft eingetragen wird, ist zu revidieren: "Ziehen sie sich in eine Dachkammer zurück, schreiben Sie dort ein Meisterwerk, schaffen sie sich irgendeine Macht: und die Welt wird ihnen zu Füßen liegen." (ibid.) Die große Stadt eignet sich nicht nur zur Geheimhaltung von Liebesaffären: Durch die Marginalisierung des einzelnen gegenüber den vielen, durch diese negative Voraussetzung eines Lebens in der Großstadt, entsteht ein Schein privater Autonomie. Und der wiederum schafft die Bedingung dafür, zwar nicht stets neue Identitäten entstehen zu lassen, aber doch mit den Informationen zu seiner Identität flexibel umgehen und so immer neu den Erfolg suggerieren zu können.

---

[5] Honoré de Balzac, <u>Verlorene Illusionen</u>, Zürich 1977, p. 175

[6] Ibid., p. 219

[7] Ibid., p. 156

Die Literatur der Urbanität beginnt auf dem europäischen Festland in den ersten Jahrzehnten des 19. Jahrhunderts mit den Versuchen bürgerlicher, mittelloser Helden, im Widerspruch zu ihrer Gesellschaft das Subjekt ihrer eigenen Verhältnisse zu werden. Die Befreiung von der Determination durch die Herkunft, das Gelingen einer Biographie, manifestiert sich an nichts so sehr wie an der Befreiung von Arbeit - und das ist nicht nur das antizipierte Gegenteil zur Stellungssuche Karl Roßmanns, sondern eine Zurückweisung jedes Interesses, das nicht diesem Ziel dient. "Bevor der Hahn dreimal gekräht hat", sagt einer der echten Philosophen und Künstler in den *Verlorenen Illusionen* über Lucien, "wird dieser Mensch die Sache der Arbeit für die des Müßiggangs und der Laster von Paris verraten haben ..."[8] An der bedingungslosen Funktionalisierung ihrer Umwelt entfaltet sich die urbane Biographie an Zimmermannssöhnen, Apothekerkindern und gescheiterten Dichtern, denen die Stadt zur einzigen Möglichkeit wird, mit einem hübschen Gesicht, einer mittelmäßigen Intelligenz und sehr anpassungsfähigen moralischen Ansprüchen den ultimativen gesellschaftlichen Aufstieg zu vollbringen. Ein Vermögen zu erwerben, reicht deshalb nicht hin: Denn das ist nur erst die Voraussetzung, "um den Beruf eines jungen Herrn auszuüben."[9]

Die Voraussetzung des Aufstiegs ist eine Welt, in der die sozialen Kriterien von Abstammung und Reichtum sich vorübergehend an anderen, neuen Kriterien relativieren lassen: Schönheit ist ein solches Kriterium, das den Aufstieg Luciens Chardons oder den Julien Sorels erst ermöglicht. *L'esprit*, der Geist ist ein zweites, wenn damit nicht unmittelbar Bildung oder Verstand, sondern die Vermeidung von Langeweile gemeint ist. Skrupellosigkeit ist ein drittes. Sie darf allerdings nicht als solche auftreten - sie offen zu zeigen, ist den Bankiers und großen Verbrechern vorbehalten. Vielmehr erscheint sie als die "Kunst der Schwäche"[10], nämlich die der Verstellung: "Ach! Das ist meine einzige Waffe! sagt sich Julien Sorel, nachdem er eine neue Stufe seines Aufstiegs erklommen und das Priesterseminar bezogen hat, "In einer andern Zeit hätte ich mein Brot mit hervorragenden Taten vor dem Feinde verdient!" (ibid.) Zwei Stufen liegen schon hinter ihm: Und zwar die Bildung, die man in der Provinz erreichen kann, sowie, wichtiger noch, die erotische

---

[8] Ibid., p. 311

[9] Ibid., p. 228

[10] Stendhal (Henri Bleyle), <u>Rot und Schwarz. Chronik aus dem Jahr 1830</u>, München 1953, p. 217

Unterwerfung einer Frau aus einer höheren Gesellschaftsschicht. Das gelingt anderen erst in Paris.

Doch Schönheit, Geist und Heuchelei sind nur sehr bedingte Mittel des gesellschaftlichen Aufstiegs - und an ihrer Bedingtheit gehen Julien wie Lucien zugrunde. Bedingt sind sie, weil sie, wenn schon nicht Gemeingut, so doch ein sehr gemeines Gut sind. Und in der Konkurrenz der schönen und geistreichen Heuchler entscheidet der Zufall. So liefert die Stadt einerseits denen, die in ihr zum Erfolg kommen wollen, eine Zirkulationssphäre, in der alles, einschließlich der körperlichen Attraktivität und der Manieren, zum Tauschobjekt werden kann. Andererseits ist der Verlauf der entsprechenden Geschäfte nicht vorhersehbar: Der jeweilige Marktwert der libidinösen oder intellektuellen Güter ist nicht zu fixieren und selbst Gegenstand einer möglicherweise rapiden Abnutzung: "Intelligenz ist der Hebel, mit dem man die Welt bewegt", versucht Lucien sich einzureden. "Aber eine andere Stimme war lauter und ließ ihn wissen, daß der Stützpunkt auch für die Intelligenz das Geld ist."[11] Kein Ehebruch, keine Lüge, keine noch so witzige Bemerkung muß mit einem gesellschaftlichen Erfolg enden. Die entsprechenden urbanen Biographien sind die Literatur derer, die in die Stadt ziehen, um zu wuchern - Glück, Geist oder Geld: allesamt Gegenstände der Spekulation.

Die Literatur dieser Versuche, sich die Gesellschaft zu erobern, hat daher etwas von Kolportage: Was die Zirkulation von Macht, Geld und Liebe vorantreibt, sind schließlich die banalen Geheimnisse einer Intrigenwirtschaft - auf der einen Seite unendlich weit vom Leben des lesenden Publikums entfernt, auf der anderen Seite schon fast unheimlich nah: Korruption, Treulosigkeit und Ehrgeiz erscheinen als das Bewegungsgesetz der großen Stadt, und gedacht hatte man sich das ja stets schon. Der realistische Gesellschaftsroman entfaltet an diesem Prinzip einen Idealismus: nämlich den Schein der Offenbarung, das Auf und Nieder, Hin und Her der sozialen Schicksale sei durch Nachrichten, wer mit wem schlafe, wer wen mit welchen Mitteln betrüge und wer einen Verwandten in welchem Amt habe, zu begründen. Am Ursprung dieser Bewegung, meint Balzac in seiner Vorrede zur *comédie humaine*, stehe die "Leidenschaft" und daher stelle sich das Leben als ein "Kampf mit der Begierde"[12] dar.

---

[11] Balzac, <u>Verlorene Illusionen</u>, p. 229

[12] Honoré de Balzac, "Vorrede zur Menschlichen Komödie", in: Claudia Schmölders (Hrsg.), <u>Über Balzac</u>, Zürich 1977, p. 268

Der "geheime Sinn"[13] des Weltenlaufs ist ein abstrakter Materialismus, und sein Bestimmungsort heißt Paris.

Das Elend didaktisch

Balzacs Blick in die Pariser Boudoirs ist der Blick eines Enttäuschten. Angetreten, "zwei ewigen Wahrheiten: die Religion und die Monarchie"[14] zur Durchsetzung zu verhelfen, beschreibt er deren Auflösung: "Je mittelmäßiger ein Mensch ist, desto eher kommt er zum Ziel; ist er doch bereit, wenn es sein muß, Kröten herunterzuschlucken (...)".[15] Die Enttäuschung ist indessen wenig belehrend: Es wird zwar viel - vermeintliches oder wahres - Wissen über den Lauf der Welt, über die Reproduktionsmechanismen von Reichtum, Macht und Lust kundgetan. Doch schließlich bleibt: Es ist, wie es ist, und wie es ist, so ist es schlimm. Wenn man das Idealistische am Realismus aufspüren wollte, so läge es hier - in der Überzeugung nämlich, daß es leider anders gar nicht sein kann.

Wenn es noch schlimmer kommt, wird aus Enttäuschung Bitterkeit und aus Ehrgeiz Bosheit. Aus den Intrigen, erfundenen Bergwerksaktien, inszenierten Bankrotten und anderen lustvollen Spekulationen werden die Ränke, die Niederträchtigkeiten schlechter Charaktere. Aus dem Jacques Collin der *Verlorenen Illusionen*, jemandem, der mit seiner Intelligenz und seiner Kraft gegen die Gesellschaft spielt, wird der Maître d'école, der große Bösewicht aus Eugène Sues *Geheimnisse von Paris* (1842 - 43), oder die Hexe Chouette aus demselben Roman, welche die Unschuld von Fleur-de-Marie, dem schönsten und reinsten Mädchen von Paris, auf dem Gewissen hat. Und aus der Klage um den Zustand der Welt wird eine Anklage, die die unglücklichen Resultate der freien Zirkulation von Geld und Liebe vorzeigt: Schaut her, Leute, das ist der Sumpf der großen Stadt - und, ach, all das Elend ist letztlich nur die Folge davon, daß es unbekannt ist: "Es ist unsere einzige Hoffnung, die Aufmerksamkeit der Denker und der feinen Leute auf das große soziale Elend zu lenken, dessen Realität man zwar bedauern, nicht aber bezweifeln kann."[16]

---

[13] Ibid., p. 259

[14] Balzac, "Vorrede ...", ibid., p. 261

[15] Balzac, Verlorene Illusionen, ibid., p. 340

[16] Eugène Sue, Les Mystères de Paris, tome VII, chap. XII (St-Lazare), Bruxelles 1843, p. 133

Und wohin führt der Gedanke, das urbane Elend sei Konsequenz einer Art Kommunikationsproblem *avant la lettre*? Zur "crudité de ces douloureuses peintures" (ibid.), zur detaillierten Bebilderung dieses Elends, zur naturalistischen Verdoppelung der Wirklichkeit in der Literatur. Den "Denkern" und "feinen Leuten" wird die Stadt als Fremde vorgeführt - und der naive Glaube daran, sie hätten vom Elend nichts gewußt oder auch nur nichts wissen wollen, und das sei der Grund der urbanen Misere, erhebt das Fremde der Stadt zum Geheimnis. Wobei das Vertrauen darauf, die Offenbarung eines solchen Geheimnisses reiche aus, um soziale Gerechtigkeit herbeizuführen, bei Sue als Rudolph, Fürst von Gerolstein, vorgeführt wird: Dieser deutsche Duodezfürst investiert aus nichts als purer Nächstenliebe das Vermögen, das er - wie Karl Marx in der *Kritischen Kritik* bemerkt - den Untertanen in seinem Kleinstaat abpreßt, um unter den Kriminellen und Huren von Paris Gericht zu halten.

Im Insistieren auf einer grundsätzlichen Ungleichheit der Lebensbedingungen entsteht Sues sozialreformerisches Programm, auf dessen Grundlage die solchermaßen existentiellen Verlierer als gesellschaftlich Benachteiligte erscheinen. Das Programm indessen ist nichts anderes als bereits zynisch gewordene Philanthropie - und zwar schon in ihrer modernen Form als "ein Platz an der Sonne", nämlich als Gesellschaftsspiel. Daran, daß das gesellschaftliche Scheitern genau so wie Gut und Böse gleichsam natürliche Voraussetzungen darstellen, ändert dieser Gedanke nichts. Er affirmiert - und auch das hat bereits Marx bemerkt, und zwar in der *Heiligen Familie*[17] - die Ontologisierung sozialer Schicksale und nimmt darin einen der zentralen Gedanken des Naturalismus voraus, wie ihn Emile Zola in den *Rougon-Macquarts* (1871 - 93) im Rekurs auf Taine und Darwin verfolgt: einen Determinismus, der die Resultate der freien Zirkulation von Geld, Macht und Lust in ihren Grund verwandelt und dann vor einem Bild des Elends steht, das er nur noch beklagen kann.

Erwecken die frühen französischen Stadtromane noch den Anschein, als wisse wenigstens ihr Autor, was es zur Verfertigung von Glück und Unglück jeweils braucht, verschwindet in der dritten und vierten Generation urbaner Literatur die Produktion von Lebensläufen in der gesellschaftlichen Vorsehung. Und die braucht keinen abstrakten Materialismus als Treibkraft, sondern glaubt der Erfahrung - oder besser: deren einfacher Verdoppelung als Literatur - und stellt dabei höchstens erschrocken fest, daß das, was ist, so sein muß, auch wenn es furchtbar ist.

---

[17] Karl Marx, Die Heilige Familie, Berlin 1953, p. 162 ff.

Gescheiterte Eroberungen

In der europäischen Stadtliteratur ist dieser Übergang von einem wenn auch womöglich enttäuschten - Glücksversprechen auf das Verhängnis offenbar nicht mehr umzukehren, und erst recht nicht grundsätzlich, also in Form einer Rückkehr zum Ursprung, nämlich auf das Land. Spätere, deutsche Versuche wie etwa Max Kretzers *Meister Timpe* (1888) oder Clara Viebigs *Das tägliche Brot* (1900) wiederholen den Übergang um den Preis der Trivialisierung. Döblins *Berlin Alexanderplatz* läßt ihn existentiell werden - mit ihm löst sich das Subjekt, das sich in der großen Stadt einen Platz erobern will oder muß, in einen Reflex seiner Verhältnisse auf.

Beständiger erscheint das Thema indessen in der amerikanischen Literatur - und zwar nicht nur als dieser Übergang vom Glück, das scheinbar und vorläufig durch die ideelle Gleichheit in der großen Stadt entsteht, auf ein vollkommenes Unglück, das ein urbanes Verhängnis garantiert. Denn vor und neben dem großen Treck in die Städte ereignet sich dort ein anderer - der in Umkehrung der europäischen Bewegungsrichtung stattfindende Zug nach Westen, in das unberührte Land: Die prototypischen amerikanischen Romane - die von Cooper, Hawthorne, Melville, Twain - sind antiurbane Geschichten.[18] Im Zweifelsfall verwirklicht sich die Individualität nicht in der Stadt, sondern dort, wo sie niemandem begegnet als sich selbst und ihr Maß nur durch die Endlosigkeit von Himmel, Wald, Meer oder Prärie gesetzt wird.

An dieser Bewegung gemessen erscheint die Großstadt als zu frühe oder gar als falsche Endstation - denn eigentlich hätte die Reise ganz woandershin gehen sollen. Die Schwellenstädte, die großen Metropolen des amerikanischen Ostens, allen voran New York, werden daran zum unendlichen Ort des Übergangs, zum Ort permanent scheiternder Versuche von Immigranten, in die Stadt geflüchteter ehemaliger Landarbeiter und freigelassener Sklaven, sich zu Subjekten ihrer Verhältnisse aufzuschwingen. Das gilt insbesondere für die "Schmelztiegel"-Ära (1890 - 1915), als New York zur dichtbesiedelsten Stadt der Welt wurde und Katalysator einer neuen nationalen Einheit werden sollte: "zusammengesetzt aus Männern und Frauen von den entferntesten Enden der Welt, mit ihren besonderen Gewohnheiten und Gebräuchen, die alle in einem mehr oder minder

---

[18] vgl. Leslie Fiedler, "Mythicizing the City", in: Michael C. Jaye und Ann C. Watts (Hrsg.), Literature and the American Urban Experience, New Brunswick/NJ 1981, pp. 113 - 121

homogenen Ganzen verschmelzen."[19] Doch was daran entstand, war nicht das "Ganze", sondern die sich perpetuierende Schwelle - und das merkt man vor allem an der rigorosen Aufteilung der Stadtteile nach Klassenzugehörigkeit und ethnischer Herkunft, die sich im Verlauf der Zuzugsbewegungen eher verstärkte als verringerte. Im Resultat entstand daher auch literarisch nicht die eine Stadt, sondern der stets erneuerte Versuch, der Metropole ein heimatliches Ambiente abzuringen. Als "a vast crowded area, a foreign city"[20] soll die Lower East Side, das Wohngebiet der osteuropäischen Juden und der Süditaliener, den Bewohnern der besseren Stadtteile erschienen sein. In Howells' *A Hazard of New Fortunes* (1890), vielgepriesen als der erste große amerikanische Stadtroman, wird den Zugereisten die Einteilung bereits bei der Wohnungssuche deutlich: "... there was an east and west line beyond which they could not go if they wished to keep their self-respect."[21] Selbstachtung wird in die Topographie der Stadt eingeschrieben und gibt ein Urteil darüber ab, wie weit man sich im Kampf um die Chancen, die das urbane Leben bietet, durchgesetzt hat. Die Haltung den weniger Erfolgreichen gegenüber ist gekennzeichnet von Abscheu und Angst. Das Thema und die naturalistische Art seiner Gestaltung erhalten sich, indem die amerikanischen Metropolen sich auch als Schwellenstädte erhalten - nachzulesen in Hubert Selbys *Last Exit to Brooklyn* (1957), der literarischen Topographie Brooklyns als Ort von Gewalt und rohem Sex, oder auch in Nathan C. Heards *Howard Street* (1968), einer tristen Reportage aus dem schwarzen Getto von Newark, New Jersey.

Ein Leben ohne Arbeit - zweiter Anlauf

Als die europäischen Metropolen längst - von der Mythologie des Trivialen einmal abgesehen - vor allem eine Literatur der urbanen Ohnmacht hervorbrachten, hielt sich die Enttäuschung als Thema der amerikanischen Stadtliteratur: Auf der Schwelle ließ sich auch weiterhin an das Gelingen der eigenen Biographie durch den Erfolg der seiner Leistung glauben - bis auf weiteres jedenfalls: "In

---

[19] Daniell B. Shepp, zit. nach Robert A. M. Stern, "Kampf dem Raster: Die Vision von New York als einer schönen Stadt", in: Karl Schwarz (Hrsg.), Die Zukunft der Metropolen, Berlin 1984, pp. 197-203, p. 199

[20] Elizabeth Ewen, Immigrant Women in the Land of Dollars: Life and Culture on the Lower East Side 1890-1925, New York 1985, p. 21

[21] William Dean Howells, A Hazard of New Fortunes (1890), New York 1965, p. 51

America a fellow can get ahead. Birth dont matter, education dont matter,"[22] heißt es in *Manhattan Transfer* (1925). Die Erfahrungen der literarischen Figuren messen sich am populistischen Ideal der amerikanischen Demokratie, und die kann auf das hübsche Gesicht, die korrekte Kleidung und vielleicht sogar auf den Geist verzichten, weil es gar nicht darum geht, eine ideelle Gleichheit zur Aristokratie herzustellen: Jeder kann etwas werden, ohne Ausbildung, ohne Papiere, gleichgültig seiner Abstammung, sofern er nur "will". Das heißt: sofern er nur bereit ist, seine Arbeitskraft bedingungslos einzusetzen. Horatio Alger, von 1860 - 1890 Autor von mehr als hundert Romanen vom amerikanischen Traum, bebilderte diesen Glauben meist vor der Kulisse Manhattans - Traum für ein jugendliches Publikum, das Alger von der Möglichkeit, mit Fleiß und Ehrlichkeit Glück und Erolg zu erringen, überzeugen wollte. "It's the land of opportoonity"[23] - und zwar der Chancen, von denen Franz Biberkopf oder Hans Pinneberg nicht einmal träumten.

Die Enttäuschung, die auf die Hoffnung folgt, ist dann zwar sehr amerikanisch, aber doch ein historischer Irrtum: "This arent a plyce for an old man, it's for the young and strong, this is"[24], beklagt sich jemand in *Manhattan Transfer*. Doch die Grenzenlosigkeit des nationalen Reichtums und die Möglichkeit, daran zu partizipieren, den Westen zu besiedeln oder wenigstens den Status eines unabhängigen Handwerkers zu erlangen, waren um die Jahrhundertwende für die meisten schon Vergangenheit. Denn nur solange der Zugang zu den natürlichen Reichtümern nicht eingeschränkt war, entwickelte sich an der *frontier* die Trennung von Lohnarbeit und Kapital durch nichts als den unmittelbaren Wettbewerb der Arbeitskraft. Mit dem Erreichen des Pazifiks, mit der Industrialisierung der großen Städte im Osten erging es auch den Einwanderern, wie es den Armen in den Metropolen überall ergeht.

Und was entsteht an der Erfahrung, daß Arbeit eben nicht das Mittel ist, einen Platz in der Gesellschaft zu erobern, zu behaupten - oder sich gar von der Notwendigkeit zur abhängigen Arbeit zu befreien? Der Wille, es dann ohne Arbeit zu versuchen, nämlich Kriminalität und Prostitution. Doch in der naturalistischen Stadt klebt, indem sie den Zwang zur Illegalität schildert, die Not als Nemesis der Charaktere. Im Unterschied zu allen Al Capones und anderen Paten, aus deren Unternehmungen immerhin Macht und

---

[22] John Dos Passos, <u>Manhattan Transfer</u>, Boston 1925, p. 21

[23] Ibid., p. 49

[24] Ibid, p. 63

Reichtum entstehen - und die deswegen in der amerikanischen Populärkultur auch Bewunderung erringen - entsteht aus den in blanker Not geborenen Verbrechen weder Leistung noch Erfolg. Der große Gatsby[25] gehört eben nicht zu den Bewohnern der Metropole, sondern er residiert in *West Egg*, Long Island, und auch wenn er zum Beweis des Volksglaubens antritt, daß Geld nicht glücklich macht - und schon gar nicht das illegal erworbene - so scheitert er doch letzlich nur daran, und das heißt: an sich selbst. Verbrecher aus Ohnmacht hingegen gehen früher zugrunde, und zwar am Gesetz: Dutch Robertson und seine Freundin Francie, die in *Manhattan Transfer* nach mancherlei Versuchen, sich redlich zu nähren, das Eigentum anderer angreifen, bekommen dieses Maß zu spüren. Der Richter verhängt die Höchststrafe, um an ihnen ein Exempel zu statuieren: "The unalienable rights of human life and property the great men who founded this republic laid down in the constitootion have got to be reinstated."[26]

Das Glück im Anonymen

Die Großstadt ist indessen nicht nur Ausdruck der Bedingungen, in denen der Zwang zum Unrecht oder zum bedingungslosen Verkauf des eigenen Körpers entsteht. Sie ist - wenn man so will: im Positiven wie im Negativen - auch deren Möglichkeit. Sie erlaubt schräge Lebensläufe, indem sie die soziale Kontrolle der individuellen Existenz zwar nicht verhindert, aber doch begrenzt. Im Negativen weiß das Lutie, die Mörderin aus Ann Petrys *The Street* (1946), wenn sie sich ein Versteck sucht: "She decided that Chicago was not too far away and it was big. It would swallow her up."[27] Und im Positiven Wilhelm von Humboldt: "Das habe ich gerne", lobt er und vergleicht sich mit einem Tropfen im Ozean.[28]

Was beide suchen, ist das Benjaminsche Asyl in der Menge - die Verhinderung der Identifikation durch die Marginalisierung des einzelnen in der Masse. "Das ist ja gerade das Anziehende und Merkwürdige einer Millionenstadt", schwärmt Magnus Hirschfeld, "daß

---

[25] Francis Scott Fitzgerald, The Great Gatsby, New York 1958

[26] Dos Passos, Manhattan Transfer, p. 391

[27] Ann Petry, The Street, Boston 1974, p. 436

[28] zit. nach Karl Riha, Die Beschreibung der "Großen Stadt". Zur Entstehung des Großstadtmotivs in der deutschen Literatur (ca. 1750 - 1850), Berlin und Zürich 1970, p. 50

das Individuum nicht der Kontrolle der Nachbarschaft unterliegt, wie
in den kleinen Orten, in denen sich im engeren Kreise die Sinne
und der Sinn verengen."[29] Und diesem Programm, in dem die Masse
nicht als Behinderung, sondern als Möglichkeit einer unbestrittenen
Existenz, einer Selbstverwirklichung begriffen wird, folgt so mancher
Ausbruch aus kulturellen, politischen, sozialen und geschlechtsspezi-
fischen Beschränkungen - in den Verschwörerkreisen um Luxemburg
und Liebknecht, bei Homosexuellen wie Isherwood und W.H.
Auden[30] oder bei Frauen, über die Joyce Carol Oates schreibt: "The
City is, ironically a kind of hell - yet the only possible place for the
liberation of a certain kind of independent and courageous
woman."[31] Und auch Kafka schwärmt mit. Zu Hause war er
bekannt, in Wien wäre er ein Prager Jude geworden, aber in Berlin,
da habe er zwar als österreichischer Jurist keine Berufsperspektive,
aber doch: "Das glaube ich bestimmt zu wissen, daß ich aus dieser
selbständigen und freien Lage, in der ich in Berlin sein werde (sei
sie im übrigen auch noch so elend), das einzige Glücksgefühl ziehen
werde, dessen ich jetzt noch fähig bin."[32]

Die Robinsonade von der Freiheit in der Metropole gründet auf der
Indifferenz der Masse und der freien Zirkulation des Geldes. Und
irgendwann stößt sie auf die Grenze ihrer eigenen Voraussetzungen,
die bei Kafka bereits anklingen. Denn ein paar Groschen in der
Tasche oder doch wenigstens den einen oder anderen Kleinmäzen
hätte auch er nötig gehabt, und so setzt die Robinsonade zunächst
die Zahlungsfähigkeit voraus - der Rest der freien urbanen
Existenzen verendet auf dem Dachboden als *La Bohème*. Und dann
stellt sich noch die Frage, ob jene Freiheit des anonym und
ungehindert durch die Großstadt schweifenden Privatsubjekts sich
nicht höchstens punktuell einstellt: Nicht nur, weil sich dann doch
eines Tages Finanzamt und Krankenkassen anmelden und den
Flaneur daran erinnern, daß die Kultivierung der ungezähmten
Individualität sich am störungsfreien Gang von Kapital und Staats-

---

[29] Magnus Hirschfeld, Berlins drittes Geschlecht, Berlin und Leipzig 1904,
p. 5

[30] Vgl. Christopher Isherwood, Christopher and his Kind, 1929 - 1939, New
York 1976

[31] Joyce Carol Oates, "Imaginary Cities: America", in: Michael C. Jaye und
Ann Ch. Watts (Hrsg.), Literature and the Urban Experience, New Brunswick/NJ,
pp. 11 - 33, p. 17. Im Bezug auf literarische Beispiele vgl. z.B.: Helen Bardolini
(Hrsg.), The Dreambook. An Anthology of Writings by Italian American Women,
New York 1985

[32] Franz Kafka, Tagebücher 1910-1923, Frankfurt am Main 1976, p. 269

wesen zu relativieren hat. Mehr noch, weil auch der urbane Robinson irgendwann in der Schlange oder im Stau steht, ungeduldig und entnervt, und die Masse der Grund dafür ist, daß alle so nah sind und er selbst nicht weiterkommt. An beidem, am Geld und an der Masse, stößt die Freiheit in der großen Stadt auf ihr eigenes hartes Material.

Den modernen Apologien des Flaneurwesens wird man daher einige Vorbehalte nicht ersparen können - vor allem, wenn sie etwa das Paris von 1850 mit den Psychologismen des späten 20. Jahrhunderts heimsuchen: Baudelaire habe so, lobt Hanne Bergius, in der Prostituierten eine "Heroine" gesehen, "weil sie sich der bürgerlichen Rollenbestimmung als Mutter widersetzte und die Innerlichkeit des Familien zugunsten von Lustgewinn, von städtischer Bindungslosigkeit und modischer Phantasmagorie."[33] In der Dichtung vom unanständigen Leben sind die Grenzen der Freiheit bis heute wesentlich enger - die Literatur vom Glück der Hure ist diesseits der Pornographie noch weitgehend ungeschrieben. Im Gegenteil: nicht Marguerite Gautier[34], nicht Doris, das kunstseidene Mädchen[35], nicht Sally Bowles[36] können durch ihren lockeren Lebenswandel viel gewinnen - kaum einmal Lust kommt für sie dabei heraus. Und schlimmer wird es, wenn die feile Sinnlichkeit amerikanisch ist: Dreisers Caroline Meeber, die *Sister Carrie* (1900), schafft es zwar, aus der Provinz nach New York zu kommen, sich einen reichen Mann zu angeln und am Broadway Karriere zu machen. Doch als der Gatte sich ihretwegen ruiniert, erweist sie sich als Charaktermaske des Erfolgs und läßt ihn untergehen: "Ein Geschöpf der Stadt", tadelt Heinz Ickstadt und scheint damit die Gesinnung des Autors zu teilen, "weil sie sich ohne die Vorbehalte der Vernunft und ohne Vorurteile der Moral der übermächtigen sinnlichen Reizung der Metropole überläßt."[37]

---

[33] Hanne Bergius, "Berlin als Hure Babylon", in: Jochen Boberg, Tilman Richter und Eckhart Gillen (Hrsg.), Die Metropole: Industriekultur in Berlin im 20. Jahrhundert, München 1986, p. 103

[34] Alexandre Dumas (fils), La dame aux camélias, Paris 1958

[35] Irmgard Keun, Das kunstseidene Mädchen, Düsseldorf 1979

[36] Christopher Isherwood, "Goodbye to Berlin" (1935), in: The Berlin Stories, New York 1946

[37] Heinz Ickstadt, "New York und der Stadroman der amerikanischen Moderne", in: Friedrich Knilli und Michael Nerlich (Hrsg.), Medium Metropole. Berlin, Paris, New York, Heidelberg 1986, p. 116

Die Macht der Stadt

In der Vorstellung, daß jemand ein "Geschöpf der Stadt" sein könne
- eine merkwürdige Analogie zu den Geschöpfen des Himmels und
den Ausgeburten der Hölle - erscheint der Naturalismus bis an sein
Ende gedacht. Der Determinismus, mit dem er sich den Menschen
als Reflex seiner Verhältnisse erklärt, erhält darin das Subjekt, das
ihm zunächst fehlte: Es ist die Stadt selber, und zwar nicht im
rhetorischen Sinne, nicht als Allegorie der Ohnmacht, sondern als
das Subjekt hinter sich selbst. In der detailgenauen Illustration großstädtischen Elends gewinnt die Stadt eine eigene, souveräne
Subjektivität: Schließlich erscheint sie selbst, und nicht irgendeine
Figuration von Ökonomie, Politik oder Gesellschaft als die Instanz,
die Misere produziert und Menschen ins Unglück stürzt. Das ist in
Clara Viebigs *Das tägliche Brot* (1900) nicht anders als in Ann
Petrys Roman *The Street* (1946), in *Manhattan Transfer* nicht anders
als in *Berlin Alexanderplatz*. So ist etwa Petrys Geschichte die einer
einzigen Straße - und diese eine Straße ist nicht nur eine Metony-
mie für die Metropole, sondern unmittelbar die Gewalt, mit der die
Stadt ihr Menschenmaterial behandelt. Schuldig an dem Mord, den
die Protagonistin Lutie begeht, ist schließlich die 116th Street in
Harlem: "It was that street. It was that god-damned street".[38]
Fünfzig Jahre später soll es aus dem westlichen Teil der ehemaligen
Metropole Berlin genau so klingen, soll ein eine Mutter aus
Münster den Tod ihres Sohnes in der Anrufung des bösen Gottes
der großen Stadt beweinen: "Hier ham sie ihn mir weggenommen,
die Stadt hat ihn mir weggenommen, Sodom und Gomorrha."[39]

In der Reflexion auf die Unmöglichkeit, der Stadt ein Eigenes
abzugewinnen und irgendwie doch noch zum Subjekt seiner Verhältnisse zu werden, entsteht aus dem Determinismus der Naturalisten
ein Mythos von der Metropole - und das bestimmt nicht ohne das
Interesse, der Hilflosigkeit einen höheren Sinn abzugewinnen. Anders
gesagt: Die Stadt wird zum "Schöpfer", indem urbane Ohnmacht als
allgemeines Schicksal erscheint, indem also Marginalisierung auf ihr
Äußerstes gebracht wird - kein Wunder, daß Benjamin meint, der
Flaneur sei ausgestorben, als mit der Industrialisierung ihr beinahe
grenzenloses Wachstum begann. Spengler beschreibt dieselbe
Bewegung - und verwechselt wie so oft den Schein mit der Sache:
Der Mensch, schreibt er, "wird von seiner eigenen Schöpfung, der
Stadt, in Besitz genommen, zu ihrem Geschöpf, ihrem ausführenden

---

[38] Ann Petry, The Street. p. 436

[39] Michael Kleeberg, Der saubere Tod, München 1987, p. 295

Organ, endlich zu ihrem Opfer gemacht."[40] Was die Stadt nun sein soll, bewußtes Wesen, böse Macht, Lebensprinzip, wird so zum größten aller Geheimnisse nicht nur von Paris.

Die Verwandlungen der Stadt in eine mystische Macht lassen so zwei Figurationen unter denen ihr Unterworfenen entstehen: Opfer und Schamanen. Zum Schamanentum gehört manches Gedicht von Hoddis, Mancher Text von Goll, zu den Opfern das Personal von *Manhattan Transfer*, worin - wie Ickstadt schreibt - "die Stadt als gewaltige Maschine konzipiert (ist), die Bewußtsein usurpiert und dem eigenen Rhythmus unterwirft."[41] Zu den Opfern gehört Lutie, der die Straße beim Mord die Hand geführt haben soll, oder Tralala, die wie fast alle Figuren von *Last Exit to Brooklyn* zum Beweis der These antritt, daß man in der großen Stadt garantiert auf keinen grünen Zweig kommt. Und Opfer ist der große Ketzer, der die Stadt herauszufordern wagte: Denn einer von beiden mußte zerstört werden, "entweder Berlin oder Franz Biberkopf. Und da Berlin blieb, was es war, so fiel es dem Bestraften zu, sich zu verändern. Das innere Thema also lautet: Es heißt opfern, sich selbst zum Opfer bringen."[42]

Ritter der Metropole

Als im Wilden Westen nichts mehr zu erobern und die letzte Krume unfruchtbaren Landes verteilt worden war, als es keinen rechtsfreien Raum mehr gab, in dem der Kampf zwischen Gut und Böse unbehindert ausgefochten werden konnte, kehrten sich die Helden um und an ihren Ausgangspunkt zurück: "Der Westen ist für immer verschwunden, und der Protagonist verkleidet sich als Cowboy und geht nach New York, das als urbaner Westen beschrieben wird."[43] John Schlesinger macht sich einen Witz daraus und läßt in *Midnight Cowboy* einen solchen Hirten antreten, um den persiflierten

---

[40] Oswald Spengler, Der Untergang des Abendlandes, Bd. II, München 1923, p. 117

[41] Heinz Ickstadt, "Kommunikationsmüll und Sprachcollage. Die Stadt in der amerikanischen Fiktion der Postmoderne", in: Klaus R. Scherpe (Hrsg.), Die Unwirklichkeit der Städte. Großstadtdarstellungen zwischen Moderne und Postmoderne, Reinbek bei Hamburg 1988, pp. 197 - 224, p. 202

[42] Alfred Döblin, "Nachwort zu einem Neudruck [1955]", in: ders., Berlin Alexanderplatz, München 1965, p. 414

[43] Leslie Fiedler, "L'inaccessible Western", Le magazine littéraire, No. 52, mai 1971

Weg der Helden Balzacs zu gehen - durch die Betten gesellschaftlich höher stehender Damen. Mit jenen Helden kommt die gesamte Symbolik der großen Stadt wieder - allerdings als sentimentaler Gegenstand und damit mehr denn je als Schimäre einer möglichen Individuation, die das einlösen soll, was in der Welt von Bebra, Tulsa oder Romorantin unmöglich ist: "One is only in search of a city, a place to hide, to lose or to discover oneself, to make a dream wherin you prove that perhaps after all you are not an ugly duckling, but wonderful, and worthy of love."[44]

Die Literatur der Großstadt verändert damit noch einmal ihren Charakter - sie dient nicht mehr oder doch nicht mehr vor allem als Sphäre eines möglichen sozialen Aufstiegs, des materiellen oder intellektuellen Überlebens. Sie wird zum Katalysator der Vorstellungen von sich selbst, zum psychologischen Projekt, zu einem Katalysator von Ehre. Die erste solche "Inversion der kulturellen Bilder"[45] ist der Detektiv, der mit Dashiell Hammett das Ambiente des empfindsamen Gesellschaftsromans und der *gothic novel* verläßt und die Straßen der Großstadt als den vorübergehend rechtsfreien Raum erkennt, in dem er für Gesetz und Moral antritt und damit vor allem sich selber beweist: Absolut allein, den Kühlschrank gähnend leer, die Zigarette der einzig sichtbare Bezug auf sich selbst, betritt er die Stadt als modernen Turnierhof. Und für diesen Zweck - das heißt als Ehrennachweis, als Betätigung einer Art urbanen Adels - kann die Herausforderung gar nicht groß genug sein. Und der, der dabei überlebt, darf sich einbilden, mindestens einen Drachen getötet zu haben: "Wenn man sich die Millionen Menschen von überall auf dem Globus vorstellte, die sich danach sehnten, auf dieser Insel zu sein, in diesen Türmen, in diesen engen Straßen! Da lag es, das Rom, das Paris, das London des zwanzigsten Jahrhunderts, die Stadt des Ehrgeizes, der undurchdringliche Magnetfelsen, das unweigerliche Ziel all derer, die darauf bestanden, dort zu sein, *wo alles stattfindet* - und er gehörte zu den Siegern!"[46] Eine Feier der eigenen Individualität: eingeschrieben in die Topographie der Großstadt.

"Auf jeder Party trifft man derzeit Damen und Herren", berichtet Matthias Horx, wie immer an der Front des Zeitgeistes, "die von

---

[44] Truman Capote, "New York" (1946), zit. nach: Eberhard Kreutzer, <u>New York in der zeitgenössischen amerikanischen Erzählliteratur</u>, Heidelberg 1985, p. 54

[45] Leslie Fiedler, "L'inaccessible Western"

[46] Tom Wolfe, <u>Fegefeuer der Eitelkeiten</u>, München 1988, p. 103

der Stadt der Städte über alle Maßen schwärmen. Diese Geschwindigkeit! Dieses kochende Völkergemisch, das wahnwitzige kulturelle Leben (...)! Lustvoll berichtet man vom Appartement, in dem man ein paar Wochen bei Freunden verbrachte, 24 Quadratmeter für tausend Dollar. Kakerlaken inklusive, begeistert preist man ihre ungehemmte Aggressivität, ihr darwinistisches Flair."[47] Das Hohelied der Urbanität gerät zum Lobgesang auf den Lebenskampf. Und keiner lacht beim Einzug eines Johann Ritter - Ritter! - in die große Stadt und weist den Autor auf die Albernheit seiner Motivik hin: "Johann Ritter kam nach Berlin, um binnen eines Jahres Geld, eine große Altbauwohnung und einen Sportwagen zu besitzen. Er meinte, daß es nur zwei Wege dorthin gab. Man konnte Drogen verkaufen oder sich selbst. Er war zu beidem bereit."[48] Mit einem Softwarebetrieb in der Provinz oder dem Warenterminhandel wäre er besser beraten, und so geht es auch nicht um Geld, Auto oder Wohnung, sondern um einen Sinn, und der ist immer am größten, wenn der Mensch als solcher auf dem Spiele steht. Deswegen wird das urbane Dasein als ultimative Bewährungsprobe inszeniert, und die rasiermesserscharfen Epen der Stadt als die Schäferliteratur moderner Selbstverwirklichung.

Die Souveränität des Großstädters, die auf diese Weise entsteht, der Glaube, die Stadt sei ein letztes - und letztes positives - Urteil über die Person, ist zwar eine Schimäre, aber nichtsdestoweniger grundsätzlich: Ihre Reduzierung, gar eine Rückkehr auf das Land ist ausgeschlossen. Spengler hat das bemerkt und seiner Zeit ein wenig vorgegriffen, als er den "letzten Menschen" beschreiben wollte: "Wer einmal der ganzen sündhaften Schönheit dieses letzten Wunders aller Geschichte verfallen ist, der befreit sich nicht wieder. (...) Man stirbt lieber auf dem Straßenpflaster, als daß man auf das Land zurückkehrt."[49] Die Literatur der achtziger Jahre hat diesen Glauben in Werken wie Tama Janowitz' *Slaves of New York* illustriert. Darin erzählt die Autorin von lauter Leuten, die Hunde ausführen, auf Kinder aufpassen, kochen, putzen und lieben - aus nur einem Grund: in New York leben zu dürfen, sich nicht wieder in die Provinz deklassieren lassen zu müssen: "In today's world, it's the slave system. If you live with this guy in New York, you'll be the slave."[50] Die Symbolik der großen Stadt, das gesamte Arsenal der

---

[47] Matthias Horx, "New York, New York", Die Zeit, Nr. 10, 3. März 1989

[48] Michael Kleeberg, ibid., p. 7

[49] Spengler, ibid., p. 121

[50] Tama Janowitz, Slaves of New York, New York 1987, p. 15

Stadtbeschreibungen kehrt an diesem Punkt als Illustration eines psychologischen Projektes zurück. Und wenn darin schon das neue, sonderbar aristokratische Selbst nicht gefunden wird, dann muß doch wenigstens der Schein bewahrt werden.

IMPRESSIONISTISCHE KULTUR

Zur Ästhetik von Modernität und Großstadt um 1900

von Lothar Müller

1. Entrée: Baudelaire vor dem Louvre

Baudelaires Essay über Constantin Guys als den "Maler des modernen Lebens" beginnt mit der Schilderung von Museumsbesuchern, die durch die Gänge des Louvre eilen. Für das, was an ihrem Weg liegt, haben sie keinen Blick. Die Bildermenge, von der sie umgeben sind, ist ihnen ein Hindernis, das sie zielstrebig hinter sich lassen, um schließlich vor einem Tizian oder Raffael anzukommen und nach einiger Zeit ehrfürchtiger Versenkung wieder fortzugehen in dem Bewußtsein, das Schöne in der ihm angemessensten Weise aufgesucht zu haben: im Rückblick auf die klassischen Meisterwerke.

Der Moment, in dem die Besucher das Museum verlassen und wieder auf die Straße treten, ist Baudelaires Moment. Die Befriedigung, mit der sie noch einmal zurückblicken, macht ihn hellhörig. Als er den Satz "Ich kenne mein Museum!" fallen hört, ist das sein Stichwort. Er tritt auf die Bewunderer der großen Vergangenheit zu und zwingt sie zur Debatte über die Gegenwart. Den Museumsbesuchern ist das Thema keineswegs neu, denn seit einiger Zeit schon ist in den Zeitschriften davon die Rede, die Kunst müsse sich der Zeit zuwenden, in der sie lebt. Baudelaire aber verwirrt die Überraschten, als sie schon abwinken wollen, damit, daß er die Aufwertung der Gegenwart und ihre Rettung vor der Übermacht der Vergangenheit nicht auf Kosten letzterer betreibt, sondern mit einem eigentümlichen Verweis auf die Doppelnatur des Schönen selbst. Das Ewige und Unveränderliche, das sie so bewunderten, sei nur die eine Hälfte der Kunst, die andere, in der Regel verachtete oder zumindest unbeachtet gelassene sei das Vorübergehende und Entschwindende, das Zufällige und Flüchtige. Dieses schwer faßbare, in ständiger Metamorphose begriffene Element des Schönen, so fährt der ganz in Schwarz gekleidete Mann in bestimmtem Ton fort, sei die Modernität.

Plötzlich wirkt er auf seine Zuhörer wie ein Raubvogel, der auf seine Beute herabstürzt, als er mit verhaltener Erregung die Pointe dieses Gedankens entwickelt: Diese Modernität stehe durchaus nicht in Opposition zum Klassischen, sondern sei umgekehrt dessen unsichtbare Voraussetzung. Denn klassisch könne ein Kunstwerk nicht sein, sondern nur werden, der Boden aber, aus dem es erwachse, sei eben das, was man "Gegenwart" nenne wie zum Beispiel dieses

Straßenpflaster hier. Seit je sei es das Verfahren der Kunst gewesen, aus dem Flüchtig-Zufälligen das Ewige zu destillieren, an der Oberfläche des Historischen das Poetische zu entdecken. So seien die Meisterwerke Tizians die Zeugen jener längst entschwundenen "Modernität", von deren Essenz sie sich hätten durchtränken lassen, und die Aufgabe der Kunst in der Gegenwart sei es, in eben diesem Sinne "klassisch" zu werden.[1]

Baudelaire macht aus der chronologischen Polarität von Klassik und Moderne ein perspektivisches Oszillieren zweier Elemente im überzeitlichen Begriff des Schönen, von denen keines normative Priorität vor dem anderen beansprucht kann, weil beide als bipolare Einheit um die Zeitachse rotieren. Von den Museumsbesuchern, die im routinierten Ritual ihrer Klassikverehrung den Pol der Vergangenheit privilegieren, muß das als verklausulierte Parteinahme für die Gegenwart aufgefaßt worden sein. In der Tat dient Baudelaires aufwendige Konstruktion der Befreiung des "klassischen" Schönen von allen festen Bindungen an einen bestimmten historischen Ort, etwa die Antike oder die Renaissance. Der Effekt ist aber nicht etwa die bilderstürmerische Verabschiedung dieser Vergangenheiten, sondern umgekehrt der selbstbewußte Eintritt der flüchtigen Gegenwart in ihren Kreis. Denn der virtuelle perspektivische Fixpunkt, von dem aus sie hier als eine eigenständige Quelle des "ewigen" Schönen erscheint, ist die Zukunft. Es ist ein Gedanke im Interesse des gegenwärtigen Pariser Straßenpflasters, den Baudelaire denkt. Er beschreibt das Verfahren seiner eigenen Lyrik, die als konzentrierter Ausdruck rauschhaft intensivierter Gegenwartserfahrung ihres eigenen historischen Ortes zur Poesie der "klassischen Moderne" geworden ist.

Baudelaires Idee von der Doppelnatur des Schönen setzt an ihrem einen Pol einen virtuell zeitlosen, "ewigen" Horizont voraus. Erst auf diesem Hintergrund kann er die logische Struktur seines Arguments entwickeln und das Klassische und das Moderne relativ zueinander statt substantialistisch definieren. Diese Dynamisierung einer vorgegebenen Polarität ist sein origineller und innovativer Beitrag zur

---

[1] Vgl. Charles Baudelaire, "Le peintre de la vie moderne", Oeuvres complètes, Vol.II, Paris 1976, pp. 683-724, p. 683. Zur produktiven Inanspruchnahme der klassisch-antiken Literaturtradition in Baudelaires Modernismus Manfred Starke, "Die Aufhebung von Antike, Renaissance, Klassik und dem 18.Jahrhundert im Modernismus Charles Baudelaires", In: Poetica, Jg. 20, Heft 3-4, p. 172-217

Tradition der "Querelle des Anciens et des Modernes".[2] Sie ist unverkennbar ein Kind ihrer Zeit. Denn erst Baudelaires eigene Gegenwart ist der Ort, an dem seine Bestimmung des Modernen zur Epochensignatur wird. Sie erst ist die Moderne im emphatischen Sinn. Ist Zeit der Flüchtigkeit und des Vorübergehenden, ist die beschleunigte Zeit, die im immer schnelleren Veralten des Vergangenen und in der gestiegenen Produktion immer neuer Gegenwarten das Element des Transitorischen privilegiert. So ist die flüchtige Gegenwart, der Baudelaire ästhetische Produktivität zuschreibt, nicht nur der immer schon schmale Grat zwischen Vergangenheit und Zukunft, sondern Gegenwart im modernen Sinn des "Aktuellen". Schon in Balzacs Romanen ist die Radikalisierung der Gegenwart zur Aktualität als Kern spezifisch moderner Zeiterfahrung auf Schritt und Tritt zu spüren und in Gestalt der Presse ex negativo reflektiert. Baudelaire überführt das überhitzte Klima der "Verlorenen Illusionen" in die Welt der strengen ästhetischen Begriffsbildung. Er kompliziert damit die Aufgabenstellung moderner Kunst. Die Gegenwart, aus der sie das "Ewige" destillieren soll, ist ein blitzschnell vorbeihuschender, nur kurz aufleuchtender Gegenstand, dessen fiebriger Glanz daraus resultiert, daß aktuell nur sein kann, was es schon morgen nicht mehr ist.

Im Feuilleton des "Figaro" ist Baudelaires Essay im November und Dezember 1863 erschienen, in drei Teilen, an eben der Stelle im Blatt, die ansonsten den Fortsetzungsromanen vorbehalten war. Sinnfälliger hätte der Autor seine These, daß vom Schönen allein auf dem Boden der Aktualität zu sprechen sei, kaum demonstrieren können. Im Text selbst entspricht dem ein Zeitklima, das Stillstand nicht zu kennen scheint. Von der Malerei als Sittenschilderin der Gegenwart soll die Rede sein, aber was man zunächst von ihr hört, ist, daß sie als solche der Geschwindigkeit, mit der sich die Dinge des täglichen Lebens ändern, kaum gewachsen ist. Darum lobt Baudelaire die noch junge Lithographie als Instrument der Beschleunigung der künstlerischen Reaktionsfähigkeit und Daumier und Gavarni als Heroen der zugleich schnellen und panoramatischen Gegenwartserfassung. Der Maler des modernen Lebens, den er im folgenden vorstellt, ist denn auch weniger Maler im traditionellen Sinn als vielmehr Zeichner, ja er trägt sogar die Züge eines frühen Bildreporters, der dem Publikum der westeuropäischen Metropolen von fernen Kriegsschauplätzen in der Türkei oder auf der Krim berichtet. Sein eigentlicher Ort aber ist der Schauplatz konzentrierter Gegenwart, die Großstadt. Sie ist weit mehr als neutraler Hinter-

---

[2] Vgl. Hans Robert Jauß, "Literarische Tradition und gegenwärtiges Bewußtsein der Modernität", in: ders., Literaturgeschichte als Provokation, Frankfurt 1970, pp. 11 - 66

grund in Baudelaires Essay, sie ist seine zweite Hauptfigur neben dem Titelhelden. Am Grundriß des Textes läßt sich das ablesen.

Vom Louvre geht er aus, sein Ziel aber sind die Straßen von Paris. Schnell verabschiedet er sich von den Museumsbesuchern und taucht ein in den Strom der Passanten, um dort seinem Helden zu begegnen. Daß er dessen Namen chiffriert und ihn so im Inkognito läßt, begründet Baudelaire offiziell mit der Publikumsscheu des Porträtierten. Doch ist diese Anonymität darüber hinaus ein programmatisches Signal. Denn der Maler des modernen Lebens wird zunächst nicht als Künstler, sondern als Mann der Menge beschrieben. Sie ist sein künstliches Element, in ihm bewegt er sich wie Vogel und Fisch in den natürlichen Elementen Luft und Wasser. Baudelaire empfiehlt seinen Lesern Edgar Allan Poes "Man in the crowd" als einen literarischen Steckbrief seiner eigenen Figur, aber anders als in Poes Erzählung oder in Friedrich Engels' berühmter Schilderung von Manchester ist die Menge hier kein Gegenstand des Schreckens. Der Maler des modernen Lebens ist vielmehr ihr distanzierter Liebhaber. Sein Incognito ist die Maske, mit der er sich ihr nähert wie ein gewandter Tänzer auf dem Opernball. Mit seinen Augen macht er ihr stumme Komplimente und zugleich durchschaut er sie mit dem Scharfblick des erfahrenen Beobachters. Nicht als einen Meister der Kunst, sondern als ein Genie des Sehens stellt Baudelaire den Maler und Zeichner des modernen Lebens vor. Stift und Pinsel treten erst dann in ihr Recht, wenn seine Augen in irgendeiner beiläufigen Geste, im unscheinbaren Detail einer Equipage oder im unmerklich geänderten Schnitt eines Kleidungsstückes eines jener flüchtigen Elemente entdeckt und dem Gedächtnis eingezeichnet haben, aus denen sich die moderne Schönheit gewinnen läßt.

Unter Hinweis auf ihre Nicht-Intentionalität und "Geistesabwesenheit" hat Walter Benjamin die für Baudelaire selbst charakteristische Form des künstlerisch produktiven Blicks von der im Guys-Essay skizzierten Virtuosität des Sehens möglichst weit distanziert.[3] Doch ist die stets sprungbereite, gespannte Aufmerksamkeit, die Constantin Guys mit den Figuren des Journalisten und des Reporters in untergründige Beziehung treten läßt, trotz Benjamins Favorisierung des grüblerischen Allegorikers und Melancholikers auch in Baudelaires eigener Lyrik und zumal in seinen Prosa-Poemen spürbar. Ein wichtiges Selbstporträt ist der Guys-Essay überdies darin, daß er eine Seite

---

[3] Vgl. Walter Benjamin, Charles Baudelaire. Ein Lyriker im Zeitalter des Hochkapitalismus, Frankfurt 1974, p. 68

Baudelaires in helles Licht rückt, die bei Benjamin nur auf geringes Interesse stieß. Man könnte sie die Manet zugewandte Seite nennen.

Edouard Manet hat Baudelaire mehrfach gezeichnet und in manche seiner Bilder hineingemalt. Eine kleine Radierung, eine Studie für das "Konzert in den Tuilerien", stammt von 1862. Man sieht den Dichter im Profil, den Zylinder auf dem Kopf, mit schmalem Mund und spitzer Nase, Kragen und Halstuch über den nur angedeuteten Schultern. Es ist eine leichtgewichtige Skizze, etwas wie Freundschaft schwingt mit. Baudelaire hat Manet öffentlich verteidigt und privat ermuntert: "Sie sind nur der erste im Zerfall Ihrer Kunst...", hat er in einem Brief an ihn geschrieben, und Manet dürfte den Essay über den Constantin Guys gelesen haben. Es bräuchte nicht derartiger biographischer Details, um auf die Berührungspunkte zwischen der von Manet ausgehenden impressionistischen Malerei und Baudelaires Ästhetik der Modernität aufmerksam zu werden. Denn alle ihre Schlüsselbegriffe sind in dieser Bilderwelt, die in geduldiger Lektüre der Oberfläche die Schauplätze, den Rhythmus und die charakteristischen Gesten des "modernen Lebens" wie einen neuen Kontinent entdeckt, anwesend: die Gegenwart, die Menge, die Mode und ihrer aller Element, die Flüchtigkeit. In Constantin Guys porträtiert Baudelaire die ästhetische Energie der "Maler des modernen Lebens" von Manet über Degas bis Toulouse-Lautrec, noch ehe sie ganz entfaltet ist.[4]

2. "Impression" und Modernität

In Oswald Spenglers morphologischem Roman der Weltgeschichte gehört zu den Vorboten, die den Untergang des Abendlandes ankündigen, der Tod der Ölmalerei. Am Ende des 17. Jahrhunderts schon, so behauptet er lakonisch, ist sie erloschen. Nach Rembrandt:

---

[4] Zugunsten der ausführlicheren Argumentation in den folgenden Abschnitten verknappe ich die Darstellung hier aufs äußerste. Zur Affinität Baudelaire-Manet vgl. die Arbeiten von Theodore Reff. Seine Studie Manet: Olympia (Paris 1977) weist detailliert die Analogie nach, die zwischen Manets selbstbewußter Beziehung seiner Olympia auf Tizians "Venus von Urbino" und Baudelaires Konzeption der Modernität besteht. Zum größeren Kontext der Beziehung zwischen Großstadterfahrung und Stilentwicklung der Malerei bei Manet, seinen Zeitgenossen und Nachfolgern vgl. Theodore Reff, Manet and Modern Paris, Washington 1982. Außerdem: T.J.Clark, The Painting of Modern Life. Paris in the Art of Manet and his followers, Princeton 1984. Nachdrücklich verweisen möchte ich auch auf die kulturhistorischen Studien von Christoph Asendorf, Batterien der Lebenskraft. Zur Geschichte der Dinge und ihrer Wahrnehmung im 19.Jahrhundert, Gießen 1984 sowie ders., Ströme und Strahlen. Das langsame Verschwinden der Materie um 1900, Gießen 1988.

nichts Nennenswertes. Was aber, so fragt sich der Leser, hat es dann mit Manet und dem Impressionismus des 19.Jahrhunderts auf sich, mit dem doch sehr lebendigen Aufbruch zu einer neuen Malerei, die die große Tradition dadurch fortsetzen wollte, daß sie mit dem Traditionalismus brach? Das ist keine Malerei, sagt Spengler, das ist das Satyrspiel nach der Tragödie, die künstliche Wiederbelebung der Malerei nach ihrem Tod, der Tanz einer aufgeschminkten Leiche in den Straßen der Weltstadt. Nur im Paris Baudelaires, so fährt der Untergangsprophet fort, konnte dieses gespenstische Spektakel seine Premiere haben.

Mit groben Strichen zeichnet Spengler das Bild vom Impressionismus als eines Zersetzungsproduktes der Kunst im Spätstadium der Zivilisation, als Schein von Leben, den der Materialismus der westeuropäischen Weltstädte den entseelten Aschenresten der Malerei von Leonardo bis Rembrandt eingeblasen hat. Er polemisiert en gros, aber gelegentlich gelingen ihm prägnante Pointierungen: "Rembrandts mächtige Landschaften liegen durchaus im Weltraume, die Manets in der Nähe einer Bahnstation."[5] Der Impressionismus, so soll man diesen Satz verstehen, sieht die Landschaft nur von außen, wie aus dem Fenster des Zuges. Von ihrer Metaphysik und Seele weiß er nichts, er sieht sie mit den Augen des Weltstädters, und so wird sie prosaisch. Denn Landschaft - das ist die ruhig verharrende Natur, die als solche angeschaut werden will. Hier aber wird sie in den Rhythmus der industrialisierten Zeit hineingerissen. Sie ist selbst Teil der Weltstadt geworden, profaniert und mit dem Vorortzug für jeden flüchtigen Besucher leicht erreichbar. Spenglers polemische Pointe trifft in der Tat die sozialhistorischen Implikationen der impressionistischen Bilderwelt. Denn Motive wie der sonntägliche Ausflug aufs Land, die zahllosen Ansichten Argenteuils, die Bootsfahrten auf der Seine unweit von Paris sind unsichtbar an die Voraussetzung der selbstverständlich gewordenen Anreise mit der Eisenbahn gebunden.

Theodor W. Adorno hat bei einem Besuch des Jeu de Paume in den fünfziger Jahren Spenglers Mißtrauen, daß der Impressionismus auch dort von Technik und Großstadt handle, wo sie nicht explizit das Thema seiner Bilder seien, zugleich bestätigt und positiv gewendet. Statt der Suggestion ungestörten Naturgenusses sei auf den französischen Bildern mit ihren Flüssen, die von Eisenbahnbrücken überspannt werden, die Einsicht mitgemalt, daß es unmöglich geworden sei, sich ohne Störung der Natur zu überlassen. Anders

---

[5] Vgl. Oswald Spengler, Der Untergang des Abendlandes, Band I, München 1923, p. 370

als bei den deutschen Adepten sei hier das, was traditionell Landschaft hieß, mit Technik imprägniert und so aufs Niveau der Moderne gebracht. Doch ist Adornos Idee, der tiefste Impuls impressionistischer Malerei sei es, die Chocerfahrungen der technischen Moderne ästhetisch zu "absorbieren", eine Einsicht post festum.[6] Für die frühe Erfahrung an den Bildern der Franzosen - für Spenglers Pathos ist sie noch der Hintergrund - gilt, daß der Choc in ihnen gerade nicht verschwindet, sondern daß umgekehrt die Zeitgenossen vor dieser Malerei erregt darüber zu debattieren beginnen, was ihnen in der Eisenbahn und im Alltag der Großstadt widerfährt.

Die Rezeption des französischen Impressionismus beginnt im deutschsprachigen Raum um 1890, sehr bald verschränkt sich in ihr die Debatte über den ästhetischen Wert der Bilder aus Paris mit der reflexiven Verarbeitung der technisch-industriellen Moderne. Der Impressionismusbegriff löst sich von den Bildern, in deren Begleitung er aufgetaucht und importiert worden war, ja er löst sich überhaupt von der Malerei und wird um die Jahrhundertwende zu einer diskursiven Plattform der Erörterung von Modernität insgesamt. Der Kunstkritiker Karl Scheffler versucht sich 1903 in der "Zukunft" an einer Bestimmung der "impressionistischen Weltanschauung", und 1907 legt der Dilthey-Schüler Richard Hamann eine zeitdiagnostische Studie vor, die zum synthetisierenden Höhepunkt der Wanderungen des Begriffs wird: "Der Impressionismus in Leben und Kunst".[7] Es wird ein einflußreiches Buch, ein umfassender Versuch der Theoretisierung "impressionistischer Kultur" als Epiphänomen der drei großen Dynamisierungslemente der modernen Zivilisation: der Geldwirtschaft, des Verkehrs und der Großstadt. Quer durch die Genres werden hier der "Stil des Lebens" und der "Stil der Kunst" ineinander gespiegelt. Spätestens mit diesem Versuch der Fixierung des Impressionismus als Epochenstil der Moderne wird die diskursive Universalisierung des Begriffes zum Charakteristikum des zeitdiagnostischen Räsonnements in den Feuilletons, Zeitschriften und kulturkritischen Broschüren.

Die Umschlagspunkte, an denen die ästhetische Debatte über die impressionistischen Bilder in die Reflexion der großstädtischen Kultur übergeht, sind in der thematischen Sphäre naturgemäß am leich-

---

[6] Theodor W.Adorno, "Im Jeu de Paume gekritzelt", in: Ohne Leitbild. Parva Aesthetica, Frankfurt 1967, pp. 42 - 47

[7] Richard Hamann, Der Impressionismus in Leben und Kunst, Marburg 1907

testen zu markieren, also etwa in den Polemiken und Apologien zur
ästhetischen Dignität von Absinthtrinkern und Huren. Oswald
Spengler ist aber auch darin ein charakteristischer Vertreter der
Kulturkritik, daß er seine Diagnose der Weltstadtkunst im Blick auf
die Landschaften des Impressionismus formuliert. Der Blick dieser
Maler ist - mehr noch als ihre Sujets - das eigentliche Skandalon
ihrer Bilder. Das Auge der Impressionisten wird als Zivilisationspro-
dukt der Großstadt, als organisches Äquivalent des "Geistes" der
Moderne verdächtig. Die wichtigsten Elemente der Debatte lassen
sich daher eher um einen formalen Kern ordnen als um einen
motivischen. Dieser Kern ist der Begriff der "Impression" selbst, wie
er anläßlich des Le Havre-Bildes von Claude Monet seit 1872 zum
Titel der Herausforderung wird, die von der Malerei Manets und
seiner Nachfolger für Publikum und Kritik ausgeht. Seine Durch-
schlagskraft resultiert nicht nur aus der polemischen Energie, mit der
ihn die Kritiker als Schlagwort gegen eine Bewegung verwenden, die
sich erst unter diesem von außen gesetzten Titel zur Bewegung
formiert. Sie beruht vor allem auf dem inneren Reichtum dieses
Begriffs, auf dem Wechselspiel seiner drei wichtigsten Facetten:
seiner physiologischen als Reiz, seiner temporalen als Moment und
seiner ästhetischen als Radikalismus der Sichtbarkeit.

2.1. Netzhaut und Nervosität

Als Impression im physiologischen Sinn gilt den Zeitgenossen der
unmittelbare Kontakt zwischen Netzhaut und sichtbarer Welt. Die
Landschaft und die Dinge, den Raum und das Licht, die Formen
und die Farben so zu sehen, wie sie im Moment ihrer Wahrnehmung erscheinen, ohne den Eindruck des Auges durch das Wissen
über die Gegenstände zu korrigieren, ist die wohl häufigste
Umschreibung impressionistischen Sehens. Leicht ergibt sich von hier
aus die rousseauistische Emphase, mit der vor allem von den
publizistischen Apologeten des Impressionismus die Netzhaut als
Organ der Unmittelbarkeit gefeiert wird. Als Befreiung des natürlichen aus dem von Konvention überschatteten Auge wird die
Netzhaut zur Metapher der vorreflexiven, vom Intellekt unabhängigen
Wahrnehmung der Welt. Sie gilt als der Gegenspieler des offiziellen
Kunstgeschmacks und der Akademien. Der Raum, in dem sich ihre
ästhetische Produktivität entfaltet, ist nicht das Atelier mit seinem
reglementierten, möglichst berechenbaren und fast schon künstlichen
Nordlicht, sondern das unbeständige und unberechenbare natürliche
Licht der Pleinair-Malerei. Als Bewegung der Verjüngung des Blicks
und der Kunst erscheint der Impressionismus in den Schriften zumal
seiner vom Fin de siècle geprägten Bewunderer. Für den "unver-
bildeten Wilden", dessen frischer Blick zwanglos jene im Alltag der

freien Natur verborgenen Schönheiten entdeckt, die dem wissenden Auge verborgen bleiben, steht dabei immer wieder das Kind ein. Hermann Bahr schreibt anläßlich einer Verteidigung der Farbauffassung des Impressionismus: "Ein Kind sieht am Strande eine Dame in der Sonne gehen und ruft: Schau, Papa, der Schatten ist blau! Der Papa sagt: Nein, der Schatten ist schwarz, es sieht nur so aus. Das Kind ist eigentlich viel gescheiter: es hält sich an die unmittelbare Wahrheit, deren es gewiß ist, es glaubt seinen Augen; es sieht noch unverdorben."[8]

Das Mißverständnis des Impressionismus als ästhetischer Unmittelbarkeit oder Entkunstung der Kunst zugunsten des "Lebens" ist freilich nur die schwärmerische Variante innerhalb der Physiologie der Impression. Ihrer Fingierung von Naivität steht schon früh die unabweisbare Einsicht in den hochgradig artifiziellen und reflexiven Charakter der Isolierung des "Netzhautbildes" gegenüber. Von Spengler, der ironisch schreibt, hier kehre die sterbende Kunst "wie ein Greis zur Natur zurück'", bis zu Hans Sedlmayr sind es vor allem die konservativen Propheten des Untergangs, die im impressionistischen Sehen den immateriellen Apparat wittern, das technische Medium. So oszilliert der Begriff der Impression zwischen den Polen der Fiktion des "naturreinen" Blicks und der Diagnose einer hypertroph-monströsen Verfeinerung des Augensinns, die die natürliche Balance der Wahrnehmung aufkündigt und so zu einer Kunst der "Verzerrung" aller Proportionen führt. Dem unschuldigen Kind steht somit der überzivilisierte Dekadenzkünstler gegenüber, dessen Netzhaut nicht Organ der Naivität, sondern raffiniert hochgezüchtete Virtuosin der Lichtempfindlichkeit ist, seelenloses Äquivalent zur fotografischen Platte und Einfallstor der kunstfeindlichen Technik im Innern der Malerei selbst. Zumal die Methodisierung der Impression im Pointillismus, also etwa das Bündnis zwischen Kunst und physiologischer Wissenschaft im "Chromo-Luminarismus" George Seurats nicht als naturalistisch-szientifisches Selbstmißverständnis erkannt, sondern gilt vielen Kritikern um 1900 als Inbegriff der Reduktion von Malerei auf Physiologie, als radikaler ästhetischer Sensualismus und "seelenfeindlicher" Materialismus.

Die Brücke zwischen physiologisch gefaßter Impression und Großstadterfahrung wird im späten 19. und frühen 20.Jahrhundert vor allem durch den Begriff "Reiz" hergestellt. Er vermittelt als Zentralbegrifff für die Umschreibung des lebensweltlichen Klimas der Großstadt zwischen der ästhetischen Strategie des Impressionismus und der wichtigsten konstitutionellen Eigenschaft, die dem Groß-

---

8 Hermann Bahr, "Impressionismus", in: Essays, Leipzig, 1912, p. 165

städter von seinen Interpreten zugeschrieben wird: seiner chronischen
Nervosität. Die diskursive Parallelführung der Formeln "Impressionistische Kultur" und "Zeitalter der Nervosität" wird zum Zentrum
der Überblendung von Ästhetik, Soziologie und Physiologie der
Großstadt um 1900.[9] Im Jahre 1880 hatte der New Yorker Arzt
George Beard, Spezialist für Neuropathologie und Elektrotherapie,
seine Interpretation der "Neurasthenie" als charakteristischer
"Zeitkrankheit" der Moderne veröffentlicht und damit eine Diskus-
sions- und Publikationsmaschinerie in Gang gesetzt, die schon nach
kurzer Zeit die Grenzen Amerikas sowie der innermedizinischen
Verständigung über ein Krankheitsbild hinter sich ließ. Das überlaute
Echo, das dem New Yorker Arzt aus Europa antwortete, entsprang
der Einsicht: tua res agitur. Weil die "Neurasthenie" als Begleitfracht
des "Amerikanismus" importiert wurde, war sie eine ideale Chiffre
zur reflexiven Bündelung der Risiken des Fortschritts im Hinblick
auf die psychophysische "Natur" des Menschen. Vor allem die
beschleunigte Zirkulation des Geldes und der Waren, die Verdichtung der Kommunikation durch Telegraph und Telephon sowie
die Industrialisierung von Zeit und Raum durch die modernen
Verkehrsmittel bereiten zumal in den Großstädten der alltäglich
gewordenen Neurasthenie, der umgangssprachlichen "Nervosität" den
Boden. In Deutschland überschneidet sich ihr Assoziationshorizont
mit dem der "Reizsamkeit", den der Leipziger Historiker Karl
Lamprecht in seiner sozialpsychologisch ausgerichteten "Deutschen
Geschichte" kurz nach der Jahrhundertwende als neutrale, nicht-
-pathologische Kategorie zur Erfassung des "modernen Seelenlebens"
der jüngsten Vergangenheit und unmittelbaren Gegenwart profiliert
hatte. Die Auslegung der Nervosität war generell nicht identisch mit
ihrer Diagnose als Symptom kultureller Dekadenz. Von beträcht-
lichem Einfluß war die These, sie sei ein Phänomen des Übergangs
zu einer höheren Zivilisationsstufe, die unvermeidliche Begleiterschei-
nung der Entstehung eines neuen Typs von Gesundheit, einer
Evolution der physiologischen Konstitution des modernen Menschen.

In der Debatte über den Impressionismus aber war die Affinität von
"Reiz", "Nervosität" und "Impression" eine ideale Gelegenheit, die
Bilder der französischen Maler in die Perspektive einer allgemeinen
Pathographie der Moderne zu rücken, zumal Autoren wie Max
Nordau, Arzt aus Budapest und seit 1880 in Paris lebend, das
Schema einer physiologischen Pathologisierung der ästhetischen
Moderne am Material der Literatur schon erfolgreich eingeführt

---

[9] Vgl. Willy Hellpach, Nervosität und Kultur, Berlin 1902, die in Anm. 4
zitierten Arbeiten von Asendorf sowie Lothar Müller, "Modernität, Nervosität und
Sachlichkeit. Das Berlin der Jahrhundertwende als Hauptstadt der 'neuen Zeit'",
In: Mythos Berlin, Ausstellungskatalog, Berlin 1987, pp. 79 - 92

hatten. Anfang der neunziger Jahre war sein zweibändiges Werk "Entartung" erschienen und hatte der deutschsprachigen Zivilisationskritik eines ihrer erfolgreichsten Schlagworte gegeben. Schon bei Nordau sind Neurasthenie, Hysterie und die Müdigkeit als deren Fin de Siècle-Maske die illegitimen Erben der gesunden Phantasie, die Musen der modernen Kunst. Spengler kann in seiner Charakteristik des Impressionismus auf die positivistische Attitüde, mit der der Arzt aus Budapest seine physiologischen Diagnosen des "Sumpfes der Großstadt" aus statistischen Jahrbüchern und medizinischen Fachzeitschriften belegt, bereits verzichten: "eine gefährliche Kunst, peinlich, kalt, krank, für überfeinerte Nerven, aber wissenschaftlich bis zum äußersten, energisch in allem, was die Bewältigung technischer Widerstände angeht."[10]

Die Pathographen der Moderne formulieren ex negativo eine Vermutung, die auch von vorsichtigeren Interpreten des Impressionismus immer wieder variiert worden ist: daß seine wichtigste außerästhetische Wurzel die sensitive und analytische Energie gewesen sei, mit der er auf formaler, nicht nur auf gegenständlicher Ebene den spezifisch modernen Bedingungen von Wahrnehmung und Erfahrung Rechnung getragen habe. Auf dem I. Deutschen Soziologentag in Frankfurt 1910 hat Max Weber in diesem Sinne die Frage bejaht, ob es eine Beziehung gebe zwischen der modernen Technik und der "ästhetischen Evolution" modernen Malerei. Deren Entwicklung sei nicht möglich gewesen ohne "die bewegten Massen, die nächtlichen Lichter und Reflexe der modernen Großstadt mit ihren Verkehrsmitteln, mit elektrischen und anderen Laternen, Schaufenstern, Cafés, Konzert- und Restaurationssälen, mit Schloten, Steinmassen und all dem wilden Tanz der Ton- und Farbenimpressionen." Webers Beispiele sind identisch mit denen, die immer wieder für die Ausbreitung der Nervosität namhaft gemacht werden. Das ist kein Zufall. Denn die dramatisierenden Physiologien der Impression sind zugleich in ihrem Materialgehalt Kompendien zum ästhetischen Faszinosum Großstadt sowie zu ihrer Funktion als Schule der Sinne. Webers These zum Zusammenhang von Großstadterfahrung und ästhetischer Form spricht in diesem Sinne gerade der großstädtischen Nacht, dem Paradebeispiel für moralische Deprivation und physiologische Degeneration, eine Hauptfunktion für die formalen Innovationen der Impressionisten zu: "es ist gar nicht möglich, daß gewisse formale Werte der modernen Malerei ohne den noch nie in aller Geschichte menschlichen Augen dargebotenen Eindruck, den

---

[10] Oswald Spengler, ibid., p. 378

die moderne Großstadt schon am Tag, aber vollends in überwälti-
gender Weise bei Nacht macht, hätte errungen werden können."[11]

2.2. Karriere des Transitorischen

Die klassische Schönheit war eine Statue. Zwar bot ihre marmorne
Gestalt der Zeit eine Angriffsfläche, aber noch als Torso gewann sie
ihr Pathos der Zeitenthobenheit aus der Unbeweglichkeit, mit der
sie das dauerhaft Schöne verkörperte. Wenn Baudelaire in einem
seiner berühmtesten Gedichte die flüchtige Schönheit, das Zentrum
seiner Ästhetik der Modernität, in einer vorbeigleitenden Passantin
Gestalt gewinnen ließ, so nicht als polemische Negation der
klassisch-unbewegten Statue, sondern als deren legitime Nachfolgerin.
Nur so hat die überraschende Paradoxie einen Sinn, mit der er die
Vorübergehende zugleich als Inkarnationsfigur "flüchtiger" Modernität
und - in bewußter Provokation der Gewißheit, Statuen seien
unbeweglich - wie eine antike Statue erscheinen läßt, die es aus
dem Museum auf die Straßen der Großstadt verschlagen hat: "...
agile et noble avec sa jambe de statue."[12]

Baudelaires paradoxe Konzeption, daß das "ewige Schöne" unter den
Bedingungen der Moderne gerade aus der Versenkung in die
Flüchtigkeit entstehen könne, findet im Deutschland der Jahrhundertwende vor allem in den ästhetischen Essays des Berliner Soziologen
Georg Simmel ein Echo, zumal dort, wo er im Blick auf das Werk
des Bildhauers Rodin die Kategorie der "zeitlosen Impression"
entwickelt. Zugleich aber wird in der zeitgenössischen Impressionismuskritik die ästhetische Neubestimmung des Verhältnisses von
Bewegung und Plastik bzw. Bewegung und Bild immer wieder als

---

[11] Vgl. Verhandlungen des Ersten Deutschen Soziologentages vom 19. - 22.
Oktober 1910 in Frankfurt a.M. Reden, Vorträge und Debatten, Frankfurt 1969,
p. 97 ff., hier p. 99. Diese Deutungstradition läßt sich bis in die Ästhetische
Theorie Theodor W.Adornos, in die sozialgeschichtliche Kunstgeschichtsschreibung
Arnold Hausers hinein verfolgen, und sie liegt auch den wenigen Sätzen zugrunde,
die Walter Benjamin in seinen Baudelaire-Studien der impressionistischen Malerei
gewidmet hat. Der tägliche Anblick einer bewegten Menge sei ein Schauspiel
gewesen, dem sich das Auge erst habe adaptieren müssen, und so sei das
Verfahren, "das Bild im Tumult der Farbflecken einzuheimsen", womöglich in der
Schule der Straßen gelernt worden, als "ein Reflex von Erfahrungen, die dem
Auge eines Großstädters geläufig geworden sind." Vgl. Walter Benjamin, Charles
Baudelaire, p. 124

[12] Charles Baudelaire, "A une passante", in: Die Blumen des Bösen/Les
Fleurs du Mal, Vollständige zweisprachige Ausgabe, Hrsg. F. Kemp, München
1986, p. 198

beunruhigendes Symptom des Verfalls nicht nur der Grundlagen der Malerei, sondern der "gesunden" Wahrnehmung diskutiert. Von den zahlreichen Beispielen für diese Kritik der Impression im temporalen Sinn sei hier nur die "Philosophie der Kunst" (1909) des Ästhetikers Broder Christiansen (1869-1958) erwähnt. Er definiert als das spezifisch Moderne am Impressionismus die "Vermeidung des Kontinuierlichen". Den pointillistischen Aufbau des Bildes aus Farbflecken beschreibt er als durchtriebene Ausnutzung der physiologischen Beschaffenheit der Netzhaut, momentane visuelle Eindrücke über den Moment selbst hinaus zu bewahren, als einen Taschenspielertrick raffinierter Anpassung der Malerei an die "Reizlüsternheit unserer Zeit".[13] Man kennt diesen schrillen Ton und ist versucht, das Buch gleich wieder fortzulegen. Allzu enervierend wird die formal entwickelte Diagnose im Blick auf die Stoffe der modernen Kunst wiederholt, allzu litaneihaft die Bevorzugung "des Krassen, Schrillen, des Ätzenden, des Abstoßenden und Gemeinen" bei Manet und Degas, Rops und Toulouse-Lautrec, Slevogt und Corinth, Beardsley und Rodin behauptet, allzu nah steht der ostentative Ekel - "auf Zilles Bildern fehlt selten der Abort" - der kaiserlichen Entrüstung über die "Rinnsteinkunst" der Sezession. Doch dann gibt es Passagen, in denen die routinierte Rhetorik der Pathologisierung zugunsten einer diskutablen ästhetischen Kritik der Privilegierung von "Diskontinuität" zurücktritt. Nicht die Zillesche "Fäulnis" ist hier der Anlaß des Entsetzens, sondern die Ein-wanderung der "Unruhe" des Momentanen in die innere Struktur des Tafelbildes, die Imprägnierung der Formensprache der Kunst mit dem Gift der Flüchtigkeit. Lautete die moralische Anklage auf Gefährdung der Sittlichkeit durch die suggestive Reizung der Sinnlichkeit, so ist der ästhetische Vorwurf subtiler: Er bezichtigt die moderne Malerei der systematischen Auflösung des klassischen Bündnisses zwischen bildender Kunst und der Zeit als Dauer. Es geht bei diesem Prozeß um die Verteidigung der Grenzen, die Lessing in seiner "Laokoon"-Schrift den bildenden Künsten gezogen hatte. "Ein transitorisches Schönes", wie es der Poesie zu Gebote steht, war bei Lessing der bildenden Kunst versagt, da in ihr die Darstellung von Bewegung, die in der Dichtung zum ästhetischen Reiz werden könne, zur "gefrorenen Grimasse" werden müsse. Zwar ist es immer ein Augenblick, den der Maler festhält, aber er muß so eingebettet sein in ein Vorher und Nachher, daß es virtuell mit im Bild vorhanden ist. Kurz, er darf das stille Element, in dem das Schöne der bildenden Kunst lebt, nicht stören: die Zeitenthobenheit. In der impressionistischen Betonung des Augenblicks als Augenblick

---

[13] Broder Christiansen, Philosophie der Kunst, Hanau 1909, vor allem Kap. VII, "Der Impressionismus in der bildenden Kunst", p. 305 ff.

sieht Christiansen dementsprechend das Grundgesetz der Malerei verletzt. Allenfalls in der Graphik, in der Skizze auf Papier dürfe mit einem gewissen recht das Klima von Flüchtigkeit und Improvisation erzeugt werden, nicht aber im Tafelbild. Die Vorliebe für die "Schilderung des Bewegten", für die Pferde auf der Rennbahn und das Polospiel, für das Spiel von Licht und Schatten und die chromatische Skala der Körperstellungen von Tänzerinnen, Badenden und Büglerinnen, für die vibrierend-dynamischen Sphären der Boulevards und Café- chantants ist aus dieser Perspektive der Sündenfall der modernen Malerei. Es ist nur konsequent, wenn Christiansen behauptet, die Impressionisten seien in der Regel gute Graphiker und schlechte Maler. Er reagiert damit polemisch auf die zeitgenössische Aufwertung der Skizze vom provisorischen Vorentwurf des eigentlichen Bildes zum autonomen ästhetischen Gebilde und auf die Konjunktur der Ausstellungen von Zeichnungen und Skizzen etwa in Cassirers Berliner Salon oder den Räumen der Sezession.

Der konservative Ästhetiker sieht in den impressionistischen Bildern nicht etwa nur einen Angriff auf traditionelle stilistische Normen, sondern auf den Begriff des Bildes und damit die Malerei selbst. Herausgerissen aus dem ruhigen Fluß der Zeit, ist die temporale Impression Gegenwart ohne Vergangenheit, Pointe ohne Geschichte, die ästhetische Parallelaktion zu den lebensweltlichen Angriffen auf die Erfahrung von Kontinuität. Man achte auf die rhetorischen Dramatisierungen, mit denen Christiansen die Tendenz zum Hastigen und Überstürzten, zum Plötzlichen und Diskontinuierlichen als Essenz impressionistischer Bilder behauptet und ihre Wirkung gar - es ist die Zeit des Populärwerdens der Stummfilme - mit den "Eindrücken des Kinematographen" vergleicht, der alle organischen Bewegungsabläufe ins mechanisch-stoßweise Voranrücken der Bilder verwandle, ins Staccato technisch-anorganischer Dynamik. Mit Händen zu greifen ist die implizite These, die Bilder hätten nicht erst im Kino, sondern schon in der impressionistischen Malerei das Laufen gelernt.

In der Tat ist die Verteidigung des klassischen Bildraums zugleich eine unfreiwillige Ästhetik des Chocs, die Warnung vor der Annäherung von Malerei und Kino die implizite Vorwegnahem eines Themas, das im Umkreis von Futurismus und Expressionismus wenig später entfaltet werden wird. Und die Kritik der Diskreditierung aller Gegenstände und der Herabwürdigung des Dargestellten durch "die Stimmung flüchtigen Beschauens" behauptet zu Recht die Entfaltung der Impression als Vorgeschichte künftiger Turbulenzen im Bildraum. Dazu gehört auch die von Walter Benjamin an der photomechanischen Reproduktion als dessen produktive Leistung hervorgehobene "Zertrümmerung der Aura". Als Vorwurf der "Profanierung" alles Erhabenen begegnet die Gedankenfigur in kulturpessimistischer Formulierung in den Polemiken gegen den Impressionismus als antireligiöse und antimetaphysische Malerei. Oswald Spengler schreibt in diesem Sinn, daß schon ein einziges Bild der "Freilichtmalerei", das man in eine Kirche hänge, diese zum Ausstellungsraum herabwürdige.[14] Je erhabener ein Bildthema, desto stärker wird es von der Profanierung durch die temporale Impression betroffen. Impressionistische Porträtbilder sind in diesem Sinne für Christiansen eine Beleidigung der Würde des Menschen. Max Liebermanns Porträt des Direktors am Hamburger Schauspielhaus, Alfred von Berger, erscheint ihm daher als "Respektlosigkeit".[15] Das Verdikt, man dürfe einen Menschen nicht so malen, als sei er "nur zu flüchtiger Betrachtung dargestellt", trifft über seinen Anlaß hinaus eine wichtige Errungenschaft der Maler des modernen Lebens: die Entdeckung des großstädtischen Passanten als Bildthema. Einer ihrer Höhepunkte ist Edgar Degas' provokatives Bild des Vicomte Lepic und seiner Töchter am Place de la Concorde (ca. 1875). Es verschränkt auf so überlegte Weise Porträt und Straßenszene, individuelle Figur und zufällig-anonymen Passanten, daß es ebensogut "Le comte Lepic" wie "Place de la Concorde" heißen könnte. Degas gibt keine Momentaufnahme, sondern die Konstruktion des Momentanen. Er erwirbt dem flüchtigen Augenblick die Dignität des klassischen Schönen. Vom landläufigen Begriff der Impression als Unmittelbarkeit ist in seinen Bildern, der hohen Schule einer Ästhetik des Transitorischen, nichts zu spüren.[16]

2.3. Zerfall der Hierarchien

Man könnte Seurat und Degas in dem Sinne nebeneinanderstellen, daß der eine durch eine Analytik der physiologischen Impression zu erreichen sucht, was der andere aus seinen Experimenten mit der temporalen zu destillieren sucht: ein modernes Äquivalent zum klassischen Schönen. Von dem dritten, der im engeren Sinne ästhetischen Facette der Impression aber, die sich vorläufig als Amalgam der beiden anderen umschreiben läßt, ist die Geschichte des Impressionismus als Bewegung und seine öffentliche Wahrnehmung zunächst bestimmt. Es sind der erkennbar "flüchtige" und

---

[14] Oswald Spengler, ibid.

[15] Broder Christiansen, Philosophie der Kunst, p. 331

[16] Vgl. Max Imdahl, "Die Momentphotographie und "Le comte Lepic" von Edgar Degas" (1970), jetzt in: Wilhelm Schmid (Hrsg.), Wege zu Degas, München 1988, pp. 298 - 309

"nervöse" Pinselstrich, der rauhe Farbauftrag, das Zurücktreten von Perspektive und Komposition des Raumes, die die Frühgeschichte des Impressionismus zu einer Geschichte der Skandale machen.

In Frankreich wie in Deutschland bildeten sich in der publizistischen Impressionismuskritik die rhetorischen Stereotypen heraus, die später kaum noch radikalisiert werden mußten, um auf die rasch aufeinanderfolgenden Avantgarden in der Kunst des 20.Jahrhunderts angewandt werden zu können. Die Konsequenz, mit der die impressionistische Malerei auf alles Allegorische, auf jegliche religiöse, moralische oder historisch-politische Rhetorik verzichtete, mußte in den Salons des 19.Jahrhunderts ostentativ und polemisch wirken. Wie für die beiden anderen Facetten Seurat und Degas als Inkarnationsfiguren gelten können, so wird die Kunst Claude Monets zum Inbegriff für die Akzentuierung der Impression als Radikalismus der Sichtbarkeit.[17]

Gewiß, Kunst für das Auge war jede Malerei, aber noch keine hatte das Auge so sehr emanzipieren wollen, noch keine schien so sehr davon absehen zu wollen, daß die Dinge der Welt noch anderes sind als sichtbar, noch keine hatte sich dem Spiel der Farben und des Lichts so rückhaltlos ergeben und als autonome, alles Thematische und Motivische transzendierende Sphäre begriffen. So sahen es die Zeitgenossen, und staunend oder entsetzt diagnostizierten sie den Auszug des Plastischen und des Architektonischen aus der Malerei. Als Zu-sich-Selbstkommen der Malerei, als ihre Emanzipation von allen fremden Bestimmungen und allen illegitimen, weil an andere Künste zu adressierenden Ansprüchen wurde diese ästhetische Aufwertung der Sphäre reiner Sichtbarkeit gefeiert - oder als Staatsstreich des autonomen Auges auf Kosten der anderen Sinne verdammt und als gefährliche Befreiung der Malerei von allen anderen Rücksichten als rein malerischen angegriffen. An Mallarmés Aufsätzen über Edouard Manet und die Impressionisten ließe sich der erste Rezeptionstyp erläutern, für die deutschsprachige Diskussion im frühen 20.Jahrhundert ist der zweite von größerer Bedeutung. Er sieht im Radikalismus der Sichtbarkeit ein Phänomen der Auflösung und Zersetzung von Ordnung und Zusammenhang im physiologischen, sozialen und moralisch-weltanschaulichen Sinn.

An Richard Hamanns Charakterisierung des Impressionismus als "Weltanschauung" anknüpfend, sieht der junge Max Raphael in der Privilegierung des vereinzelten Sehaktes den Zerfall einheitlicher Weltwahrnehmung zugunsten der Atomisierung von Erfahrung und

---

[17] Vgl. z.B. Julius Meier-Graefe, <u>Manet und sein Kreis</u>, Berlin 1902

beschreibt den ästhetischen Radikalismus der Sichtbarkeit als Komplementärphänomen zur philosophisch-physiologischen Zersplitterung des Ich bei Ernst Mach. "Die Konzentration auf das eine Organ des Sehens führt die impressionistischen Künstler zur völligen Zerstückelung der Welt und ihrer konstitutiven Begriffe Körper und Ich."[18] Die Auflösung von Ordnung und Zusammenhang im nur vom Auge komponierten Bildraum der Impression kann so als Reflex auf den Zusammenbruch traditioneller Weltbilder gedeutet werden.

Für die Aufhellung der Farben war in den Plädoyers für die Pleinairmalerei gelegentlich mit dem Spott über die "braune Sauce" der Ateliers geworben worden. Bei Oswald Spengler wird das Braun als die "metaphysische Farbe" rehabilitiert, die in den Augen des "faustischen Menschen" das Symbol der Unendlichkeit war. Das ist die ins Farbenspektrum projizierte Kritik des Impressionismus als anti-metaphysischer Weltanschauung des gänzlich "entseelten" Auges, das zum reinen Organ des Intellekts und der Abstraktion des "Weltstädters" geworden ist. Nicht nur bei Spengler wird auf diese Weise der Emanzipation des Lichtes der Prozeß gemacht. Wohl aus Entrüstung über die Kompromittierung eines Wortes mit "goetheschem" Klang gestehen Ästhetiker wie Christiansen den impressionistischen "Lichtmalern" nicht einmal ihren Namen zu: "Sie bringen Helligkeitsreize, kein Licht." Das Licht wird wie die Luft, von der die Dinge und Körper im Impressionismus umgeben sind, ein Element der atmosphärischen "Zersetzung" und "Auflösung" ihrer Solidität und Festigkeit interpretiert. Denn dieses Licht und diese Luft lassen alle Gegenstände als gewissermaßen "bindungslos" und "freischwebend" erscheinen. Die Übergänge zwischen diesem ästhetischen Reizklima der Erosion alles Fest-Statischen und dem sozialen Klima der Metropolen galten den Zeitgenossen als fließend. Die Auflösung der Dinge in Nuancen und das Unkenntlichwerden oder Verschwimmen der Konturen, die Hingabe an den Augenblick und die Vergleichgültigung verschiedener Wertsphären, die Aufweichung des Festen und die Zerstreuung des ehemals aus einer Zentralperspektive Gebundenen sind impressionismuskritische Diagnosen, die sehr bald nicht mehr nur den Stil der Kunst, sondern den des gesellschaftlichen Lebens insgesamt betreffen. Was müssen das für Leute sein, die an einer Kunst der Erosion oder gar "Zersetzung" von Zusammenhängen Gefallen finden? Das ist die Frage, mit der aus diesem Strang der Debatte polemisches, nicht selten antisemitisches Kapital geschlagen werden kann. Dem katholischen "Hochland" gelten 1903 diejenigen, die den kulturellen

---

[18] Max Raphael, Von Monet zu Picasso. Grundzüge einer Ästhetik und Entwicklung der modernen Malerei (1913), Frankfurt 1983, p. 93

Import der französischen Impressionisten betreiben, als "Vertreter des spezifischen Judengeistes von Berlin W."[19]

Die Engführung der Kritik am Impressionismus als formzersetzender Hypertrophie des Malerischen findet sich in seiner Auslegung als ästhetischem Konzentrat einer insgesamt "anti-architektonischen" Kultur. Der Siegeszug der kulturellen Moderne ist aus dieser Perspektive mit dem Tod der Architektur, der mittelalterlichen Königin der Künste, identisch. Noch in Sedlmayrs "Verlust der Mitte" wird diese Klage das Leitmotiv der Abrechnung mit der ästhetischen Moderne insgesamt sein. Der Impressionismus gilt nicht nur der rabiat antimodernen Kulturkritik als Zenith der "kathedralenlosen Zeit". Richard Hamanns Abgesang auf den Impressionismus ist schon 1907 von der sich immer stärker regenden Sehnsucht nach einer neuen "architektonischen" Kultur der Zukunft diktiert. Als panoramatischer Überblick über den Geist der gerade ablaufenden Zeit will sein Buch verstanden werden. Durch alle Gattungen dekliniert er die Diagnose des Formauflösenden, Anti-Architektonischen. Als Ästhetisierung des Denkens und Tendenz zum Essayismus macht sich der Impressionismus in der Philosophie geltend und ersetzt die systematische Konstruktion durch die Tendenz zu Aphorismus und Essayismus. Als Nährboden der Unverbindlichkeit und des moralischen Relativismus besetzt er die normativen Zentren traditioneller Ethik. In der Dramatik macht er sich als Lyrismus und Neigung zum Undramatischen geltend. Der impressionistische Charakter ist der Gegenpol des tragischen Helden, das lyrische Drama ist ein Einakter und kein großes Theater, die Plastizität substantieller Charaktere löst sich im stimmungsvollen Schweigen der Figuren Maeterlincks auf. Selbst die Musik sieht Hamann von Debussy bis Richard Strauss malerisch werden sich immer mehr von der architektonischen Strenge der Fuge und der klassischen Symphonie oder Sonate entfernen. Die "Klangfarbe" beschreibt er als Äquivalent zur Nuance der impressionistischen Bilder, und die intermittierenden, schwingenden Tonfolgen können sich zum "nervenreizenden" akustischen Gegenstück des Pointillismus zusammenfügen. Die Architektur selbst schließlich hat sich dem Geist der Zeit gebeugt, wird dekorativ-malerisch und bekennt sich noch in ihren monumentalsten Bauten nur ungern zu ihren eigenen, logisch-konstruktiven Gesetzen. Hamanns Panorama der vom Geist der Großstadt geprägten "impressionistischen Kultur" reflektiert Modernität als Etablierung "flächiger", anti-hierarchischer Erfahrungs- und Ausdrucksformen, die durch keine Instanz kulturell normativer "Objektivität"

---

[19] Vgl. Peter Paret, Die Berliner Secession. Moderne Kunst und ihre Feinde im kaiserlichen Deutschland, Frankfurt/M., Berlin, Wien 1983, p. 162

mehr zusammengehalten werden. Das Buch endet mit der Parole: "Mehr Hegel".[20]

3. Ästhetischer Urbanismus um 1900

Es geht ein suggestiver Reiz aus von der produktiven Explosion, in der sich um das Jahr 1910 herum der literarische und malerische Expressionismus als radikale ästhetische Avantgarde konstituiert: in Herwarth Waldens "Sturm" und Franz Pfemferts "Aktion", in den Bildern der 1910/11 nach Berlin übersiedelnden Dresdner "Brücke"--Maler und denen des von Walden aus Wien nach Berlin geholten Oskar Kokoschka, in den Auftritten des "Neopathetischen Cabaretts" um Georg Heym und Jakob van Hoddis, in der selbstbewußten, von Max Pechstein organisierten Rebellion der "Zurückgewiesenen" gegen die Jury der Sezession und in der daraus hervorgehenden Etablierung der "Neuen Sezession". Die deutschen Adepten des Impressionismus waren dem Thema "Großstadt" eher beiläufig nachgegangen. Trotz bedeutender Ausnahmen wie Lesser Ury ist eher Max Liebermann charakteristisch, der den Blick aus seinem Atelier am Pariser Platz nie gemalt hat. Der Expressionismus war so die erste bedeutende deutsche Großstadtkunst, und seine Interpreten haben längst klar gemacht, daß er die Stadt keineswegs nur mit Angst und Grauen sieht, sondern zugleich mit futuristischer Lust an Tumult, Tempo und Technik. Aber auch diese Lust ist sehr pathetisch, sehr aufgeregt und sehr bedroht vom Umschlag in Entsetzen. Die steilen schrägen Häuserwände können schnell einstürzen, und die faszinierenden Automobile sind hochgradig unfallgefährdet. Zwar wird die Großstadt hier keineswegs einsinnig als Katastrophenterrain dämonisiert, sie ist vielmehr zugleich ein utopisch-ekstatischer Ort der Verjüngung der Menschheit. Doch meint man überall zumindest ein fernes Echo des Titels zu hören, den Ludwig Meidner einem seiner Stadtbilder gegeben hat: "apokalyptische Landschaft".

Die steile Karriere des Expressionismusbegriffes nach 1910 verdankt einen beträchtlichen Teil ihrer Schubkraft der polemischen Parallelität, mit der er als Umkehrung des Impressionismus profiliert wurde, als Ersetzung der oberflächenfixierten "Eindruckskunst" durch eine aus seelisch-geistigen Tiefen aufsteigende "Ausdruckskunst". Doch ist sowohl diese suggestive Polarisierung wie die Akzentuierung der Plötzlichkeit im "Durchbruch" des Expressionismus vor allem ein Element der Selbstwahrnehmung dieser wie jeder anderen Avant-

---

[20] Richard Hamann, <u>Der Impressionismus in Leben und Kunst</u>, passim, hier p. 320

garde als Elite des "Neuen" und des Traditionsbruchs. Sie ist durch die Nachzeichnung des eher chronischen, atmosphärisch-klimatischen Prozesses der Durchsetzung ästhetischer Modernität seit dem späten 19.Jahrhundert zu ergänzen.

3.1. Die Baudelaire-Rezeption um 1910

Die bedeutendste Sammlung von Zeichnungen des Constantin Guys im Deutschland der Jahrhundertwende gehörte Alfred Walter Heymel, dem Mitherausgeber der "Insel". Aus Heymels Beständen hat Julius Meier-Graefe die Illustrationen für das Guys-Kapitel seines Buches "Impressionisten"(1907) entnommen. Die Emphase, mit der er Guys als einen Meister der atmosphärischen Darstellung von Bewegung darstellt und als unbestechlichen Analytiker der Gesten, Moden und Requisiten des Second Empire in allen Facetten und Nuancen rühmt, gibt sich bewußt als Echo auf Baudelaires "Peintre de la vie moderne" und seine Formulierungen vom "Heroismus der Moderne": "Es ist der erste Versuch, aus dem Modernen ein Schema zu gewinnen, wie die Griechen das ihrige, die Gotiker das ihrige hatten, die erste Heroenmalerei in unserer Zeit. Degas und Lautrec haben daran weiter gebaut."[21] Meier-Graefes Guys-Deutung zeigt im übrigen in ihrer Überbetonung des Eleganten, in der möglichst weiten Distanzierung ihres Helden von Daumier und Gavarni eine der Gefahren, die den deutschen Ästheten der Jahrhundertwende in ihrer Verteidigung der großstädtischen Zivilisation gegen ihre kulturkritischen Verächter drohen: daß sie aus Sehnsucht nach Paris, nach der Urbanität der Metropole die Modernität schlicht mit dem Mondänen identifizieren wie Alfred Walter Heymel in seinem forcierten Dandytum. Der Kunstkritiker Wilhelm Hausenstein, damals noch Mitarbeiter der "Sozialistischen Monatshefte", bildet hierzu ein Gegengewicht. Auch er knüpft in Aufsätzen um 1910 an Baudelaires Ästhetik der Modernität an. Guys selbst gilt ihm als der genial tastende Dilettant, Degas als der Klassiker und Toulouse-Lautrec "als der feinste aller Hellenisten" unter den Malern des modernen Lebens. Aber für ihn ist Paris nicht nur die Hauptstadt der Mode und der Equipagen, sondern zugleich die der Revolutionen. Er akzentuiert das politische Potential des geschärften Blicks auf die Gegenwart und läßt in einem Essay über Daumier dessen Entwicklung im Rhythmus der Zäsuren von 1830, 1848 und 1870/71 voranrücken. Der Blick auf die Oberfläche ist hier die kritische Lektüre der Zeichen, die die jeweils herrschende Macht auf ihr hinterläßt. In einem schönen Doppelporträt

---

[21] Julius Meier-Graefe, <u>Impressionisten</u>, München und Leipzig 1907 p. 51

läßt Hausenstein Daumier und Guys auf dem rechten und auf dem linken Trottoir einer Pariser Straße entlanggehen. Beide gelten ihm als Virtuosen des Blicks auf Aktualität und Modernität, "beide vom Scheitel bis zur Zehe nichts als der graphische Reflex dessen, was sie sehen". Was sehen sie?

"Der Linke: die Courtisanen von Paris; die durch elektrische Bewegung effacierten Tanzbeine mondäner Reitpferde; die flitzenden Speichen unter den lackierten Karossen; die Spitzenschirmchen, die aussehen wie Blitzableiter gegen den Strahl der Sonne; das Schäumen der Roben und den schwärzlichen Knoten auf dem nacken dieser Eugenien; in abwegigen Nebengassen die fette Nacktheit der Bordellmädchen, die von der grünen Haustür bis zur Laterne der nächsten Straßenecke vorpatrouilliert. Der Rechte: den Blaustrumpf bei Mondaufgang und bei Tage; die ewige Kalamität des Omnibus; den Schoßhund der alten Jungfer, dem gegen die Grundsätze von 1789 durch einen Schaffner der Reaktion ein soziales Unrecht geschieht; den Maniaque, der an den Quais in Büchern und Stichen stöbert; den Bürger, der nach Geschäftsschluß spazieren geht; Politiker und Börsianer von verdächtiger Betriebsamkeit. Er sieht nicht die Frau. Seiner Kunst fehlt das Erotische zum Weibe hin. Seltsam genug: die Spannung seines Wesens wird damit nicht schwächer, sondern ungeheurer. Beide, der Linke und der Rechte, sehen 'Ratapoil', die Inkarnation der Idee des Bonapartismus, und seinen Dunstkreis - die ganze mis-en-scène des Zweiten Kaiserreichs mit allen tatsächlichen, grellen, trostlosen, komischen und unberührten Kehrseiten. Ihre Blätter haben den unerhörtesten Impuls des Frondeurs."[22]

Es gehört zu den Vorzügen dieses Doppelporträts, daß es sich nicht darauf einläßt, Daumier und Guys gegeneinander auszuspielen. Die politisch und die ästhetisch hochgespannte Feinnervigkeit für das Gesellschaftliche und Öffentliche werden hier programmatisch als komplementäre Ausprägungen der von Baudelaire entworfenen Figur skizziert. Hausenstein steht damit für die Verschränkung von politischer Orientierung am Sozialismus und strikt anti--rousseauistischer Ästhetik in der Nachfolge Baudelaires. "Wären die angebliche Gesunden, die Verächter einer sogenannten Dekadenz, deren Wesen ihnen völlig verschlossen bleibt, etwas bessere Sozialpsychologen, so fänden sie am Ende, daß in Rousseaus gedankenblassem Verlangen nach der Eremitage mehr Dekadenz war als in Watteau, dem Maler der 'fêtes galantes' der genüßlerischen

---

22 Wilhelm Hausenstein, Honoré Daumier, "Neuer Merkur", 1909 sowie Daumier und Guys, Jahrbuch "Ganymed", München 1920, in: ders., Die Kunst in diesem Augenblick, München 1960, hier p. 169

Regence." Hausensteins Aufsatz über Toulouse-Lautrec von 1910, aus dem dies zitiert ist, läßt sich als eine kleine Apologie der Dekadenz lesen. Es ist kein Zufall, daß Watteau in diesem Kontext als Bezugsgröße auftaucht. Wie viele seiner Zeitgenossen, die Baudelaire und die kulturhistorischen Bücher der Brüder Goncourt gelesen haben, begreift er die moderne französische Malerei als Renaissance des Dixhuitième der Watteau und Fragonard, der Boucher und Latour im 19.Jahrhundert. Maler und Kupferstecher wie Debucourt, Moreau le jeune und die Brüder St.Aubin, die Baudelaire ausdrücklich als Vorläufer von Guys nennt, sind in Hausensteins Buch über die Illustratoren des Rokoko von 1911 behandelt. Das Rokoko wird nicht etwa aus Sympathie zum Ancien régime, sondern als Formvorbild für eine noch zu entwickelnde moderne Sinnenkultur und als Chiffre entfalteter Zivilisation zu einem Interessenschwerpunkt im ästhetischen Urbanismus.

Im Anschluß an Baudelaires Loblied auf die Schminke und sein Plädoyer für eine Kunst, die der Natur nicht mehr tributpflichtig ist, porträtiert Hausenstein Toulouse-Lautrec als genialen Analytiker einer Kultur des artifiziell gewordenen Lebens, als von Nervosität verfeinerten Nachfolger des Constantin Guys in den "künstlichen Paradiesen" des Montmartre. "Illusionsloser Enthusiasmus", nicht Verklärung der großstädtischen Zivilisation ist Hausensteins Formel für die Bilderwelt Lautrecs. In seinem Essay ist von der Verharmlosung, der Lautrecs Plakate und Lithographien im Zuge ihrer Erfolgsgeschichte im 20.Jahrhundert verfielen, noch nichts zu spüren. Hier ist es noch die "sachliche Beziehung zum Inferno", die das Auge des Kritikers in der eleganten Linienführung des aristokratischen Meisters der "demokratischen" Lithographie entdeckt. "Er fand für die Hölle Montmartre den abgekühltesten Stil, den man sich denken kann."[23]

Constantin Guys - Edouard Manet - Edgar Degas - Henri de Toulouse-Lautrec, das ist in der Baudelaire-Rezeption um 1910 der Kreis von Künstlern, die sich zur Figur des "peintre de la vie moderne" zusammenschließen. Als Fortsetzung dieser französischen Tradition unter deutschen Bedingungen, nicht nur als Dialog mit Matisse und den Fauves, den Bildern Edvard Munchs oder der italienischen Futuristen lassen sich Teile der expressionistischen Großstadtkunst ab 1910 sehen. Das gilt vor allem für die Berliner

---

[23] Wilhelm Hausenstein, Toulouse-Lautrec, erschienen 1910 im Feuilleton der "Neuen Zeit", September 1910, in: Die Kunst in diesem Augenblick, pp. 174 - 182. Vgl. auch Wilhelm Hausenstein, Rokoko. Französische und deutsche Illustratoren des achtzehnten Jahrhunderts, München 19183 (zuerst 1911)

Straßenbilder Ernst Ludwig Kirchners und seine Erkundung der
Varietés und Cafés, der Welt der Seiltänzer und Zirkusreiterinnen.[24]

3.2. Jugendstil und art industriel

Im Frühjahr 1905 fand in der International Society in London und
in der Académie des Beaux-Arts in Paris eine Retrospektive mit den
Hauptwerken des zwei Jahre zuvor verstorbenen James McNeill
Whistler statt. Harry Graf Kessler, Mäzen und unermüdlicher
Impresario der ästhetischen Internationale zwischen London, Paris
und Berlin, nahm diese Gelegenheit zum Anlaß, den englischen
Künstler gegen seine deutschen Kritiker, zu denen auch Julius
Meier-Graefe zählte, zu verteidigen. Seinen Schlüsselbegriff, die
"Modernität", und die argumentative Anlage seines Essays entnimmt
auch Kessler Baudelaires Guys-Essay. Daumier habe die kritische
Arbeit verrichtet, die auf die modernen Dinge aufgepfropfte
Klassizität kurz und klein geschlagen. Whistler und Guys seien die
komplementären Erfinder eines neuen Linienrhythmus gewesen, die
das alte durch ein neues, schlankeres und eleganteres Gerüst ersetzt
hätten. Die moderne Nervosität sei im Werk Whistlers ästhetisch
produktiv geworden, sie habe die Töne seiner chromatischen
Farbskala in allen Stärken und Nuancen vibrieren lassen. Was
andernorts als Zivilisationskrankheit und Dekadenzsymptom ausgelegt
wird, positiviert Kessler zur konstitutionellen Voraussetzung des
modernen Künstlers als Wahrnehmungsvirtuosen. Die "nervöse
Feinheit" Whistlers geht ein in die Wiedergabe der Atmosphäre der
nächtlichen "Cremorne Gärten", in das raffinierte Zugleich von Nebel
und Licht im Zyklus der Themseblätter, in die Entdeckung der
spezifischen Schönheit Londons,"der schwarzen Blüte unter allen
schönen Städten."

Aus dem modernen Rhythmus der Fabriken, Masten und Schorn-
steine sieht Kessler bei Whistler ein modernes Äquivalent zum
ästhetischen Maß dorischer Tempel oder klassischer Fassaden
Palladios entstehen. Die Interpretation des modernen Linienspiels als
produktiver künstlerischer Antwort auf die Herausforderung der
Zweckformen technisch-industrieller Modernität ist der Kern von
Kesslers Essay. Den Formen der modernen Schiffe, Hängebrücken,
Speicher und Krane habe Whistler in den Ton seiner Nocturnes und
Symphonien übersetzt: "die moderne Stadt gab ihm das moderne
Linienspiel." Gerade die anti-architektonische Formgesinnung
Whistlers, die ihn Brücken malen ließ, die ganz ohne Verankerung

---

[24] Vgl. den Beitrag von Charles W. Haxthausen in diesem Band.

in der Luft zu schweben scheinen, erscheint Kessler als seine bedeutendste Qualität des Engländers. Er habe die Leichtigkeit, die im lithographischen Material stecke, zur Anschauung gebracht und so seinen Gegenständen "die letzte Schwere genommen."[25]

Die hymnische Verklärung der Linie als ästhetischer Abstraktion von aller Massivität, als Element des flüchtigen Schönen und der Eleganz, der Vergeistigung des Materiellen und der Schwerelosigkeit zeigt, daß Kessler Baudelaire mit den Augen des Jugendstils gelesen hat. Denn der Kult der Linie im Jugendstil hat in der Utopie einer Verschlankung, Verjüngung und Entstofflichung der "überladenen" Kultur des späten 19.Jahrhunderts sein Zentrum. Ästhetisch erlöst, gehen die vielberedeten Nervenstränge der Großstadtbewohner im Zeitalter der Nervosität assoziativ ins Spiel der Linien ein. Im Zuge der "Elektrifizierung" des populären physiologischen Diskurses vom Menschen werden Adern und Kabel, technische Stränge, Leitungen und Verstrebungen zu begrifflichen Verwandten der Linie. Auf ihre "schlingpflanzenhafte" vegetative Ornamentik läßt sich die Jugendstil--Linie nur um den Preis der Vereindeutigung reduzieren. Zu ihrer ästhetischen Genealogie gehören die Maler des modernen Lebens, zu ihrer technischen die industriellen Zweckformen.

In seinen Vorträgen "Vom neuen Stil" schwärmt Henry van de Velde 1907 sowohl von der Eisenarchitektur wie von "der fieberhaft erregten Linie der Grisetten von Guys, der Tänzerinnen von Degas und der geisterhaften Erscheinungen Lautrecs".[26] Und Harry Graf Kessler stellt in einem Aufsatz von 1902 dem Eskapismus, mit dem die englische "Arts and crafts"-Bewegung das Kunstgewerbe allein aus den Traditionen des Handwerks reformieren wollte, die Modernität gegenüber, mit der van de Veldes Linien "Beziehungen zum Leben" aufnehmen: "durch die Verwandtschaft ihres Charakters mit dem langen, eleganten Zug der Linien, die jetzt überall merkwürdig hervordringen: nicht bloß in den Eisenkonstruktionen, in den mächtigen Hängebrücken, in Maschinen, Rennyachten, Automobilen, sondern auch im intimen Leben, im Rock, im Schnitt des Fracks, im schneidergemachten Damenkleid."[27] Daß auch bei van de Velde

---

[25] Harry Graf Kessler, "Whistler", in: ders. Künstler und Nationen, Aufsätze und Reden 1899-1933, Frankfurt/Main 1988, p.98 - 116. Vgl. zur Linie um 1900 Christoph Asendorf, Ströme und Strahlen, p. 85 ff.

[26] Henry van de Velde, Vom neuen Stil. Der Laienpredigten II. Teil, Leipzig 1907, p. 70

[27] Harry Graf Kessler, "Van de Veldes Tafelsilber" (1904), in: Künstler und Nationen, ibid., p. 91

der Bezug auf die Technik die soziale Exklusivität des Kunstgewerbes nicht aufhebt, läßt sich an Kesslers Loblied leicht ablesen. Zudem waren die Plädoyers für Sachlichkeit, Funktionalität und die Annäherung von Künstler und Ingenieur in der Rhetorik van de Veldes sehr viel stärker als in seiner künstlerischen Praxis. Doch partizipiert der Jugendstil unverkennbar am zeittypischen Prozeß der ästhetischen Umwertung der Wahrnehmung von Technik und Industrie. Die Aufwertung des "art industriel" und die theoretische Entfaltung der Einsicht, daß dem klassischen Schönen in den ganz von Nützlichkeitserwägungen bestimmten Zweckbauten der modernen Industrie eine unerwartete Konkurrenz erwuchs, war vor allem in Frankreich seit der Mitte des 19.Jahrhunderts ein bedeutender Strang in der Ästhetik der Modernität. Er entwickelt sich vor allem im Blick auf die Eisen- und Glasarchitektur, die zur Herausforderung für die pauschale Identifizierung von Modernisierung und Verhäßlichung der Welt wurde. In der reflexiven Verarbeitung der unerhört "schwerelos" wirkenden modernen Monumentalbauten vom berühmten Kristallpalast der Londoner Weltausstellung bis zum Eiffelturm in Paris wird nicht nur der Nützlichkeitsgedanke ästhetisch rehabilitiert. Es wird zugleich eine positive Mythologie technischer Modernität entwickelt, die lange vor der "Neuen Sachlichkeit" der Zwanziger Jahre die Großstadt als Sphäre spezifisch moderner Schönheit wahrnehmbar macht und die Brücken und Turbinen, Dynamos und filigranen Trägerelemente aus Eisen in die Perspektive einer Ästhetik des Anorganischen rückt.[28]

Bedeutende deutsche Beiträge zur Würdigung des "art industriel" sind um 1900 die Vorträge von Julius Lessing zur Geschichte der Weltausstellungen und zum Begriff des "Modernen" in der Kunst. Vor allem aber ist in Alfred Gotthold Meyers Monographie "Eisenbauten. Ihre Geschichte und Ästhetik" (1907) den ästhetisch revolutionären Veränderungen Rechnung getragen, die mit der Karriere der Eisenarchitektur einhergingen: der Umwertung des statischen Verhältnisses von Kraft und Masse und der Herausbildung einer konstruktiven Logik, die die Linie privilegiert; der Umwertung der Raumerfahrung und dem Einzug des "Freilichts" in die großen Ausstellungs- und Maschinenhallen, also der untergründigen Affinität von moderner Architektur und malerischem Impressionismus; der Spannung zwischen den vom Eisen geforderten Formen des Stils und dem architektonischen Historismus. Akribisch, analytisch, unpathetisch und nüchtern vollzieht sich die Positivierung der Wahrnehmung technischer Modernität bei Autoren wie Lessing und Meyer.

---

[28] Vgl. Helmut Pfeiffer, Hans Robert Jauß, Francoise Gaillard (Hrsg.), Art social und art industriel. Funktionen der Kunst im Zeitalter des Industrialismus, München 1987

Schwärmerisch, programmatisch und aufgeladen mit Avantgarde-Bewußtsein wird sie in van de Veldes Apercus über den Zusammenhang zwischen eisernen Krupp-Schiffsschnäbeln und moderner Schönheit: "Man muß die aufrichtige, gebietende Schönheit der einzelnen Teile der Maschinen tief empfunden haben, - dieser riesigen Maschinen, die mit feierlicher, weihevoller Gebärde die elektrischen Akkumulatoren laden, um die göttliche Harmonie und den vollkommenen Rhythmus des Parthenon zu empfinden. Unsere Sensibilität ist derjenigen antiker Künstler verwandt...". Ein kleines schwärmerisches Brevier der Großstadtwahrnehmung aus dem Geist sowohl Van de Veldes wie des französischen Impressionismus hat 1908 der Architekt August Endell verfaßt. Seine Schrift über "Die Schönheit der großen Stadt" (1908) verbindet das Lob der Eisenbrücken und Dynamos mit dem Vorschlag einer methodischen Positivierung der Stadtwahrnehmung insgesamt nach dem Modell der Landschaft. London, wie es sich in den Augen Whistlers spiegelt, und Paris, wie es von den französischen Malern des 19.Jahrhunderts entdeckt wurde, sollen im Berlin des beginnenden 20.Jahrhunderts, das den Zeitgenossen als Inbegriff technisch-industrieller Häßlichkeit galt, ein deutsches Pendant erhalten. Als eine Schule des Sehens empfiehlt Endell die impressionistische Malerei und hofft in seinem überschwenglichen Plädoyer für die Großstadt, das in komplementär polemischer Einseitigkeit gegen ihre Verächter zu Felde zieht, auf ein deutsches Gegenstück zu Claude Monets "Dechargeurs de charbon".[29]

3.3. Großstadterfahrung und kleine Form

Das Auge des modernen Malers, der als Mann der Menge in den Straßen, den Parks und den Vergnügungsetablissements von Paris die Stoffe findet, an denen sich sein Genie zu bewähren hat, repräsentiert einen Aufmerksamkeitstyp, den schon Baudelaire selbst ausdrücklich nicht der bildenden Kunst vorbehalten, sondern in Beziehung zur zeitgenössischen Literatur gesetzt hatte. Als Komplemente der *Comédie humaine* führt er im Guys-Essay die Lithographien Daumiers und Gavarnis ein, ausdrücklich wird der Romancier Balzac als "peintre de moeurs" in den Kreis der "Maler des modernen Lebens" hineinzitiert. In der Tat ist Balzacs Romanwelt nicht nur thematisch ein Tribut an den Dynamismus der modernen Großstadt, den er selbst gelegentlich im Vergleich von Paris mit

---

[29] August Endell, Die Schönheit der großen Stadt (1908), Berlin 1988. Zur Interpretation Lothar Müller, "The beauty of the metropolis. Towards an ästhetic urbanism in Berlin at the turn of the century", in: Charles W. Haxthausen und Heidrun Suhr (Hrsg.), Culture and Metropolis, Minneapolis 1990

einem modernen Dampfschiff gefeiert hat. Sie ist zugleich bis in die Kapillaren ihres formalen Organismus vom modernen Geist des Transitorischen imprägniert. Im Rückgriff auf die Tradition der Physiologien und der "Tableaux de Paris" seit Mercier entwickelt Balzac eine literarische Form der Aufmerksamkeit für die Phänomene der Aktualität und des Modischen, die für die Erzeugung der dramatisch bewegten Oberfläche seiner Romane von nicht geringerer Bedeutung ist als das Ensemble der überlieferten Erzählkonventionen für die Konstruktion seiner Handlungsgerüste.

Es ist vor allem der Journalist Balzac, der in diesem Sinne ein literarischer Vorläufer der Maler des modernen Lebens ist. Denn zwar hat der Romanautor über die zeitgenössische Presse und die Korruption der Feuilletonisten seinen bitteren Hohn und Spott ausgegossen. Doch ist die Mythologie der Metropole Paris in Balzacs großen Romanen vom "Père Goriot" bis zur "Cousine Bette" aus eben dem Stoff gewebt, den er in seinen Zeitschriften- und Zeitungsartikeln über die "Wissenschaft vom eleganten Leben" gewinnt: in den Abhandlungen über die Mode in der Literatur oder die Theorie des modernen Frühstücks, in den Physiologien der Zigarre oder der Toilette, in der Monographie der Pariser Presse oder der Geschichte der Boulevards von Paris. Balzacs Lucien de Rubempré ist darum nicht nur eine Figur des Untergangs der Poesie in der modernen Großstadt als dem Inbegriff des Prosaischen, ein warnendes Beispiel für die Zersetzung der Talente des Verfassers von Sonetten im Säurebad des Journalismus. Er ist zugleich in seinen Feuilletons ein jugendlicher Held dieses Genres, und wenn er das Schauspiel des Pariser Alltagsleben mit der leichten Feder des Theaterkritikers schildert, ist er ein virtuoser Verwandter seines Autors. "Die Passanten von Paris" heißt eines von Luciens Feuilletons - klingt das nicht wie eine Vorarbeit zu Balzacs späterer "Physiologie der Boulevards" ?

In den kleinen Artikeln Luciens und den journalistischen Arbeiten Balzacs liegt einer der Ausgangspunkte des zukunftsreichen Bündnisses von Großstadterfahrung und kleiner Prosaform. In der *Comédie humaine* wirkt es noch von innen als Element der Erosion und des Poröswerdens der Erzählstrukturen, auf Dauer aber wird es der Form des Romans von außen her Konkurrenz machen. Dem Maler des modernen Lebens entspricht literarisch eher der Feuilletonist oder Essayist als der Romancier.

Im Jahre 1912 erschien bei S. Fischer in Berlin ein Buch Egon Friedells unter einem Titel, der als Fanfarenstoß gemeint war: "Ecce poeta". Thema des Buches ist offiziell der Wiener Schriftsteller Peter Altenberg, inoffiziell ist es der ehrgeizige Versuch, den zirkulierenden

Pathographien der Moderne polemisch eine Kulturgeschichte der
Jahrhundertwende gegenüberzustellen, die strikt als Lob der
Gegenwart angelegt ist, als Apologie des oft gescholtenen Zwillings-
paares "Nervosität" und "Impressionistische Kultur". "Neurasthenie",
so lautet ein Aphorismus von Altenberg selbst, "ist so lange eine
Krankheit, bis es ein Stadium einer neuen Gesundheit wird." Egon
Friedell liefert hierzu den voluminösen Kommentar, indem er seine
"Naturgeschichte des Menschen nach 1900" als physiologische Utopie
der Wahrnehmungsverfeinerung formuliert. Als Virtuosen der
Impression porträtiert Friedell Peter Altenberg, als Mann der Straße
und umherstreifenden Zeitzeugen, der hier mit einem Blick
abgründige Familienidyllen seziert, dort die Atmosphäre der
Vergnügungsparks einfängt und aus unzähligen Beobachtungen in
Nachtcafés und Omnibussen, in Restaurants und Gerichtssälen, in
Kinematographentheatern und Geschäftsauslagen das Material für
seine Kurzprosa zusammenträgt. "Er hat", so prophezeit Friedell, "in
seinen kleinen hingetupften Bildchen ein Inventarium, eine Topographie der heutigen Gesellschaft gegeben, an der man sich später
einmal übersichtlicher und genauer orientieren wird als an den
dickleibigen Zeitromanen."[30]

Zu Altenbergs poetologischen Lieblingstheorien gehörte die des
Extraktes. Mit ihr umschreibt er seinen Anspruch, den mehrhundert-
seitigen großen Romanen auf drei Seiten Konkurrenz zu machen.
Seine Postkartensammlung hat er gelegentlich ironisch als moderne
Variante einer klassischen Bildergalerie vorgestellt. Friedell gibt der
Extrakt-Theorie ihren kulturgeschichtlichen Hintergrund und interpretiert sie als Poetik des beschleunigten Lebens. "Nur im Zeitalter
der Telegraphie, der Blitzzüge und der Automobildroschken konnte
ein solcher Dichter erstehen, dessen leidenschaftlichster Wunsch es
ist, immer nur das Allernötigste zu sagen". Die spezifisch moderne
Eile und Pünktlichkeit, die Konjunktur der Sekunden- und Minuten-
abschnitte im Alltag, vor allem im Lebensrhythmus der Großstadt
interpretiert Friedell als die formprägenden Kräfte in Altenbergs
Prosa und lenkt so den Blick auf die Anwesenheit aller möglichen
Requisiten dieses Typs von Modernität in seiner poetischen Welt.
Von der Postkarte, die sich als eiliger Briefextrakt interpretieren
läßt, über den Lift als zeit- und kraftsparende Konkurrenz zur
Treppe bis hin zur Zigarette, die als nervöse Nachfahrin von Pfeife
und Zigarre den Geist der Flüchtigkeit in die Sphäre des ehemals
behaglichen Rauchens eindringen läßt. Flirt und Liebelei sind die
flüchtigen Erosionsformen der ehemals mit der Dauer verbündeten
Liebe. Die für Altenberg so charakteristische "Fünfminutenszene", sei

---

[30] Egon Friedell, Ecce poeta, Berlin 1912, p. 170 f.

es im Hotel oder am Telephon, im Gartentheater oder im Café läßt sich als Modernisierung der klassischen Novelle auffassen. Die Polemik gegen literarische Dickleibigkeit führt ins Zentrum von Friedells These, die das literarische Werk ihres Helden insgesamt seiner inneren Struktur nach als Negation des Romans erläutert. Altenbergs "impressionistisches" Sehen und Hören zersetzt als kongeniale Entsprechung des Rhythmus der Gegenwart die kontinuierliche Zeit des Erzählens, und so tritt an die Stelle der großen Form des Romans das Kaleidoskop der kleinen Formen. Die Summierung von "Kleinigkeiten" ersetzt das große Handlungsgerüst, die in der Tageszeitung aufgelesene Lokalnotiz den Stoff eines historischen Romans, und der "Telegrammstil der Seele" mit seinen so oft belächelten Kaskaden von Bindestrichen und Ausrufungszeichen den behäbigen Duktus des historischen Romans. Skizze, Zeichnung und linienhafter Umriß werden auch in der Literatur vom Vorentwurf zum eigentlichen Werk des Künstlers. Das Fragmentarische und Ausschnitthafte des malerischen Impressionismus findet in der Technik des wie zufällig ein Stück weit mitgehörten Dialogs ein Pendant. Die Momentaufnahme wird zum ästhetischen Vorbild der kleinen Prosaform.[31]

---

[31] Vgl. zum hier ausgesparten benachbarten Thema der Affinität von Soziologie der Großstadt und Essayismus Lothar Müller, "Die Großstadt als Ort der Moderne. Über Georg Simmel", in: Klaus R. Scherpe (Hrsg.), Die Unwirklichkeit der Städte. Großstadtdarstellungen zwischen Moderne und Postmoderne, Reinbek bei Hamburg 1988, p. 14 - 36

EINE NEUE SCHÖNHEIT

Ernst Ludwig Kirchners Berlinbilder

von Charles W. Haxthausen

"Ich weiß nicht, wie das kommt", schrieb Georg Hermann 1912: "Der Berliner schämt sich eigentlich seiner Stadt, und die Kunst hier tut es erst recht."[1] Obwohl Berlin nach der Einigung Deutschlands von 1871 sich schnell zur kulturellen und künstlerischen Metropole, zur einzigen Metropole Deutschlands entwickelte, wurde in Kunst und Literatur zunächst wenig auf den neuen Status der Stadt reflektiert. Der Unterschied zum Paris derselben Zeit könnte größer kaum sein: Dort entstand in den siebziger Jahren des letzten Jahrhunderts der Impressionismus, die erste Bewegung innerhalb der bildenden Künste, die in der urbanen Wirklichkeit eines ihrer zentralen Themen fand. Doch ist die Stadt des Impressionismus keineswegs die moderne Stadt schlechthin. Die Werke von Manet, Degas und Monet - um nur die bekanntesten zu nennen - zeigen ein Paris der Muße, der Unterhaltung und des Vergnügens; sie veranschaulichen den Genuß von Urbanität, sie dokumentieren die besonderen Freuden der Stadt.[2]

Vom Berlin dieser Jahre ist in den bildenden Künsten relativ wenig zu sehen. Die deutschen Impressionisten, angeführt von Max Liebermann, Lovis Corinth und Max Slevogt, ignorierten weitgehend die Stadt, in der sie lebten und arbeiteten. Und obwohl Liebermann sein Atelier in der Wohnung der Familie am Pariser Platz hatte, dort, wo *Unter den Linden* am Brandenburger Tor begann, sehen wir in seiner Kunst weder dieses Wahrzeichen Berlins noch irgend ein anderes. Dennoch war Liebermann Stadtmotiven gegenüber keineswegs unaufgeschlossen - nur eben Berlin wurde nicht gemalt. Wenn er Städte malte, dann bevorzugte er Szenen aus Amsterdam oder Hamburg.

Warum nun war Berlin während dieser Zeit des dynamischen wirtschaftlichen und politischen Aufstiegs beinahe so etwas wie eine *imago non grata* in den bildenden Künsten? Berlin - und das obwohl die Stadt sich mittlerweile in ihrer politischen Bedeutung mit Paris messen konnte - war der französischen Hauptstadt in jeder anderen

---

[1] Georg Hermann, "Um Berlin", Pan (22. August 1912), p. 1101

[2] Zur impressionistischen Behandlung des Themas Paris, vgl. Theodore Reff, Manet and Modern Paris, Chicago 1982, und T.J. Clark, The Painting of Modern Life: Paris in the Art of Manet and His Followers, Princeton 1984.

Hinsicht kaum ebenbürtig. Charles Huard, französischer Reiseschrift-
steller und Illustrator, erläuterte die Pariser Seite des Vergleiches in
einem Buch mit dem Titel *Berlin comme je l'ai vu*, erschienen 1907.
Schon im ersten Kapitel liegt der Ton fest: Der berühmteste
Boulevard der preußischen Metropole zeigt durchaus Ähnlichkeiten
mit der Hauptstraße einer provinziellen Kleinstadt:

> Welcher Berlinenthusiast hat mir vor meiner Abreise von Paris
> nicht die Schönheit von Unter den Linden gerühmt? ... Man
> könne sich ihren Reiz kaum vorstellen: Sie sei diskreter,
> vornehmer, aristokratischer als unsere Boulevards, als der
> Picadilly, als der Corso, als jede andere berühmte Straße der
> Welt. - Ich hatte eine bewundernswerte Avenue erwartet,
> geschmückt von großartigen Bäumen, gesäumt von Palais und
> befahren von fürstlichen Kutschen. Und sicherlich habe ich eine
> große gefunden, doch bepflanzt mit gewöhnlichen Bäumen,
> verwachsenen Kastanien und geköpften, verkümmerten Linden;
> häßliche Mietkutschen gezogen von mageren Kleppern und
> geführt von verdreckten Kutschern, die sie durch die Chausséen
> lotsten; eine kompakte Volksmasse, hin und her trampelnd,
> dressiert und beherrscht durch die Befehle eines wachsamen
> Schutzmanns.[3]

Solche Beobachtungen häufen sich in Huards Reisebericht, und sie
können nicht einfach als Ausdruck eines französischen Chauvinismus
oder nachgetragener Ressentiments zurückgewiesen werden: Das
Urteil des Franzosen entspricht nur zu sehr dem auch nüchternerer
Berliner. Unter ihnen gab es offenbar ebenfalls nicht wenige, die
Berlin als europäische Hauptstadt zweiten Ranges betrachteten - und
darin könnte man schon wieder einen Grund finden, Berlin nicht zu
malen. Selbst ein so glühender Nationalist wie Heinrich von
Treitschke bemerkte einmal, die Deutschen seien das einzige
Kulturvolk auf der Erde, "das ohne eine große Stadt sich die
Stellung einer Großmacht erobert hat." Jedoch war in diesem Fall
die Äusserung als nationales Selbstlob gemeint.[4]

Karl Scheffler, einer der einflußreichsten Kunstkritiker dieser Zeit
und Autor eines Werkes zur Geschichte der Stadt, *Berlin: ein
Stadtschicksal* (1910), legte Wert auf die Unterscheidung, die
Hauptstadt sei nicht nur die häßlichste der deutschen Städte,

---

[3] Charles Huard, <u>Berlin comme je l'ai vu</u>, Paris 1907, pp. 11 f.

[4] Vgl. Werner Hegemann, <u>Das steinerne Berlin: Geschichte der größten
Mietkasernenstadt der Welt</u>, Berlin 1930, p. 13.

sondern "die Hauptstadt aller modernen Häßlichkeit."[5] Wie Huard
verglich auch er Berlin mit Paris - und kam zu gleichermaßen
negativen Urteilen. Im Hinblick auf die Architektur der Stadt meint
Scheffler, ihr fehle eine eigentlich urbane Physiognomie. Berlin sei,
im Unterschied zur französischen Hauptstadt, dem großzügigen
Entwurf ihrer Boulevards, Parks und öffentlichen Anlagen, ihren
arrangierten, aber nichtsdestoweniger beeindruckenden Perspektiven,
eine formlose, ungeordnete und willkürlich erscheinende Stadt. Berlin
sei aus kaum miteinander verbundenen Teilen zusammengewachsen,
ohne Sinn für ein Ganzes entstanden, ohne eine übergreifende
urbane Vision. Die meisten der Hauptverkehrsadern zeigten, wie
Scheffler meint, "die seltsame Tendenz ..., an der Peripherie der
alten Stadt unsicher im Straßengewirr zu verlaufen, bevor sie das
Zentrum erreicht haben." Es gab nur eine Orientierungsachse -
Unter den Linden. "An sie, die freilich unendlich trostlos im Neuen
Markt wie in einer Sackgasse verläuft, klammert sich der Instinkt
des Fremden; mit ihr steht und fällt für ihn der Begriff Berlin."[6]

Was Berlin in den Augen gebildeter Beobachter so häßlich
erscheinen ließ, war vor allem die unverhohlene Modernität der
Stadt. Selbst ein Stadtführer wie der Baedeker jener Jahre bemerkte,
daß die Berliner Stadtlandschaft visuell unter diesem Charakter litt:
Drei Viertel der Gebäude seien recht modern und das führe zu
einem Mangel an historischem Interesse. Aufgrund des außerordent-
lich schnellen und sehr späten Wachstum Berlins meinten viele
zeitgenössische Beobachter, so z.B. Georg Hermann, Berlin sei "im
Werden, in ständiger Veränderung und habe ... noch keine Physiognomie."[7] Huard beschrieb die Stadt als "neu, sauber und
charakterlos, ganz neu, zu neu, neuer als irgendeine amerikanische
Stadt, neuer als Chicago, die einzige Stadt, die mit Berlin in
Hinsicht auf die erstaunliche Schnelligkeit ihrer Entwicklung
verglichen werden kann." Auch Scheffler fand die Stadt irritierend
amerikanisch. Sie sei, erklärte er, "buchstäblich geworden wie eine
Kolonialstadt, wie im neunzehnten Jahrhundert die amerikanischen
und australischen Städte tief im Busch entstanden sind."[8]
Doch als Georg Hermann beklagte, daß sich die Berliner Künstler
ihrer Stadt offenbar schämten, hatte sich die Situation bereits
verändert: Die Avantgarde, die sogenannten Expressionisten, hatten

---

[5] Karl Scheffler, Berlin: Ein Stadtschicksal, Berlin 1910, p. 200.

[6] Ibid., pp. 50, p. 57 ff.

[7] Georg Hermann (vgl. Anmerkung 1), p. 1101

[8] Scheffler 1910, p. 17

ihren Gegenstand im urbanen Leben gefunden. Zu Recht meint Jost Hermand, der Expressionismus sei in der Literatur wie in den bildenden Künsten "die erste wirkliche Großstadtkunst in Deutschland überhaupt und fand daher sein logisches Zentrum in Berlin."[9] Zumindest in dieser Hinsicht erfüllte der Expressionismus in Deutschland eine Funktion, die mit der des Impressionismus in Frankreich fünfzig Jahre zuvor verglichen werden kann. Doch während das impressionistische Bild von Paris vornehmlich affirmativ war und eine neue Ästhetik der Stadt exemplifizierte, ist das Bild von Berlin in der Kunst zwischen 1910 und 1914 vielfach als ein negatives, entfremdetes, zum Teil sogar apokalyptisches interpretiert worden. In einem Zeitungsartikel mit dem Titel "Die künstlerische Entdeckung der Großstadt" bemerkte Emil Waldmann im Jahre 1917, daß die neue Generation der deutschen Künstler in der Stadt vor allem deren gemeine Wahrheit sah - im Unterschied zur impressionistischen Verwandlung der Stadt in eine Sphäre des Ästhetischen: "Was die Künstler heute in der Großstadt suchen, ist nicht das Problem, wie man mit Licht und Farbe über die Häßlichkeit hinwegtäuschen kann, sondern es ist gerade diese 'Häßlichkeit' zum Charakter erhoben."[10]

Daß es sich in der expressionistischen Darstellung der Stadt - und vor allem Berlins - um ein negatives Bild handelt, ist seit dem Zweiten Weltkrieg ein in der kunsthistorischen Literatur geläufiger Gedanke. Wie die germanistische Literaturwissenschaft tendiert auch die Kunstgeschichte zu der Annahme, daß die künstlerische Aufarbeitung Berlins in jener Zeit "ein Leiden an der Stadt", eine chronisch schmerzhafte und entfremdende Erfahrung voraussetze.[11] Insbesondere gilt das für die Literatur über Kirchner - des Malers also, der unter den Künstlern der Vorkriegszeit als Meister der Stadtdarstellung gilt, eines Genres, zu dem auch Ludwig Meidner, Max Beckmann, Erich Heckel und der frühe George Grosz wesentliches beigetragen haben. Kirchners Berlinbilder, die meisten sind zwischen 1911 und 1915 entstanden, werden weitgehend als Psychogramme einer von der Großstadt ausgelösten Angst betrach-

---

[9] Jost Hermand, "Das Bild der 'großen Stadt' im Expressionismus", in: Klaus Scherpe (Hrsg.), Die Unwirklichkeit der Städte: Großstadtdarstellungen zwischen Moderne und Postmoderne, Reinbek bei Hamburg 1988, p. 65

[10] Emil Waldmann, "Die künstlerische Entdeckung der Großstadt", Vossische Zeitung (2. Dezember 1917), Morgenblatt, Nr. 615

[11] Vgl. Andreas Freisfeld, Das Leiden an der Stadt: Spuren der Verstädterung in deutschen Romanen des 20. Jahrhunderts, Köln/Wien 1982.

tet.[12] So behauptete Donald Gordon, bis zu seinem Tod 1984 der
führende amerikanische Kirchner-Spezialist, jene Berlinbilder "bieten
uns, besser als die Vision irgendeines anderen Künstlers im
zwanzigsten Jahrhunderts, Einblick in eine hoffnungslos kranke
europäische Gesellschaft, deren Tage gezählt sind."[13] Gordons These,
Kirchners Berlinbilder seien durch eine dunkle Prophetie inspiriert,
ist mehr als problematisch - von seiner Diagnose der damaligen
Gesellschaft ganz zu schweigen. Doch diese Interpretation ist in
jüngster Zeit immer wieder vertreten worden. Hier werde ich
Kirchners Berlinbilder in einem fast gegensätzlichen Sinne interpretieren: nämlich als Ausdruck einer im Grunde affirmativen
Haltung zur Großstadt - den Parisbildern der französischen Impressionisten verwandt. Kirchners Gemälde vollziehen in Berlin nichts
weniger als die Entdeckung jener "neuen und besonderen Schönheit",
die Baudelaire für Paris in der Mitte des 19. Jahrhunderts rekla-
mierte. Kirchner, das wäre zu belegen, sah seine Kunst weniger als
Ausdruck urbaner Entfremdung und Angst denn als Element einer
Ästhetisierung städtischen Lebens, einer visuellen Realität, die von
der zeitgenössischen deutschen Kunst weitgehend abgelehnt wurde.

Eine solche Interpretation jener Werke Kirchners ist allerdings nicht
neu - sie dominierte sogar in den Kirchner-Kommentaren vor 1933.
"Kein anderer Künstler hat die Großstadt Berlin, wie sie in den
letzten Jahren vor dem Krieg sich bot, so mit allen Fibern erlebt
wie Kirchner", schrieb Curt Glaser in den zwanziger Jahren. "Er hat
über den vergänglichen Reiz der bizarren Linie modischer Eleganz
hinaus das Bildhafte im Leben der Großstadtstraße empfunden."[14]
Karl Scheffler betonte 1920 - wie auch schon andere vor ihm - die

---

[12] Kirchner zog 1911 von Dresden nach Berlin, wo er bis zum Mai 1917
und seinem Umzug nach Davos seinen ständigen Wohnsitz hatte. In den beiden
Jahren nach 1915 arbeitete er allerdings wenig in Berlin, und die Stadt gehörte
seitdem nicht mehr zu seinen großen Themen. Von September 1915, als er aus
gesundheitlichen Gründen vom Wehrdienst freigestellt wurde, bis zu seiner
Umsiedlung in die Schweiz, litt er unter einer Reihe von Krankheiten und
verbrachte einen großen Teil der Jahre 1916 und 1917 in Sanatorien. Vgl. Hans
Bolliger und Georg Reinhardt, "Ernst Ludwig Kirchner 1880 - 1938: Eine
biographische Text-Bild-Dokumentation" im Ausstellungskatalog Ernst Ludwig
Kirchner 1880 - 1938, Berlin 1979, pp. 90, 77 ff. Im folgenden zitiert als Berlin
1979. Die vollständigste Darstellung dieser Periode in Kirchners Leben ist zu
finden in: E.W. Kornfeld, Ernst Ludwig Kirchner: Nachzeichnung seines Lebens,
Bern 1979, pp. 54 - 110.

[13] Donald E. Gordon, Ernst Ludwig Kirchner, München 1968, p. 92. Im
folgenden zitiert als Gordon 1968.

[14] Curt Glaser, Die Graphik der Neuzeit: Vom Anfang des XIX Jahrhunderts bis zur Gegenwart, Berlin 1923, p. 540

Nähe Kirchners zu den französischen Impressionisten und verglich ihn mit Manet.[15] Paul Westheim bezeichnete Kirchners Stadtbilder als "Symphonie der Großstadt".[16] Und auch in der nach 1945 erschienenen Literatur werden noch Parallelen zwischen Kirchner und den Impressionisten gezogen: so in Will Grohmanns Monographie aus dem Jahre 1958[17]. Doch schon bevor dieses Werk veröffentlicht wurde, war ein ganz anderer Kirchner in der kritischen und wissenschaftlichen Literatur in Erscheinung getreten: ein von Grund auf seiner Wirklichkeit entfremdeter Künstler, der die Stadt als Schrecken und Bedrohung empfand.[18] Seit der Publikation jener Monographie von Donald Gordon im Jahre 1968 scheint diese Lesart die dominierende geworden zu sein, wenngleich es vor allem in den deutschsprachigen Ländern noch immer Kritiker gibt, die an der älteren Einschätzung von Kirchners Berlinwerk festhalten. Doch in den meisten jüngeren Kommentaren erscheint Kirchners Darstellung Berlins aus demselben dunklen Geist entsprungen wie die apokalyptischen Alpträume Meidners, *Die Hölle* Beckmanns oder das rasende Pandämonium beim frühen Grosz. Es scheint, daß im Falle Kirchners die zeitliche Distanz zwischen Werk und Interpretation Unterscheidungen verwischt hat, die den Zeitgenossen selbstverständlich waren.

---

[15] Karl Scheffler, "Ernst Ludwig Kirchner", in Kunst und Künstler, XVIII, No. 5 (1920), pp. 217 ff. Zu den ersten Kritikern, die diese Verbindung knüpften, gehörte Wilhelm Hauenstein, Die bildende Kunst der Gegenwart, Stuttgart/Berlin 1914, p. 304.

[16] Paul Westheim, Helden und Abenteuer: Welt und Leben der Künstler, Berlin 1931, p. 212. Der Terminus ist offenbar dem Titel des Films von Walter Ruttmann entlehnt.

[17] Will Grohmann, E. L. Kirchner (Stuttgart: W. Kohlhammer, 1958). Grohmann war allerdings schon in den zwanziger Jahren einer der bekanntesten Befürworter der Kirchnerschen Kunst. Er publizierte die erste größere Monographie über den Künstler: Das Werk Ernst Ludwig Kirchners, München 1926.

[18] Vgl. Peter Selz, German Expressionist Painting, Berkeley und London, 1957, p. 139; Bernard S. Myers, The German Expressionists: A Generation in Revolt, New York 1957, pp. 131 f.

II.

Berlins plötzlicher Übergang zu einer modernen Metropole spielt ohne Zweifel eine wichtige Rolle in der Darstellungsgeschichte dieser Stadt - dafür, wie sie dargestellt wurde, aber auch dafür, daß sie lange Zeit kaum dargestellt wurde.[19] Der Reiz der vorindustriellen Stadt hatte Architekturmaler wie Eduard Gärtner (1801 - 1877) angezogen, jenen Künstler, den seine gefälligen Bilder des offiziellen Berlin bekannt werden ließen. Doch als der Charakter der Stadt sich änderte, als sie modern und industriell wurde, schien sie in den Augen ihrer bedeutendsten Künstler der ästhetischen Gestaltung nicht wert zu sein. Adolf Menzel (1815 -1905), der wichtigste Berliner Maler des 19. Jahrhunderts, schuf zwar in den vierziger Jahren einige erstaunlich moderne Bilder der Stadt, nahm diese aber später kaum noch zum Gegenstand - es sei denn für Ereignisse offiziellen Charakters.[20] Es überrascht in diesem Zusammenhang kaum mehr, daß diejenigen Bilder Menzels, die eine alltägliche städtische Szene am besten fassen, ihr Motiv in Paris haben - der Stadt, in der die Modernität in einer ästhetisch ansprechenderen Weise erschien.[21]

Daß das Berliner Stadtbild unbestritten gewöhnlich und eintönig wirkte, heißt auf der anderen Seite nicht, daß es dort keine Künstler gab, die sich den eigenen Lebensraum zum Gegenstand machten. In den achtziger Jahren des letzten Jahrhunderts begann Hans Baluschek, den Alltag der proletarischen Vorstädte und Fabriken sowie ungeschönte Bilder von Industriemotiven wie z. B. Rangierbahnhöfen zu zeichnen und zu malen. Ein zeitgenössischer Kritiker beschrieb ihn als den "Schilderer des Berlins, das über Nacht Großstadt wurde wie ein glücklicher Spekulant, dem aber Bildung und Kultur abgehen, um die neue Rolle mit Anstand, ohne

---

[19] Für die bisher umfassendste Behandlung des Themas siehe den Ausstellungskatalog des Berlin Museums, Stadtbilder: Berlin in der Malerei vom 17. Jahrhundert bis zur Gegenwart, Berlin 1987. Im folgenden zitiert als Berlin Museum, Stadtbilder.

[20] Ein Beispiel dafür ist das Gemälde Eisenbahn Berlin-Potsdam (1847). Es zeigt im Vordergrund eine dampfende Lokomotive, im Hintergrund ein entferntes Panorama der Stadt. Menzels wohl bekannteste Arbeit ist ein unvollendetes Gemälde einer Szene aus der Revolution von 1848, die Aufbahrung der Märzgefallenen. Obwohl es vom Gegenstand her ein modernes Geschichtsgemälde ist, nimmt die Manier seiner Gestaltung und die Behandlung des Themas den französischen Impressionismus vorweg. Vgl. den Ausstellungskatalog Menzel der Beobachter, hrsg. von Werner Hofmann, München 1983, pp. 38, 83.

[21] Vgl. Pariser Arbeitstage (1869), ibid. p. 25; und In den Tuilerien (Dresden, Albertinum).

Knauserei zu spielen."[22] Aber Baluscheks gewöhnliches, proletarisches
Thema vertrug sich nicht mit dem öffentlichen Geschmack und sein
soziales Engagement ließ ihn innerhalb der Berliner Sezession bald
zu einer marginalen Figur werden.

Einige der Berliner Impressionisten wie Lesser Ury, Franz Skarbina
und Ulrich Hübner malten ebenfalls ihre Stadt - aber ihr Berlin war
ein anderes als das Baluscheks. Sie wählten ihre Motive entweder
in Berlin-Mitte - Unter den Linden, Leipziger Straße und Friedrichstraße - oder in den westlichen Stadtteilen.[23] Darüber hinaus
fungierte der impressionistische Stil solcher Gemälde, mit seinem
Anspruch auf die Wahrheit des Augenblicks, mit seinen Effekten von
Licht und Atmosphäre wie ein "natürlicher Schleier"[24], der die
nüchterne Wirklichkeit der Hauptstadt verwandelte und dadurch
verbarg. Licht und Atmosphäre entschädigten gleichsam für die
Wirklichkeit der Stadt. Karl Scheffler beschrieb die Wirkung solcher
impressionistischen Transfigurationen als Trost:

> Es tritt bei der Betrachtung der häßlichen Reichshauptstadt
> nämlich eine Art von Reaktion ein. Je weniger Genuß man im
> Anblick der architektonischen Stadtbilder genießt, je mehr man
> sich von der Künstlichkeit rings umher abgestoßen fühlt, desto
> intensiver genießt man immer jene selbst die häßlichsten Dinge
> in eine höhere Bedeutung rückende rein malerisch impressio-
> nistische Anschauung, desto leidenschaftlicher hält man sich an
> die kosmische Schönheit von Luft und Licht, an die Schönheiten
> trotz alledem.[25]

Vier Jahren nach der Veröffentlichung von Schefflers Buch publizierte ein junger Künstler einen Essay in *Kunst und Künstler*, der
von Scheffler herausgegebenen Zeitschrift, in dem eine völlig neue
Haltung gegenüber der Großstadt propagiert wurde. Dieser Text,
Ludwig Meidners "Anleitung zum Malen von Großstadtbildern"
begann: "Wir müssen endlich anfangen, unsere Heimat zu malen, die

---

[22] Hans Mackowsky, "Hans Baluschek", Kunst und Künstler, I (1902/03), p.
338

[23] Hierzu siehe Rolf Bothe, "Stadtbilder zwischen Menzel und Liebermann:
Von der Reichsgründungsepoche zur wilhelminischen Großstadt" in: Berlin
Museum, Stadtbilder, pp. 185-196, sowie Kat. 112-115, 117, 118, 121, 122.

[24] John Czaplicka, "Prolegomena to a Typology of Großstadt Imageries: The
Pictorial Imagery of Berlin, 1870 - 1930", Diss. Phil., Universität Hamburg, 1984,
pp. 217 ff.

[25] Scheffler 1910, pp. 201 f.

Großstadt, die wir unendlich lieben."[26] Allein die Wahl der Kategorie "Heimat" für die Stadt - August Endell ging darin bereits 1908 Meidner voraus[27] - läßt vermuten, daß sie nun gleichsam als humanisiert betrachtet werde, daß Berlin sich vom Status der aller Kultur baren "Kolonialstadt" der Wurzellosen emanzipiert habe. Wichtiger noch ist, daß die Schönheit der Metropole für Meidner - im Gegensatz zu den Anschauungen Schefflers und einiger Künstler der Sezession - nicht in den Verwandlungseffekten von Licht und Atmosphäre zu finden war. Vielmehr liege sie im unnatürlichen, künstlichen Umfeld der Stadt selber - "die tumultarischen Straßen, die Eleganz eiserner Hängebrücken, die Gasometer, ... die brüllende Koloristik der Autobusse und Schnellzuglokomotiven, die wogenden Telefondrähte (sind sie nicht wie Gesang?), die Harlekinaden der Litfaßsäulen ..." Meidner verurteilte die Pariser Szenen Monets und Pissarros; diese malten Architektur wie Bäche, Boulevards wie Blumenbeete. "Eine Straße", erklärte Meidner, "besteht nicht aus Tonwerten, sondern ist ein Bombardement von zischenden Fensterreihen, sausenden Lichtkegeln zwischen Fuhrwerken aller Art und tausend hüpfenden Kugeln, Menschenfetzen, Reklameschildern und dröhnenden, gestaltlosen Farbmassen."[28]

Bei aller rhetorischen Anstrengung scheint Meidner jedoch ein "erschrockener Enthusiast"[29] gewesen zu sein. Obwohl viele seiner um 1913-14 entstandenen Zeichnungen wie Illustrationen zu seinem Text erscheinen, sind die Gemälde dieser für ihn fruchtbaren Jahre meist fiebernd apokalyptische Visionen einer Stadt mit den unverkennbaren Merkmalen Berlins - seine *Brennende Stadt* (1913, The St. Louis Art Museum) belegt das deutlich. Reinhold Heller bemerkte in einem für die Meidner-Literatur typischen Kommentar, daß seinem Loblied zum Trotz Meidners "Stadtdarstellung, wie auch Jakob von Hoddis Gedicht 'Weltende', die Zerstörung des Urbanen voraussagt oder gar ersehnt, eine gewaltsame Beendigung der entmenschlichenden, materialistischen Städte, die die vom modernen Menschen geschaffenen explosiven, verdammten Kräfte in sich bergen."[30]

---

[26] Ludwig Meidner, "Anleitung zum Malen von Großstadtbildern", zuerst veröffentlicht in Kunst und Künstler, XII (1914); hier zitiert nach Thomas Grochowiak, Ludwig Meidner, Recklinghausen 1966, p. 78.

[27] August Endell, Die Schönheit der großen Stadt, Berlin 1984, pp. 18 f.

[28] Grochowiak, p. 78

[29] Victor Miesel, "Ludwig Meidner", in Ludwig Meidner, Ann Arbor 1978, p. 6

[30] Heller, pp. 46 f.

Kirchners Berlinbilder, das wurde bereits angemerkt, sind weithin im selben Sinne interpretiert worden. Ihr Thema ist etwa für Wolf-Dieter Dube "die Hektik und Widernatur der modernen Großstadt", "das hilflose Getriebensein, die Verlassenheit des sich selbst entfremdeten Menschen, der (Kirchner) selber ist."[31] Rosalyn Deutsche meint in einem Aufsatz über Kirchners Straßenszenen mit dem Titel "Alienation in Berlin" ("Entfremdung in Berlin"), diese Arbeiten seien "unmittelbar als Bilder einer unnatürlichen, durch und durch entmenschlichten Welt"[32] zu erkennen. Und der bereits erwähnte Donald Gordon bestätigt diese finstere Lesart der Kirchnerschen Stadtbilder, indem er sie in einem posthum erschienenen Werk als Bilder eines "einsamen Brachlands"[33] bezeichnet.

Die in diesem Sinne zivilisationskritischen Interpretationen der Stadtbilder Kirchners haben sich stets auf den besonderen Stil der Arbeiten seiner Berliner Periode berufen. Verglichen mit der fließenderen, vom Fauvismus inspirierten Manier, die in den reifen Arbeiten der Dresdener Zeit (1908-1911) dominierte, ist Kirchners Berliner Stil geradezu eckig und in der Komposition auffallend schematisch: Um sich in diesem strengen Bildgerüst einzufügen, sind Formen und Flächen extrem verzerrt: Körper sind verdünnt und in die Länge gezogen, horizontale Flächen erscheinen in steilen Winkeln gekippt (vgl. *Zirkusreiter*, Abb.1) Dennoch, bei aller kalkulierten, oft geometrischen Rigorosität ihrer Komposition vermitteln diese Bilder den Effekt einer erregten Spontaneität, was vor allem ihrem energischen Duktus, der an die Technik des Pastells erinnert, zuzuschreiben ist. In den am besten gelungenen Kirchnerschen Kompositionen, wie *Zirkusreiter* und *Zwei Frauen auf der Straße* (Abb. 2) erzeugt der Kontrast zwischen einer scheinbar zügellosen Energie und dem kompromißlosen Zwang der Bildkonstruktion eine nahezu explosive Spannung. Insbesondere diese Elemente sind gemeinhin als Zeichen einer aggressiv ablehnenden Einstellung gegenüber der Stadt interpretiert worden.[34]

---

[31] Wolf-Dieter Dube, "Kirchners Bildmotive in Beziehung zur Umwelt," in: Berlin 1979, S. 13.

[32] Rosalyn Deutsche, "Alienation in Berlin: Kirchner's Straßenszenen", in <u>Art in America</u>, January 1983, p. 69

[33] Donald E. Gordon, <u>Expressionism: Art and Idea</u>, New Haven und London 1987, p. 139.

[34] Vgl. zum Beispiel: Deutsche, p. 65, und Gordon 1968, pp. 92 ff.

Kirchner selbst beschreibt seinen Berliner Stil jedoch nicht als
Ausdruck einer emotionalen Entfremdung von seinen Motiven,
sondern als Versuch, in einer sorgfältig ausgearbeiteten Komposition
"die Ekstase des ersten Sehens" einzufangen.[35] Die Stadt war für
Kirchner sicherlich ein Ort intensiver Empfindung, doch beschrieb er
diese Empfindungen selber, in deutlicher Differenz zu seinen
späteren Kommentatoren in positiven, ästhetischen Termini. "Die
sinnliche Lust am Gesehenen ist der Ursprung aller bildenden Kunst
von Anfang an", schrieb er 1913, fast auf dem Höhepunkt seiner
Berliner Periode.[36] Tatsächlich sind seine Berichte über sein künst-
lerisches Verfahren oft geradezu dionysisch; "die sogenannten
Verzeichnungen" schrieb er, "entstehen instinktiv durch die Ekstase
des am meisten Gesehenen."[37] Und es gibt Hymnen an die
Schönheit der modernen Stadt - wie in diesem Text aus dem Jahre
1930:

> Das moderne Licht der Städte, in Verbindung mit der Be-
> wegung der Straßen, gibt mir immer neue Anregungen. Es
> breitet eine neue Schönheit über die Welt, die nicht in der
> Einzelheit des Gegenständlichen liegt."[38]

Seinen Stil der Jahre 1913/14 entwickelte Kirchner, wie er schrieb,
"aus dem Sehen der Bewegung".[39] Und in einer seiner deutlichsten
Äußerungen zum Charakter der Stadtwahrnehmung gibt es eine
lebendige Beschreibung des komplexen, stets sich bewegenden
Gewebes der visuellen Realität in der modernen Großstadt:

> Wenn wir ... eine moderne Großstadtstraße bei Nacht nun sehen
> mit ihren 1000enden von Lichtquellen, z.T. farbigen, so müssen
> wir doch einsehen, daß da alles objektive Construieren ver-

---

[35] Tagebucheintragung vom 18. Februar 1926, E.L. Kirchners Davoser
Tagebuch: Eine Darstellung des Malers und eine Sammlung seiner Schriften, hrsg.
von Lothar Grisebach, Köln 1968, p. 128. Im folgenden zitiert als Davoser
Tagebuch.

[36] E.L. Kirchner, "Über die Malerei", Text aus dem Jahre 1913, in: Berlin
1979 (vgl. Anm. 12), p. 67

[37] E.L. Kirchner an Eberhard Grisebach, 31. Januar 1918, belegt durch
Bolliger und Reinhardt, Berlin 1979, p. 77

[38] Ibid., p. 98.

[39] Kirchner, "Die Arbeit E.L. Kirchners," zuerst veröffentlicht in E.W.
Kornfeld, Ernst Ludwig Kirchner: Nachzeichnung seines Lebens, Bern 1979, pp.
332-344. Die zitierte Passage steht auf p. 339, der Text datiert aus der Mitte der
zwanziger Jahre.

geblich ist, verändert doch schon ein vorbeifahrendes Taxi, ein helles Abendkleid oder ein dunkles die gesamte mühsame Construktion. Wenn wir noch die Erregungswirkung dazu rechnen, die in uns durch den Anblick unbekannter Effekte erzielt wird, und die eigentlich die Urheberin des künstlerischen Eindrucks ist, so kommt eben doch ganz was anderes zustande, als uns die Construktion gibt.[40]

In dieser Charakteristik ist ein Moment enthalten, das für das Verständnis des Kirchnerschen Stils wesentlich ist: Der unaufhörliche Fluxus des Stadtbildes sowie die "Erregungswirkung" der modernen Metropole lassen die überlieferten naturalistischen Modi der Darstellung inadäquat werden. Um dieses Erlebnis der Großstadt durch ein Bild zu vermitteln, hat Kirchner neue Mittel gefunden. Daß für ihn die entsprechende Darstellungsweise eine abstrakte war, geht aus der folgenden Passage hervor, in der sich Kirchner in der dritten Person auf sich selber bezieht:

Kirchner fand, daß das Gefühl, was über einer Stadt liegt, sich darstellt in der Art von Kraftlinien. In der Art, wie sich die Menschen im Gedränge komponieren, ja in den Bahnen, wie sie liefen, fand er die Mittel, jeweils das Erlebte zu fassen. Es gibt Bilder und Grafiken von ihm, wo ein reines Liniengerüst mit fast schematischen Figuren doch aufs lebendigste Straßenleben darstellt.[41]

Die Art, wie Kirchner auf der qualitativen Differenz der modernen Großstadterfahrung wie auf der Unmöglichkeit insistiert, diese Erfahrung durch die traditionellen, naturalistischen Mittel zu vergegenwärtigen, verweist auf die italienischen Futuristen. Ihre Manifeste wurden in deutscher Sprache im *Sturm* veröffentlicht, und ihre erste Ausstellung wurde, nachdem sie in Paris eröffnet worden war, im März und April 1912 in Berlin gezeigt - ein halbes Jahr, nachdem sich Kirchner dort niedergelassen hatte. Fundamental für die ästhetische Empfindung der Futuristen wie Kirchners ist die gesteigerte Erfahrung der Bewegung. Kirchner formuliert diese Empfindung nun zwar sicherlich rückblickend, doch gleichen seine Worte der Sprache der Futuristen. Diese bemühten sich um die künstlerische Umsetzung eines sich bewegenden Objektes nach Maßgabe von "charakterisierenden Linienkräften", wobei eine neue Form von Malerei entstehen sollte - "eine Zusammenstellung der

---

[40] Ibid., p. 341 f.

[41] "Das Werk", Text von 1925, <u>Davoser Tagebuch</u>, p. 86

verschiedenen abstrakten Rhythmen jedes Gegenstandes, der eine bisher unbekannte Quelle von malerischem Lyrismus entströmt."[42] Kirchner erklärt:

> Aus [der Bewegung] kommt mir das gesteigerte Lebensgefühl, das der Ursprung des künstlerischen Werkes ist. Ein in Bewegung befindlicher Körper zeigt mir viele Einzelansichten, diese schmelzen in mir zu einer Gesamtform zusammen, dem inneren Bilde.[43]

Für Kirchner ist dieses künstlerische Bild nur zum Teil durch mimetische Zwecke bestimmt. Seine Verzeichnungen der Erscheinungswelt sind durch zwei Faktoren bestimmt, und zwar auf der einen Seite durch eine nicht-mimetische Logik der Komposition, durch welche die individuellen Formen radikal vereinfacht und in ein allgemeineres Schema überführt werden: "Die Formen entstehen und ändern sich bei der Arbeit aus der ganzen Fläche", schrieb Kirchner 1920. "Daher erklären sich auch die sogenannten Verzeichnungen der Einzelformen, das Kleine muß sich dem Großen fügen."[44] Auf der anderen Seite sind diese Verzerrungen affektiver Zweck, und zwar in Richtung auf das, was Umberto Eco die "programmierte Stimulation"[45] des Betrachters nannte. Laut Kirchner ist es das Ziel des "Kunstbildes", im Betrachter jenes "Innenbild" hervorzubringen, das der Künstler gestalten wollte, jenes psychologische Konstrukt einer sinnlich-emotionalen Ekstase, die im Ausgangsmoment des Bildes bestand.[46] Diese "Erregungswirkung", so erklärt Kirchner, erreicht "durch den Anblick unbekannter Effekte", ist "eigentlich die Urheberin des künstlerischen Eindrucks."[47] Damit dürfte klar sein, daß - bei allem sorgfältig kalkulierten Effekt von Spontaneität - die sogenannten Verzerrungen in den Bildern Kirchners nicht als schlicht reaktiv verstanden werden sollen: Sie sind keine Symptome der

---

[42] Zitiert nach dem Austellungskatalog der Galerie "Der Sturm", Zweite Austellung: Die Futuristen, Berlin 1912, p. 22.

[43] Kirchner (1930), in Berlin 1979, p. 97

[44] Kirchner unter dem Pseudonym 'L. de Marsalle', in "Zeichnungen von E.L. Kirchner", zuerst veröffentlicht in Genius, 1920, zitiert im Davoser Tagebuch, p. 185

[45] Umberto Eco, A Theory of Semiotics, Bloomington und London 1979, pp. 203 f.

[46] Vgl. "Arbeit ELK", p. 342

[47] Ibid.

Entfremdung, keine Akte der Aggression gegen eine feindliche Umgebung oder albtraumartige Visionen einer Welt im Untergang. Wie bei seinem Zeitgenossen Matisse sind diese Verzerrungen Aspekte einer durchdachten ästhetischen Strategie.

Kirchners Berliner Stil ist allerdings nicht das einzige Element, das für die zivilisationskritische Lesart seiner Stadtbilder angerufen wird. Auch seine Straßenszenen mit Prostituierten sind weithin als Sinnbilder großstädtischer Dekadenz angesehen worden, als umfassender Ausdruck der Entfremdung, die Kirchner in der Stadt erlebt haben soll. Diese Gruppe von zehn Gemälden, entstanden während der Jahre 1913/14, beansprucht mit Recht eine zentrale Stelle in der Diskussion über die Berlin-Periode, doch wurden sie zu oft isoliert von anderen Darstellungen städtischen Lebens betrachtet. Während die Straßenszenen alle in weniger als einem Jahr entstanden, gibt es jedoch andere städtische Motive, die Kirchner zwischen 1908 und 1915 wiederholt malte: Parks und Gärten, Häuserzeilen und Eisenbahnbrücken, Tanzsäle und Cafés, Varietétänzerinnen und Zirkusartisten. Diese Motive werden innerhalb des gegenwärtig gängigen Diskurses über Kirchners angeblichen urbanen Ängste eher pflichtschuldig erwähnt - sie vertragen sich schlecht damit.

So wie diese Gegenstände vernachlässigt wurden, so auch die Texte, die Kirchners Interesse an ihnen erläutern könnten. Es gibt eine Reihe von Quellen, die dafür sprechen, daß er seine Aufgabe als Künstler - wenigstens während des Jahrzehnts, das er in Dresden und Berlin verbrachte - darin sah, sich einer auf der unmittelbaren Erfahrung gründenden Kunst zu widmen - und das schließt städtisches Leben notwendig ein. In einem autobiographischen Text aus den dreißiger Jahren erinnert sich Kirchner, wie uninteressant er 1904 als Student in München die Sezessionisten fand - uninteressant wegen ihrer Mißachtung des "farbigen, sonnigen Lebens draußen. Und das war es, was ich als junger Student so gern auf Bildern gesehen hätte, unser Leben, Bewegung, Farbe ... Und ich versuchte es, zeichnete auf Straßen und Plätzen, in Gasthäusern, im Café ..."[48] Die gleiche Hingabe an die Darstellung zeitgenössischen Lebens fand in zwei Texten Kirchners aus der Berliner Periode Ausdruck. In der "Chronik der Brücke", Anfang 1913 entworfen, schrieb Kirchner, daß das Ziel der Künstler der *Brücke* darin bestand, "aus dem Leben die Anregung zum Schaffen zu nehmen

---

[48] Diese Passage ist einer "Lebensgeschichte" entnommen, die Kirchner einem Brief an Carl Hagemann vom 30. Juni 1937 beilegte. Zitiert nach Berlin 1979, p. 48

und sich dem Erlebnis unterzuordnen."[49] Und in der Broschüre für das Institut MUIM (Moderner Unterricht in Malerei), das Kirchner 1911/12 in Berlin kurzfristig zusammen mit Pechstein betrieb, wurde proklamiert: "Das neuzeitliche Leben ist der Ausgangspunkt des Schaffens." Die Studenten sollten lernen, "mit neuen Mitteln auf neue Art" zu zeichnen und zu malen. "Skizzieren nach dem Leben" war ein zentraler Bestandteil des Unterrichtsprogramms.[50]

Wenn man die Produktion Kirchners aus den Jahren zwischen 1908 und 1914 betrachtet, seien es Gemälde, Zeichnungen, Drucke oder Pastelle, findet man in jedem Fall Momente "des neuzeitlichen Lebens". Neben den zahlreichen Akten, im Atelier oder in der freien Landschaft, die für die von ihm und seiner Gruppe verfolgte Ideologie sexueller Befreiung wichtig waren, ist das dominierende Thema dem städtischen Leben entnommen. Mehr noch: die Mehrheit der Großstadtmotive Kirchners sind die gleichen Gegenstände urbanen Spektakels, die auch die französischen Impressionisten und Postimpressionisten bevorzugten.[51] Curt Glaser schrieb 1923 über Kirchner: "Er liebte die Orte öffentlichen Beisammenseins der Menschen, die Straße selbst wie die Stätten nächtlicher Vergnügungen, das Café oder das Tingeltangel. ... Kirchner hat dieser Welt die künstlerische Gestaltung gegeben."[52] Und Kirchner suchte wie seine französischen Vorläufer die "vulgäre", ursprünglich volkstümliche Unterhaltung. Im Gegensatz zur Oper und zum Ballett waren diese Unterhaltungen Produkt und Ausdruck moderner städtischer Kultur. Peter Jelavich zeigt, daß der Inhalt dieser Unterhaltungen gerade jenes moderne Berlin zelebrierte, das von Künstlern mit eher traditionellen ästhetischen Werten abgelehnt oder gar ignoriert wurde: "Die Weltstadt wurde mit offenen Armen empfangen: ihre

---

[49] "Chronik der Brücke", zitiert nach Berlin 1979, p. 65

[50] Der Text der Broschüre ist enthalten in: Karlheinz Gabler (ed.), E.L. Kirchner - Dokumente: Fotos, Schriften, Briefe. Aschaffenburg 1980, p. 90

[51] Diese ikonographische Parallele bemerkte G.F. Hartlaub 1920: "In ihren Gegenständen blieben Kirchner, Heckel, Schmidt-Rotluff und Pechstein lange 'Impressionisten'. Und über Kirchner schrieb Hartlaub: "Wie sein Kamerad Pechstein, kommt auch der Autodidakt (Kirchner) aus einer Bewunderung für den Impressionismus, vor allem den wildesten und gewagtesten Expressionen jener Bewegung, in den Zeichnungen und Drucken eines Degas, Lautrec, ... neben anderen. Er besonders hat eine Vorliebe für impressionistische Themen gezeigt ..." (G.F. Hartlaub, Die neue deutsche Graphik, "Tribüne der Kunst und Zeit: Eine Schriftensammlung", Vol XIV, Berlin 1920, pp. 49 f., 52 f. Diese Verbindung wurde von anderen Autoren jener Zeit bestätigt, und kürzlich auch von Dube-Heynig (p. 54).

[52] Glaser (vgl. Anm. 12), p. 540

Vitalität, ihr hektisches Tempo, ihr Kommerzialismus und ihre Konsumfreudigkeit wurden begrüßt. In Songs und Sketchen wurden neue urbane Erscheinungen von der Hochbahn bis zu den Massenvergnügungen wie Lunapark, Kino und Sport gefeiert."[53] Die Aspekte Berlins, die in diesen Unterhaltungen gepriesen werden, decken sich auf frappierende Weise an vielen Stellen mit den Motiven Kirchners, und es ist wahrscheinlich, daß er seine Kunst im selben Geiste entwickelte. Denn es sind genau die schroff bunten Aspekte der Stadt, in denen Kirchner eine neue Schönheit entdeckte. Er suchte nicht danach, solche Phänomene vor der ihnen innewohnenden "Häßlichkeit" zu befreien, indem er sie gemäß impressionistischer Kriterien von Schönheit transfigurierte. Seine Abstraktion von seinem Gegenstand zielte eher daraufhin ab, ihren rohen Vitalismus zu fassen. Dube schreibt daher mit Recht, daß diese Gegenstände der Populärkultur Kirchner "als Ausdruck gesteigerten Daseins"[54] angezogen haben.

Es erhebt sich nun die Frage, wie sich Kirchners Straßenszenen mit Prostituierten zu diesem Programm verhalten. Wie schon bemerkt wurde, stehen gerade diese Bilder im Mittelpunkt der Diskussion über Kirchners vermeintliche Entfremdung in Berlin; sie werden gedeutet als Schlüsselwerke für seine Haltung zur Großstadt überhaupt. Dube etwa betrachtet die Straßenszenen als Ausdruck für Kirchners Empfindung der "Lieblosigkeit aller gegen alle", die die moderne Großstadt kennzeichne. Gordon sah in ihnen Kirchners "aktives Mißfallen am Bild der urbanen Sündhaftigkeit"; der Künstler sei nun "der Berliner Kritiker von Sex in den Straßen" geworden.[55] Solche Interpretationen aber befinden sich im Widerspruch zu dem, was sowohl Kirchner als auch die zeitgenössische Kunstkritik über seine Kunst in diesen Jahren geschrieben haben.

---

[53] Peter Jelavich, "Modernity, Civic Identity and Metropolitan Entertainment: Vaudeville, Cabaret and Revue in Berlin", in Charles W. Haxthausen and Heidrun Suhr, Berlin: Culture and Metropolis, Minneapolis 1990.

[54] "Kirchners Bildmotive in Beziehung zur Umwelt", in Berlin 1979, p. 11

[55] Dube, (ibid., p. 13), Gordon, "Ernst Ludwig Kirchner: By Instinct Possessed", Art in America (November 1980) p.89; Deutsche (pp. 69, 71) verbindet die Straßenszenen mit Simmels Essay über Prostitution und spricht Kirchner eine differenziertere moralische Kritik zu. In diesen Werken, schreibt sie, "geht der Künstler über die bloße Abbildung von Entfremdung hinaus, um deren tatsächlichen Grund zu beobachten - die Herrschaft der Geldwirtschaft ... Indem er Prostituierte und ihre Kunden als Gegenstand wählte, konzentrierte sich Kirchner auf die Versachlichung menschlicher Beziehungen im ökonomischen Austausch."

Während Kirchners Programm zur künstlerischen Gestaltung des "neuzeitlichen Lebens" reichlich dokumentiert ist, gibt es keinen Text von ihm, der eine moralisierende Interpretation der Straßenszenen stützen könnte. Im Gegenteil: seine wenigen Referenzen zu Prostituierten zeigen keine Ablehnung, sondern eine Sympathie ihnen gegenüber, vielleicht sogar eine Identifikation mit ihnen.[56] In mehreren nachträglichen Bemerkungen zu den Berliner Straßenszenen, in denen Prostituierte porträtiert sind, benutzte er keine moralischen Kategorien. Kirchner schrieb über die sinnliche Spannung der Straße und die künstlerische Herausforderung, die darin liegt, die Dynamik der Bewegung auf ein statisches Medium zu übertragen.[57] Diese Diskrepanz zwischen den Worten Kirchners und dem scheinbaren Inhalt seiner Bilder wurde von Gordon bemerkt, der ein wenig verwirrt scheint, weil Kirchner in diesen Berliner Straßenszenen "eher in ästhetischen als in ethischen Termini" schreibe, während er Stillschweigen bewahrt in Bezug auf "die ambivalenten Gefühle für Prostituierte, die diese Bilder offenbaren."[58]

Ein Element, das in der Diskussion um diese Bilder bisher ignoriert wurde, ist die Praxis der Prostitution zu der Zeit, als Kirchner diese Bilder malte. Wie auch in den anderen industriellen Zentren Europas stieg die Prostitution in Berlin in den Zeiten der raschen Vergrößerung stark an. Die Bedingungen waren jedoch anders als in Hamburg, Paris oder Wien - und zwar insofern als es in Berlin keine Bordelle gab. Mitte des 19. Jahrhunderts waren sie verboten worden.[59] Und da dieses Verbot strikt beachtet wurde, waren die

---

[56] Zwei dieser Bemerkungen datieren vom Winter 1915/16. Der kranke Kirchner, gequält von einer schon pathologischen Angst, wieder einberufen zu werden, und in der Folge unfähig zu arbeiten, vergleicht die Unsicherheit seiner eigenen Situation mit derjenigen der Strichmädchen, die er gemalt hatte. Vgl. Gordon 1968, p. 25. Kirchners Identifikation mit der Verletzlichkeit der Hure gegenüber den zivilen Autoritäten mag durch ein traumatisches Ereignis im August 1914 entstanden sein. Auf dem Weg zurück von Fehmarn nah Kriegsanfang wurden Kirchner und seine Begleiterin Erna Schilling, zweimal kurz von der Polizei festgehalten, die sie verdächtigte, russische Spione zu sein. Nach diesem Ereignis, erzählte Erna Schilling, befürchtete Kirchner, wieder verhaftet zu werden: Er entwickelte eine Phobie gegen Uniformen und hatte Angst, tagsüber sein Atelier zu verlassen. Das bezeichnet den Anfang eines psychischen Verfalls, der seine letzten Jahre in Deutschland kennzeichnete. Vgl. Kornfeld, pp. 54 f. und Kirchners eigene Erwähnung jenes Ereignisses in "Arbeit ELK", ibid. p. 337.

[57] Siehe oben, Anm. 12

[58] Gordon 1980, p. 95

[59] Willi Bauer, Geschichte und Wesen der Prostitution, Stuttgart 1956, pp. 115 f.

Prostituierten gezwungen, sich auf den Straßen, in den Cafés und Tanzlokalen anzubieten.[60] Zu Kirchners Zeiten in Berlin war die Prostitution also offiziell ungesetzlich, wurde jedoch toleriert; die Polizei versuchte, mit Registrierungen Kontrolle auszuüben. Allerdings gehorchte nur ein kleiner Teil der Prostituierten dieser Regelung.[61] Eine registrierte Prostituierte konnte unter bestimmten Auflagen ihrer Arbeit/Beschäftigung nachgehen: Sie mußte ihre Tätigkeit diskret ausüben, also keinen Skandal verursachen. Entsprechend war ihr untersagt, sich auf Durchgangsstraßen oder in der unmittelbaren Nachbarschaft öffentlicher Einrichtungen, Parks, Bahnhöfen oder Kasernen anzubieten. Eine registrierte Prostituierte, die diese Regeln verletzte, oder jede nicht registrierte Prostituierte - und letztere waren bei weitem zahlreicher - konnte verhaftet und zu Gefängnisstrafen verurteilt werden. Und eine Verhaftung war eine durchaus reelle Bedrohung, da die Sittenpolizei mit 200 Beamten - jeweils in Paaren und in Zivil - in den Berliner Straßen patrouillierte. Folglich mußte eine Prostituierte auf der Suche nach Kunden äußerst vorsichtig sein. Ein Beobachter, der Amerikaner Abraham Flexner, notierte, das Strichmädchen sei zu erkennen "an ihrem langsamen Schritt, an ihrem scheuen Blick und an ihrer mehr oder weniger auffallenden Garderobe. Ihr Verhalten ist gewöhnlich zurückhaltend. Wenn auf die Einladung eines Blickes keine Antwort erfolgt, geht sie weiter; zweifelnd oder ermutigt bleibt sie an einem Schaufenster stehen oder geht in ein Café oder in eine andere Straße."[62]

Die Sittenpolizisten in Zivil mußten beinahe ebenso vorsichtig sein: Da die Prostituierten diskret und oft zweideutig warben, mußten sie, wie Flexner berichtet, "mit großer Umsicht vorgehen. Ihnen wird tatsächlich gesagt, daß einhundert Unterlassungen besser seien als ein einziger oder auch nur scheinbarer Fehler." Sie wagten es nicht, "die feineren Formen der Prostitution" zu verfolgen, da Beweise schwer zu erhalten waren; folglich verhafteten sie nur "die offensichtlichsten

---

[60] Vgl. Hans Ostwald, <u>Kultur- und Sittengeschichte Berlins</u>, Berlin-Grunewald, o.J. [1924?], pp. 613 - 625. Siehe auch: Robert Hessen: <u>Die Prostitution in Deutschland</u>, München 1910, insbesondere pp. 107-122

[61] Abraham Flexner, <u>Prostitution in Europe</u>, "Publications of the Bureau of Social Hygiene", New York 1920, p. 157. Flexners Buch wurde zuerst im Januar 1914 veröffentlicht, sein Bericht basiert auf der Praxis der Prostitution währen der Vorkriegsjahre, d.h. zur Entstehungszeit der Straßenszenen Kirchners. Flexner (pp. 415-419) veröffentlichte auch die Berliner Verordnungen zur Regelung der Prostitution, die im Februar 1912 in Kraft traten.

[62] Ibid. pp. 146 ff.

und flagrantesten Gesetzesübertreterinnen."[63] Folglich waren die Gesetze nicht besonders wirkungsvoll, nicht nur im Hinblick auf die Registrierung, sondern auch in bezug auf das Verbot der Prostitution auf öffentlichen Plätzen.[64] Tatsächlich wurde einige jener Plätze zu den bekanntesten Umschlagplätzen käuflicher Liebe. Flexner berichtet, daß Strichmädchen vor allem angezogen würden von den "Hauptkanälen des Einzelhandels".[65]

Die auf beiden Seiten notwendige Zurückhaltung brachte ein erhebliches Maß an Zweideutigkeit hervor. Man konnte sich schlicht nicht sicher sein: War diese Frau tatsächlich nur auf einem Schaufensterbummel oder auf dem Weg von der Arbeit oder zu einer Freundin? Kleidung und Verhalten waren keine sicheren Indizien: einige kleideten sich auffallend, andere einfach; vielen sah man ihre Tätigkeit an, aber andere glichen Mädchen aus bürgerlichen Familien. Die Zweideutigkeit war noch auffälliger, betonte Hans Ostwald, im schickeren westlichen Teil der Stadt:

In seinen Straßen zwischen dem Bahnhof Zoologischer Garten und dem Wittenbergplatz und am Kurfürstendamm entlang promeniert zu jeder Tageszeit eine Menge, in der die Zahl der Frauen überwiegt. Junge Frauen, Schülerinnen, jugendlich erhaltenen Mütter mit ihren erwachsenen Töchtern. Bald im soliden Schneiderkleid, bald in Pelzen, die mit den Händen zusammengehalten werden müssen, bald in flatternden Umhängen oder bescheidenen Regenmänteln. Bald mit dem ernsten Gesicht der Lehrerin oder Studentin, bald mit süchtigen Lippen oder Augen, scharf mit blutrot gezogenem Mund oder geschwärzten Wimpern und Brauen und blaß überstäubten Gesicht. Oder mütterlich, mit abwehrenden Blicken. Und doch unendlich viele Seitenblicke: "Gewinne mich!" - Zwischen hindurch alte und junge Männer, meist Kaufleute, Rechtsanwälte, Ingenieure, einige mit künstlerischem Zug, weichem Hut, stolzerem Auge ... Und die Blicke der Frauen geteilt zwischen den Männern und den glänzenden Schaufenstern der Modistinnen, der Hut- und Stiefelgeschäfte, der Juweliere und Kunsthandlungen, der Feinkostauslagen und der Buchläden mit den glänzend gebundenen Büchern, der Pelzgeschäfte und der Kinoaushänge ... Im Sommer die Vorgärten voll Menschen zwischen bunten Windlichtern und unter grellem elektrischen Schein, übergrünt

---

[63] Ibid., pp. 146 ff.

[64] Ibid. pp. 160 ff.

[65] Ibid., p. 157

von Baumreihen. Die dort - könnte wohl eine bekannte Filmschauspielerin sein, - jene - eine Kabarettänzerin. Aber hier weiß man oft nicht: vielleicht ist es die Tochter oder die Frau des Herrn, der neben ihr geht - ist hier doch die flimmernde Farbe der Halbwelt auch das Kleid der Damen. Und jene einfache Dame ist vielleicht eine Suchende...[66]

Die Szene, die Ostwald beschreibt, illustriert sicherlich die Verbindung zwischen Sex und Ware, die Deutsche erläutert. Aber wichtiger für Kirchners Straßenszene ist hier wohl das Element einer sich verbreitenden erotischen Ambiguität.

Diese Ambiguität gehört zu den meisten der Straßenszenen Kirchners. Mit einer Ausnahme evozieren die Titel keine Konnotationen der Prostitution - *Berliner Straßenszene, Zwei Frauen auf der Straße* (Abb. 2), *Die Straße* (Abb. 3).[67] Das hat manche Kommentatoren dazu verleitet, das eigentliche Sujet dieser Bilder zu mißdeuten bzw. diskret zu verschweigen [68]. Dennoch waren die auffällig befederten Hüte - ein Merkmal aller zehn Berliner Straßenszenen - mit Prostituierten assoziiert.[69] Und bemerkenswerterweise tragen die Bilder, deren Titel auf die Berliner Topographie Bezug nehmen, nämlich *Friedrichstraße*, *Potsdamer Platz* und *Leipzigerstraße mit elektrischer Tram*, Namen, die auch als Metonymien der Prostitution galten. Die Friedrichstraße hatte einen Ruf als "öffentlicher Liebesmarkt" und doch war, da sowohl sie als auch

---

[66] Ostwald, pp. 640 ff.

[67] Nach Gordons Katalog der Gemälde (Gordon 1968) erhielt wohl nur eine dieser Arbeiten einen Titel, der offen auf Prostitution Bezug nimmt: Straße mit roter Kokotte, 1914/25, Gordon 366

[68] In den zwanziger Jahren kommentierten zum Beispiel Scheffler (1920), Gustav Schiefler und Curt Glaser die Straßenszenen, ohne eine Abbildung von Prostitution zu erwähnen. In einem längeren Kommentar zu Die Straße, die gerade von der Berliner Nationalgalerie erworben worden war, beschreibt Ludwig Justi, ihr Direktor, sie als ein "Gedicht in Flächen und Farben" - kein Wort über Kokotten. (L. Justi, Neue Kunst: Ein Führer zu den Gemälden der sogenannten Expressionisten in der Nationalgalerie, Berlin 1921, p. 31). In einer Besprechung desselben Werkes im Jahre 1957 übergeht auch Peter Selz (p. 139 f.) jede Bezugnahme auf Prostituierte und beschreibt das Motiv als eine "völlig ordinäre Szene" einer Berliner Straße.

[69] Vgl. Georg Grosz, Ein kleines Ja und ein großes Nein (Reinbek bei Hamburg 1974), p. 98; Ostwald, p. 644; ebenso Hanne Bergius, "Berlin als Hure Babylon", in: Die Metropole: Industriekultur in Berlin im 20. Jahrhundert, hrsg. von Jochen Boberg, Tilman Fichter und Eckhart Gillen, München 1986, p. 125

der Potsdamer Platz offiziell für die Prostitution gesperrt waren, besondere Vorsicht vonnöten.[70]

Keine der Straßenszenen zeigt, wie Frauen sich anbieten[71] - sie tauschen Blicke aus, gehen allein oder in Gruppen, sehen in Schaufenster oder blicken direkt die Betrachter an. Dort, wo Männer in den Bildern figurieren, so wie in allen mit Ausnahme von *Fünf Frauen auf der Straße* (1913, Gordon 362), sind sie in der Regel in den Hintergrund verwiesen. In keinem der Bilder sehen wir einen direkten Augenkontakt zwischen einem Mann und einer Frau, aber *Die Straße* und *Berliner Straßenszene* (1913, Gordon 363) legen nahe, daß hier das Vorspiel einer solchen Begegnung dargestellt wird. Auf dem Bild *Die Straße* scheint die Frau auf der linken Seite zu versuchen, die Aufmerksamkeit des Schaufensterbummlers durch ihre Reflexion im Fenster auf sich zu lenken. In mehreren anderen Fällen scheint sich Kirchner besonders für die Mittel des Verbergens zu interessieren, die von den Strichmädchen benutzt werden. Die Bilder *Potsdamer Platz* und *Zwei Frauen auf der Straße* (Abb. 2) zeigen sie in Witwenschleiern; eine Radierung von 1914 trägt den Titel *Kriegswitwen auf der Straße*. Nach Kriegsbeginn, so berichtet Donald Gordon, begannen einige Prostituierte damit, solche Schleier zu tragen, um sich identifizierbar zu machen;[72] sie stellte eine neue, sicherlich opportunistische Möglichkeit dar, die nichtsdestoweniger eine besonders delikate Zweideutigkeit aufwies. Sie waren bestimmt ein außergewöhnlich wirksames Mittel der Täuschung gegenüber der Sittenpolizei, da die irrtümliche Verhaftung einer echten Kriegerwitwe ganz besonders peinlich sein mußte.

Die Ambiguität in Kirchners Straßenszenen - Ambiguitäten, die manche Kirchner-Interpreten zu falschen Annahmen über sein Werk geführt haben - nähern sich also stark den zeitgenössischen

---

[70] Die Bemerkung über die Friedrichstraße ist von Edmund Edel und wird zitiert von Dieter und Ruth Glatzer, Berliner Leben, 1900 - 1914: Eine historische Reportage aus Erinnerungen und Berichten, Berlin 1986, II, 359. Vgl. auch Grosz, p. 98; Ostwald, pp. 638, 644, und die polizeilichen Bestimmungen in Flexner, p. 416, wo der Potsdamer Platz und die Friedrichstraße in der Liste der Orte aufgezählt sind, an denen Prostitution untersagt war.

[71] Kirchner schildert solchen Episoden in seinen Drucken. Zum Beispiel zeigen in einer Serie von 12 Stiche von Straßenszenen aus dem Jahre 1914 mehrere Augenkontakt und Gespräche. Cf. Dube R 177 (Ansprachen auf der Straße), R 179 (Ansprachen II) und R 182 (Sich anbietende Kokotte). Vgl. auch einen Holzschnitt aus demselben Jahr, Dube H 238 (Am Schaufenster). Die Titel, zuerst von Gustav Schiefler veröffentlicht, können Kirchners eigene sein.

[72] Gordon 1968, p. 100.

Beschreibungen der Funktionsweise der Prostitution in der Hauptstadt, und in diesem Sinne scheinen die Bilder ein wichtiger Teil
von Kirchners Programm zu sein, dem modernen städtischen Leben
eine bildliche Form zu geben. Will Grohmann, der sich im
Gegenstand dieser Bilder nicht täuschte, betrachtete sie weder als
eine Feier noch als eine Kritik der Stadt: der Künstler stehe
außerhalb seines Themas, nur registrierend was er sehe und ihm
eine ästhetische Form gebend. Aber das erklärt nicht, warum dieses
Sujet so einen privilegierten Platz unter Kirchners Werken der
Berliner Zeit hat.

Überraschenderweise hat bisher niemand die Tatsache kommentiert,
daß Kirchner, der deutsche Künstler seiner Generation, der sich am
meisten der erotischen Thematik gewidmet hat, gerade dieses Sujet
nie in direkt erotischer Weise behandelte. In den klassischen
modernen Darstellungen von Prostituierten - Manets *Olympia* und
Nana, die groben Bordellszenen von Degas und Toulouse-Lautrec,
Picassos *Desmoiselles d'Avignon* - sind die Frauen entweder nackt
oder in provokanter Weise wenig bekleidet. Lovis Corinths *Nana*,
gemalt in dem Jahr, in dem Kirchner nach Berlin zog, stellt die
Prostituierte als Inkarnation destruktiver weiblicher Sexualität dar -
während gleichzeitig die erotischen Bedürfnisse der männlichen
Betrachter herausgefordert werden - ein Ansatz, der bekanntlich im
19. und frühen 20. Jahrhundert sehr verbreitet war. Außer Kirchner
produzierten nur Moralisten wie Hans Baluschek Darstellungen von
Prostituierten, die nicht provozierend sexuell waren. Aber anders als
Kirchners Darstellungen besitzen diese keine Ambiguität: sie
zentrieren auf den Moment der geschäftlichen Vereinbarungen und
tragen offenbar anekdotischen Charakter.

Kirchners untypische Behandlung dieses Themas wird besonders
bemerkenswert, wenn man die zentrale Stelle des nackten Körpers
in seiner Kunst in Betracht zieht. In der "Chronik der Brücke"
nannte er den Akt "die Grundlage aller bildenden Kunst", und
dieses Motiv durchzieht seinen Werke in allen Medien und Perioden.
Dabei wird der Akt nicht allein mit einem gleichsam anatomischen
Interesse behandelt, sondern in "freier Natürlichkeit".[73] Nackte
Frauen und Männer werden in Lebenssituationen dargestellt - im
sexuellen Spiel im Atelier oder badend an einem entlegenen Strand
wie z.B. im *Ins Meer Schreitende* (1912, Staatsgalerie Stuttgart,
Gordon 262); sie evozieren eine Welt sexueller Freiheit, die den
bürgerlichen Moralvorstellungen der Zeit konträr entgegenstehen. Die

---

[73] "Chronik der Brücke" in Berlin 1979, p. 65

Arbeiten dieser Jahre ist besonders reich an explizit sexuellen
Bildern, und viele Kompositionen scheinen aus einer amoralischen
Faszination mit dem polymorphen Blühen sexueller Instinkte
entstanden zu sein. Kirchners Bilder der jungen Dresdner Modelle
Fränzi und Marzella stellen erwachende pubertäre Sexualität dar;
eine Serie von Lithographien von 1914 hat ein Paar in verschiedenen koitalen Stellungen zum Thema (Dube L 185-190); 1915
stellte er einen weiteren Zyklus von Drucken her über die Verschie-
denheiten von sexueller Perversion (Dube L 267 - 274). Doch mit
Ausnahme einiger weniger wichtigen Werke hat Kirchner in seinen
Darstellungen von Prostituierten sich darauf beschränkt, sie vollstän-
dig angezogen im hektischen Tempo der Großstadt zu malen.

Manche Kritiker haben Kirchners Trennung der Prostitution von dem
ausgesprochen erotischen Charakter der Motive als Beweis seiner
angeblich negativen Haltung ihr gegenüber gedeutet. Für Dube z.B.
scheinen beide Themenkreise, der Akt in der Landschaft und das
Straßenbild "einander zu bedingen als entgegengesetzte Möglichkeiten
des Seins und des Verhaltens." Während die nackten Liebespaare im
Freien das von Kirchner ersehnte Ideal der "Einheit im Natürlichen"
verkörpern, wecken "die Menschen in der Grosstadt dagegen ... in
ihm überwiegend die Empfindung des gestörten, allein auf erotische
Momente fixierten Verhältnisses der Geschlechter zueinander."[74] Doch
diese moralisierende Haltung ist schwer vereinbar mit dem Verhältnis
zum Erotischen, das aus anderen Werken Kirchners deutlich wird.
In ihnen tritt die Sexualität als Naturphänomen jenseits des
moralischen Urteils, als Ausdruck einer ursprünglichen Lebenskraft,
zutage. Und gerade in dieser Auffassung des Erotischen liegt
vielmehr der Schlüssel zum Stellenwert der Straßenszenen unter
Kirchners Darstellungen von Berlin.

Kirchner kam aus der Provinz; geboren und aufgewachsen in
Chemnitz, zog er im Alter von 31 Jahren von Dresden nach Berlin.
Er war noch ein Neuankömmling als er die Straßenszenen malte,
und während er sicherlich keine puritanischen Einstellungen hatte,
so schien er doch die provinzielle Fixierung geteilt zu haben, die
Berlin mit sexuellen Vergnügungen jeglicher Art identifizierte, die
der Stadt in den Provinzen den Ruf einbrachte, "der lüderlichste Ort
in ganz Deutschland"[75] zu sein. Ein vor kurzem erschienener Artikel
von Hanne Bergius bestätigt diese Einschätzung. Sie schreibt
darüber, wie der Ruf der Stadt als "Hure Babylon" einen wesent-

---

[74] Dube, in Berlin 1989, p. 12

[75] So charakterisiert Robert Hessen Berlin in der Sicht der Provinzler 1910,
Die Prostitution in Deutschland, p. 107

lichen Teil ihrer Attraktivität für die Maler und Schriftsteller der Generation Kirchners bildete:

> Denn dieser von der Provinz geschürte Mythos bedeutete für viele von ihnen, sich aus der Enge der provinziellen Moralität zu befreien und sich der Magie der städtischen 'femme fatale' zu verschreiben, anstatt ewig am Busen der Provinzmutter Natur dahinzudämmern. Sexuelle Wünsche und erstes Erlebnis der Metropole werden miteinander verwoben. Denn nicht eine christlich moralisierende Wertung gegenüber der Hure Babylon setzte sich bei den avantgardistischen Künstlern und Literaten zunächst durch, sondern eher ein dionysisches Bekenntnis zur sinnlich-realen Welt ...[76]

Diese Einstellung scheint wesentlich besser zu dem allgemein dionysischen Ton der Kirchnerschen Stadtschilderung zu passen, frei von jeder Spur des Moralisierens, so wie es sich in seine Faszination gegenüber allen Manifestationen der Sexualität fügt. Die Prostituierte, den Künstler der Jahrhundertwende gleichzeitig bedrohend und faszinierend, der sie als subversive Kraft gegenüber der bürgerlichen Sozialordnung behandelte, mag Kirchner genau aus diesem Grunde angezogen haben. Robert Hessen im Jahre 1910 schrieb, daß "nirgendwo die Prostitution so viele Züge mit der freien Liebe gemeinsam hat wie in Berlin."[77] Wenn diese Interpretation richtig ist, würde Kirchner die Prostituierten nicht, wie so viele Maler jener Zeit, als "lockende Sirenen und Vampire der Straße"[78] angesehen haben noch hätte er in ihnen, wie es Simmel tat, Opfer einer degradierenden, entmenschlichenden finanziellen Transaktion gesehen, der sie zu sexuellen Annehmlichkeiten reduzierte. Was ihn vielmehr an diesem Gegenstand anzog, war nicht, daß Sex wie Hüte, Pelze oder Juwelen verkauft wurde - was in jedem Fall auch nicht der Fall war, denn dann hätte es auch keine polizeiliche Aufsicht geben müssen -, sondern daß, durch diskrete Blicke und Codeworte und Gesten, die bürgerliche Stadt - diese Welt der Arbeit, der Industrie und des Handels, der bevölkerten Gehsteige, der Omnibusse und Automobile - so erotisiert wurde. Die Prostituierten, die die Straßen dieser sauberen, ordentlichen, fleißigen Metropole entlangwandelten, schufen daher eine Art erotische Epiphanie, eine nicht

---

[76] Bergius, ibid., p. 111

[77] Hessen (vgl. Anm. 71), p. 111

[78] Der Ausdruck ist entlehnt der Arbeit von Bram Dijkstra, Idols of Perversity: Fantasies of Fiminine Evil in Fin-de-Siècle Culture, New York 1986, p. 357

unterdrückbare, triumphale Manifestation eines ursprünglichen Triebes in der künstlichen, durch das Über-Ich geschaffenen Welt. Kirchners Straßenszenen würden dann nicht als Antithese zu seinen erotischen baltischen Idyllen stehen, sondern als Verherrlichung der gleichen ursprünglichen Energien innerhalb der modernen Metropole.

Sicherlich war die Art und Weise, wie Kirchner in jenen Jahren Berlin darstellte, selektiv. Und ebenso sicher war Kirchner nicht ernsthaft daran interessiert, der Chronist des städtischen Lebens in all seinen Varianten zu werden. Man muß sich nur die Photographien von Heinrich Zille aus ungefähr denselben Jahren - eine wesentlich diversifizierte visuelle Chronik vom "neuzeitlichen Leben"- anschauen, um zu verstehen, wie eng doch Kirchners Wahl urbaner Motive war.[79] Er mied die fürchterliche Armut, die elenden Wohnverhältnisse, die Klassengegensätze; er ignorierte die Stadt als Ort der Arbeit. Jedoch haben Kirchners Straßenszenen eine soziale Dimension, die in den Darstellungen von moderner Prostitution in den Werken von Degas, Rops, Picasso und Beckmann fehlt. Seine Darstellungen sind einzigartig in der Verbindung von Prostitution mit der Großstadt unter Vermeidung jeglicher Betonung erotischer Elemente. In dieser Weise dokumentieren diese Darstellungen diesen besonderen sozio-historischen Zeitpunkt: die fast epidemische Verbreitung der Prostitution einhergehend mit der Industrialisierung - ein Prozeß für den Berlin das extremste Beispiel war.[80]

Kirchners Absicht war es hingegen nicht, die soziale Realität zu dokumentieren, sondern die ästhetische. Berlin war für ihn vor allem eine Domäne intensiver sinnlicher Erfahrung, ein Stimulanz ästhetischer Ekstase. Er stellte Berlin als Ort erregender Vergnügen dar. Die 'neue Schönheit', die er in dieser "Hauptstadt der modernen Häßlichkeit" fand, ist weder durch eine plötzliche Veränderung der Physiognomie Berlins noch einfach durch einen Geschmackswandel zu erklären. Für Kirchner war Schönheit nicht Eigenschaft der Formen - seien sie menschliche, seien sie technische oder architektonische - sondern der Bewegung. Aus der Bewegung, erklärte er, "kommt mir das gesteigerte Lebensgefühl, das der Ursprung des

---

[79] Winfried Ranke, Heinrich Zille: Photographien, Berlin 1890 - 1910, München 1975. Zilles Photographien waren jedoch nicht veröffentlicht oder nur bekannt zu der Zeit, als er sie machte. Sie wurden erst nach seinem Tode gefunden.

[80] Vgl. Richard Evans, "Prostitution, State, and Society in Imperial Germany", Past and Present, 70 (1976), p. 106-107.

künstlerischen Werkes ist."[81] In der Dynamik dieser als "künstlich" verworfenen Großstadt Berlin, empfand Kirchner eine Manifestation der Naturkräfte, einen vitalistischen Überfluß. Ob die Stadtlandschaft willkürlich oder harmonisch, ob die Bauten häßlich oder schön, ob die Berliner elegant oder vulgär seien, das war dann für diese Ästhetik irrelevant.

---

[81] Zitiert nach Berlin 1979, p. 97

Bildlegenden

Abb. 1. Ernst Ludwig Kirchner. *Zirkusreiter,* 1914. Öl auf Leinwand, 200 x 150. The Saint Louis Art Museum, Nachlaß Morton D. May.
© by Dr. Wolfgang und Ingeborg Henze, Campione d'Italia.

Abb. 2. Ernst Ludwig Kirchner. *Zwei Frauen auf der Straße,* 1914. Öl auf Leinwand, 120,5 x 91. Kunstsammlung Nordrhein-Westfalen, Düsseldorf.
© by Dr. Wolfgang und Ingeborg Henze, Campione d'Italia.

Abb. 3. Ernst Ludwig Kirchner, *Die Straße,* 1913. Öl auf Leinwand, 120,6 x 91,1. Sammlung The Museum of Modern Art, New York, Erwerbung.
© by Dr. Wolfgang und Ingeborg Henze, Campione d'Italia.

STADTRAUM - TEXTRAUM

Die Stadt als Megaphon bei Alfred Döblin

von Harald Jähner

Wenn man den Berg noch vor sich hat, sieht man ihn mit anderen Augen, als wenn man von seinem Gipfel wieder herabgestiegen ist. Ebenso ist es mit den Großstädten. Sie haben als soziale Lebensform den Gipfel ihrer Entwicklung längst hinter sich. Heute, da die Entwicklung der Städte zurückgeht und Urbanität eine vom Aussterben bedrohte Eigenschaft ist, neigen wir dazu, wie alle überwundenen Gefährnisse und Probleme auch die städtische Entwicklung im nachhinein harmonischer, undramatischer zu sehen, als sie in Wirklichkeit war. In den Zwanziger Jahren war der Blick der Deutschen auf ihre sich stürmlich entwickelnde Hauptstadt geprägt von der Ungewißheit, wohin ihre Entwicklung führen würde. Jedermann war sich sicher, daß die Stadt den Menschen gründlich verändern würde, ob zu seinem Segen oder zu seiner Verdammnis, darüber stritten sich die Geister in erbitterter Feindschaft. Heute ist es schwer vorstellbar, daß sich, wie vor allem in den späten Zwanziger Jahren, die Debatten zwischen rechts und links über weite Strecken in den Termini von Großstadtfeindschaft bzw. -bejahung, Heimatliebe und bewußtem, aggressiven Provinzialismus abspielten. Die Stadt löste stürmische Hoffnungen und panische Ängste aus; über beides aber liest der ernüchterte Blick von heute, dem die Stadt kein Orakelspruch mehr ist, schnell hinweg. Nehmen wir beispielsweise einen Satz Döblins, den er 1930 für einen Vortrag über sein Verhältnis zur Stadt notierte. "Mein Denken und Arbeiten geistiger Art gehört, ob ausgesprochen oder nicht ausgesprochen, zu Berlin. Von hier hat es empfangen und empfängt es dauernd seine entscheidenden Einflüsse und seine Richtung, in diesem großen nüchternen Berlin bin ich aufgewachsen, dies ist der Mutterboden, dieses Steinmeer der Mutterboden all meiner Gedanken"[1]. Bedeutet das nur, daß die Stadt ein lebendiger Ort sei, der einen laufend mit einer Menge Anregungen versorge, so wie man heute etwa das Leben in der Stadt begründen würde? Dann wäre der Begriff "Mutterboden all meiner Gedanken" freilich eine arg überzogene Metapher.

Einer Umfrage der Vossischen Zeitung zum Thema "Hemmt oder beeinträchtigt Berlin das künstlerische Schaffen?", antwortet Döblin 1929: "Das Ganze hat mächtig inspiratorisch belebende Kraft, diese

---

[1] Alfred Döblin, maschinenschriftlicher Text ohne Titel in: Alfred Döblin 1878 - 1957: Katalog zur Ausstellung im Literaturarchiv Marbach, München 1978, p. 214

Erregung der Straßen, Läden, Wagen ist die Hitze, in die ich mich
schlagen lassen muß, wenn ich arbeite, daß heißt eigentlich immer.
Das ist das Benzin, mit dem mein Wagen läuft"[2].

Beim Wort genommen, besagt die Metapher vom Benzin, mit dem
der Wagen laufe, daß die Stadt an der Verfertigung der Gedanken
teilnehme, indem sie mit dem Bewußtsein eine energetische Einheit
bilde. Großstädter zu sein, ist für Döblin eine substantiell neue Art
des Mensch-Seins, die ihn bis tief in die Formen des Bewußtseins
hinein vom Provinzler unterscheidet.

Döblin ist Großstädter aus Überzeugung. "Tatsachenphantasie!",
fordert Döblin im "Berliner Programm" von 1913: "Ich bin nicht ich,
sondern die Straße, die Laternen, dies und das Ereignis, weiter
nichts. Das ist es, was ich den steinernen Stil nenne. (...) Depersonation! (...) Mut zur kinetischen Phantasie![3]"

Die rigide Euphorik macht wohl unmißverständlich klar, wie viel
das heutige nüchterne Verständnis der Stadt vom Bild Berlins in
den ersten Jahrzehnten dieses Jahrhunderts trennt. An die Stelle
der erregten Erwartung einer schier explosiven Stadtentwicklung trat
in den sechziger Jahren das nüchterne Verständnis der Stadt als
Verkehrsknotenpunkt, das durch die Fixierung auf den Autoverkehr
rasch zum weitreichenden Rückbau urbaner Qualitäten führte. Die
nehazu perfekte Regelung des Individualverkehrs war in eine
Monotonie umgeschlagen, die - Gegenextrem zum schlaflosen Berlin
- in Begriffen wie die der "Schlafstadt" Symbolkraft fand, als in
jüngster Zeit der Topos der Urbanität eine durchaus nostalgische
Renaissance feierte. Parallel zum Bemühen der Stadtväter, ihrem
Gemeinwesen durch Blockrandbebauung, Flohmärkte und Stadtfeste
etwas vom ehemaligen *roaring* wiederzugeben, stieg auch in den
Kulturwissenschaften wie in Literatur und Malerei die Beliebtheit des
Themas Stadt in allen Varianten. Doch hat beispielsweise die
Beschwörung der Metropole in der Malerei der Neuen Wilden trotz
allen oberflächlichen Ungestüms den nostalgischen Charakter der
Reminiszenz. Die rückblickende Wiederaufnahme von expressio-
nistischen Formen und Sujets vermittelt dabei nichts von der
existentiellen Verunsicherung, mit der die Großstädter der Zwanziger
Jahre sich umsahen. So war Berlin, die Großstadt, die nur wenigen
Jahrzehnten zu ihrer Größe von 4 Millionen Einwohnern heran-

---

[2] Alfred Döblin, "Berlin und seine Künstler", <u>Schriften zu Leben und Werk</u>,
Olten und Freiburg 1986, p. 38

[3] Alfred Döblin, "An Romanautoren und ihre Kritiker. Berliner Programm",
<u>Der Sturm</u>, Mai 1913, p. 17 f.

gewachsen war, für das soeben aus dem Kaiserreich erwachte Deutschland etwas unerhört Neues. Von den einen wurde sie gehaßt, weil für den Zerfall aller traditionellen Werte verantwortlich gemacht, von anderen als aufregende Verdichtung der menschlichen Tragikomödie zynisch gefeiert, von wieder anderen, so auch von Döblin, als Laboratorium der neuen demokratischen Republik verstanden, die aus den Deutschen zivile, demokratische, lebensfrohe, also schlichtweg neue Menschen machen sollte. Wie für Heinrich Mann war auch für Döblin Berlin eine "Menschenwerkstatt" für ein Deutschland, das die bürgerliche Demokratie um 200 Jahre verschlafen und jetzt auch in der Mentalität und Sozialpsyche nachzuholen hatte. Sicher war auch für sie die Stadt, die sich aus allen traditionellen Identitäten herausgesprengt hatte, ein Problem, aber nur diese Stadt schien ihnen Menschen hervorbringen zu können, die mit diesem Problem fertig würden.

Die Selbstdarstellung Berlins als "Menschenwerkstatt" schillerte in vielen Facetten, mal stilisiert als gigantische Maschinerie, mal als Heerlager von Arbeitstieren oder als psychodelisches Variété. Alle diese Stadtvisionen spielen in Döblins 1929 veröffentlichtem Roman "Berlin Alexanderplatz" ihre große Rolle. Um aber zu zeigen, daß und wie sehr die Veränderungen, die sich Döblin von der Stadt erwartete, nicht nur die Inhalte, sondern tiefergehend auch die Formen ihrer Erzeugung betrafen, beschränke ich mich im folgenden auf nur einen Aspekt: auf das Verhältnis der Formen, in der von einem Großstädter literarisch erzählt oder Nachricht gegeben werden kann. Die Stadt hat in Döblins Wahrnehmung die Stellung des einzelnen Menschen zu seiner Umgebung und zu seinem Bewußt- seinsapparat so tiefgreifend verändert, daß in klassischer Manier von ihren Bewohnern nicht mehr erzählt werden kann. Als aggressive Alternative erfindet er das Konstruktionsprinzip der Montage. Im Verhältnis von erzählter Geschichte und Montage als den beiden gegensätzlichen Konstruktionsprinzipien des Romans wird sich dabei auch jenes von Autor und Stadt als dem "Mutterboden all seiner Gedanken" verdeutlichen.

In *Berlin Alexanderplatz*, dem Roman, der 1927/28 geschrieben wurde und im gleichen Zeitraum handelt, unterzieht Döblin das Verhältnis zwischen dem Bewußtsein eines Einzelnen und der Stadt einer systematischen, literarischen Probe. Wie in einer Versuchsanordnung in einem Experimentierlabor läßt er zu Beginn des Romans seine Hauptfigur, einen ehemaligen Transportarbeiter namens Franz Biberkopf, der Stadt gegenüber Aufstellung nehmen. Biberkopf drückt sich an die rote Mauer eines Gefängnisses in Tegel, einem Vorort von Berlin. Er ist nach vier Jahren Haft soeben entlassen und vor die Tür gesetzt worden. Wie aus einem Mutterleib, an dessen Äußerem er sich noch zu wärmen sucht, ist er hinausgeworfen worden, um jetzt, genau zu Beginn des Romans in einem ganz wörtlichen Sinn die ersten Schritte ins Leben zu tun. Aber noch drückt er sich ängstlich an die Gefängnismauer, zögert, schiebt den Beginn der Geschichte hinaus. Ihm gegenüber liegt die Stadt, die auf ihn wartet, die den Raum seiner künftigen Geschichte abgeben soll.

Was passiert, wenn beide Elemente, der Einzelne und die Stadt, aufeinandertreffen? Gleichsam mit einem Knopfdruck startet Döblin das Experiment mit dem Imperativ "Los". Biberkopf löst sich von der roten Backsteinmauer des Gefängnisses und "betritt Berlin". "Er schüttelte sich, schluckte. Er trat sich auf den Fuß. Dann nahm er einen Anlauf und saß in der Elektrischen. Mitten unter den Leuten. Los. Das war zuerst, als wenn man beim Zahnarzt sitzt, der eine Wurzel mit der Zange gepackt hat und zieht, der Schmerz wächst, der Kopf will platzen. Er drehte den Kopf zurück nach der roten Mauer, aber die Elektrische sauste mit ihm auf den Schienen weg, dann stand nur noch sein Kopf in der Richtung des Gefängnisses. Der Wagen machte eine Biegung, Bäume, Häuser traten dazwischen. Lebhafte Straßen tauchten auf, die Seestraße, Leute stiegen ein und aus. In ihm schrie es entsetzt: Achtung, Achtung, es geht los. Seine Nasenspitze vereiste, über seine Backe schwirrte es. "Zwölf Uhr Mittagszeitung", "B.Z.", "Die neueste Illustrierte", "Die Funkstunde neu", "Noch jemand zugestiegen?" (...) Er stieg unbeachtet wieder aus dem Wagen, war unter Menschen. Was war denn? Haltung, ausgehungertes Schwein, kriegst meine Faust zu riechen. Gewimmel, welch Gewimmel. Wie sich das bewegte. (...) Draußen bewegte sich alles, aber - dahinter - war nichts! Es - lebte - nicht! (..) Er war aus dem Gefängnis entlassen und mußte hier hinein, noch tiefer hinein. (...) Ich geh auch rin, aber ich möchte nicht, mein Gott, ich kann nicht. (..) Die Wagen tobten und klingelten weiter, es rann Häuserfront neben Häuserfront ohne Aufhören hin. Und Dächer waren auf den Häusern, die schwebten auf den Häusern, seine Augen irrten nach oben: wenn die Dächer nur nicht abrutschten, aber die Dächer standen grade. Wo soll ick armer Deibel hin."[4]

Biberkopf flüchtet in einen düsteren stillen Hausflur. Die Stadt hat ihn "abgeschmissen" (p. 259), fühlt er. Die initiale Bewegung der Hauptfigur hinein in den Raum der Erzählung hat sich schon mit den ersten Schritten verkehrt in die universale Bewegung des Raumes selbst. Die Stadt saugt ihn ein, schleudert ihn durch die

---

[4] Alfred Döblin, Berlin Alexanderplatz, Olten und Freiburg 1961, p. 13-14. Die folgenden Seitenangaben im Text beziehen sich auf dieses Ausgabe.

Röhren ihres Verkehrs, prallt mit hunderterlei Eindrücken auf seine Sinne und wirft ihn in hohem Bogen ab in ein abgeschiedenes Residuum ähnlich dem weltfernen Platze an der roten Mauer gegenüber der Stadt. "Er hielt den Geländerpfosten fest" (p. 16) - dieser Satz entspricht exakt der Verkehrung der Bewegung, mit der Biberkopfs Geschichte beginnen sollte. Auch wenn die Dinge sich zunächst beruhigen, wird das Trauma der Verselbständigung der Objekte, verdichtet in der Vision der rutschenden Dächer, Biberkopf bis zum Ende des Romans nicht mehr verlassen. Die Verselbständigung der Welt wird bei jedem erlittenen Schicksalschlag aktualisiert und in einer Vielzahl von Variationen leitmotivisch aufgenommen. Immer ist es dabei die von den Menschen abgezogene und den Dingen zugeschlagene Subjektivität, die die Stadt zum Gegenspieler des Protagonisten macht.

Die narrative Geste, die Erzählung mit der Bewegung des Helden in die Welt hinein zu beginnen, ist so alt wie das Erzählen selbst. Die Durchquerung des Raumes ist eine Urszene der erzählten Geschichte: ein Großteil mittelalterlicher und antiker Epen beginnen den Bogen der Erzählung mit der Abfahrt des Helden. Indem Döblin die narrative Gebärde der Gegenüberstellung von Hauptfigur und Welt so nachdrücklich herausstreicht, stellt er im Verhältnis von Hauptfigur und Stadt auch die jahrhundertealten Traditionen des Erzählens selbst auf die Probe. Wie im höfischen Ritterepos der Held zur Aventure ausreitet, um sich im Kampfe zu bewähren, wird auch in den späteren Bildungsromanen die Subjektwerdung des Helden an die Durchquerung des Raumes gekoppelt, der dem Helden die Widerstände entgegensetzt, an denen er sich zum reifen Charakter bilden soll.

Dem Großstadtsujet aber sind die klassischen epischen Strukturen der Raumbewältigung mit ihren relativ klaren Subjekt- und Objekt-Relationen nicht mehr gewachsen. Gegen das Durchdringen des Raumes im klassischen Abenteuerroman setzt das Großstadtthema die Eigendynamik des Verkehrs, in die sich die Bewegung des Helden teilen muß. Es ist nicht länger die Objektwelt, die hier dem Menschen widerständig entgegensteht, sondern die Gesellschaft in ihrer Subjekt gewordenen Gestalt, die vom einzelnen Subjekt Einpassung in ihre dynamischen Strukturen fordert. Die Bewegung des Einzelnen muß sich mit den Strukturen des Verkehrs vermitteln und sich passiv den Transportmitteln überlassen. Gleich zu Beginn wird Franz Biberkopf klargemacht, wer hier der Stärkere ist: daß die pathetische Geste der Raumbeherrschung scheitert und er zum hilflosen Objekt einer universalen Bewegtheit wird, signalisiert, daß die Macht, Geschichte(n) zu machen, sich vom Einzelnen ins Ganze seiner Vergesellschaftung verlagert hat.

Biberkopf aber, der "lieber nichts mit die andern haben" (p. 67) will, gibt vorerst nicht auf. Kaum notdürftig wieder auf den Beinen, fordert er seinen anonymen Gegner zur nächsten Runde. Eigensinnig und hochmütig, wie ihm später der figürlich auftretende Tod als letzte Intanz erbarmungsloser Sozialisation vorhalten wird, hält er am Anspruch des souveränen Ichs fest und versucht eine Bresche durch das sinnverwirrende Berlin zu schlagen. "Was ist denn mit die?" reagiert er auf eine paar blitzende Schaufensterscheiben, die ihm Angst machen, "kannst sie ja kaputtschlagen" (p. 14).

Unter dem Leitstern seines Wahlspruch "Anständig bleiben und für sich bleiben", dem Programm souveräner Individualität im lumpenproletarischen Gewand, kämpft er den Weg seiner sich immer wieder im Tumult der großen Stadt verheddernden Geschichte frei. Über 50 Stellen gibt es im "Berlin Alexanderplatz", die sich mit dem Vorwärtskommen, mit Biberkopfs Gang beschäftigen, dem das Trauma der eruptiven Stadtvision im Wortsinn "in den Knochen steckt". "Niedertreten, Niederbrüllen" (p. 99) wird Biberkopfs Programm. Sein Gehen steigert sich vom panischen "Loskarriolen", zum Marschieren; am Ende wird der Gang durch die Materialschlacht von Arras im Ersten Weltkrieg halluziniert.

Selbst in den wenigen gelösten Momenten, in denen Biberkopf scheinbar angstfrei durch die Straßen Berlins bummelt, prüfen seine Schritte unversehens immer wieder, ob der Boden noch fest, ob Berlin ihn nicht abschütteln will, ob die Dächer nicht wieder, wie zu Beginn, auf ihn herabzurutschen drohen. Sie tun es stets von neuem. In jeder Runde bleibt die Stadt Sieger. Das Bild der rutschenden Dächer, steigert sich zu immer heftigeren Visionen einer verselbständigten Welt, die Biberkopf unter sich begräbt, ihn "festnagelt", ihn "umkippt", ihn "zerreißt".

Anders als der munter assoziierende und lustvolle passive Leopold Bloom aus James Joyce's Ulysses, durch dessen Monologe die Stadt in hunderterlei Facetten stets willkommen geheißen hindurchzieht, bleibt das Bewußtsein des sich ängstlich vor den äußeren Einflüssen abschirmenden Biberkopf inmitten des irrlichternden Spektakels der Stadt absolut leer. Wie Günther Anders bemerkt, bleibt Biberkopf dabei in einem "barbarischen Sinne nur Mensch"[5]. Seine Geschichte besteht in nichts anderem als dem stets bestrittenen Anspruch, sie möge weitergehen. Der Roman gibt deshalb das Prinzip der Erzählung immer wieder auf, verläßt Biberkopf als Fixpunkt und

---

[5] Günther Anders, "Der verwüstete Mensch", in: F. Benseler (Hrsg.), Festschrift für Georg Lukacs, Neuwied 1965, p. 420

entläßt den Text aus der Zentrierung um seine Hauptfigur. Mit dem "Mut zur Depersonation" verzweigt er sich in die Stadt, um gerade darin zu Biberkopf zurückzufinden.

Gleich nach der Exposition der Widerspruchsstrukturen beginnt Döblin den literarischen Aufriß der Stadt jenseits der erzählbaren Geschichte: Er druckt die grafischen Embleme der einzelnen Stadtverwaltungen ab. Mit der Aufzählung der Stationen einer Straßenbahnlinie, mit flüchtigen Beobachtungen über die Weite ganzer Plätze hinweg bis tief in die Drüsenfunktionen dieses oder jenes zufällig herausgesuchten Passanten hinein, mit der Auffächerung des Straßennetzes, des Verwaltungssystems eines großen Elektokonzerns, mit dem Weg des Schlachtviehs von der Weide bis zum Schlachthof, mit der Beschreibung des Verlaufs der Verkehrsströme wie aus der Höhe eines Aussichtsturms herab konstruiert Döblin das filigrane Gespinst der Stadt. Die Aufzählung von Straßennamen, Kreuzungen, Straßenbahnlinien konstruieren eine kartographische Textstruktur, die Döblin mittels der literarischen Montage weiter ausbaut.

Während die narrative Fabel die graphische Figur einer Linie bildet, indem sie das Material entlang der Bewegung ihres "Helden" aufreiht, legt die literarische Montage das Material in der Fläche aus. Linie und Fläche, der rote Faden der Erzählung und die flächigen Tableaus der Montage bilden antinomische Konstruktionsprinzipien des Romans. Wie Biberkopf seinen Weg durch Berlin macht, oft "wie ein Hund, der eine Fußspur verloren hat", zieht die Geschichte ihre Bahn durch die depersonalen Assoziationsgeflechte, die sie irritieren, ablenken, aufhalten.

Zeitungsausschnitte, Nachrichtentexte, Briefdokumente, Gerichtsakten, Schlagertexte, immer wieder Reklamesprüche, Ausrisse aus Groschenromanen, Bibelzitate, naturmagische und mythische Versatzstücke verschiedener Religionen, Gebrauchsanweisungen, Statistiken, Stilzitate sämtliche Couleur und fiktive Nebenepisoden verknüpft Döblin zu einem unausmeßbaren Textgeflecht, das sich wie eine Stadt aus Worten in der Weite des Textraums erstreckt. "Schichten, Häufen, Wälzen, Schieben" so beschreibt Döblin die Bauprinzipien des epischen Romans. Der Epiker seines Verständnisses erzählt nicht, sondern baut: moniert, stellt um, kombiniert, variiert. Anders als in der Linie der Erzählung, wo jede Erzählstation ihren festen Platz im Spannungsboden der Handlung hat, haben die Elemente im montierten Text paradigmatische Funktion, stehen also für eine virtuell unendliche Reihe von weiteren Elementen, die ihren Platz vertreten könnten. "Wenn ein Roman nicht wie ein Regenwurm in zehn Stücke geschnitten werden kann, und jeder Teil bewegt sich

selbst, dann taugt er nichts"[6], formuliert Döblin schon im "Berliner
Programm". Während die Erzählung nur solche Elemente ihren
Handlungsbogen integrieren kann, die vom Autor oder seiner Figur
reflektiert werden, steht das Material der Montage ohne Adressat
und ohne Absender im Textraum herum. Weil es ohne Rücksicht
auf einen personal bestimmbaren konkreten Sprachanlaß kombiniert
wird, kann es nur aus vorgefundenen Texten zitiert werden: eben
aus Wetterbericht, Liebesbriefen, Gerichtsakten etcetera. Damit dringt
eine Vielzahl gesellschaftlicher Diskurse, bruchstückhaft zwar, aber
unverwandelt in den Textraum ein und steht als anonymes,
objektives Material dem Subjekt und seiner Erzählung entgegen.

Als Fläche ausgebreitet, aus Zitaten gebaut ähnelt der Textraum
des "Berlin Alexanderplatz" einer Stadt. Wie der Passant seinen
Weg durch die Stadt bahnen muß, bahnt die Geschichte vom Franz
Biberkopf ihren Weg durch die Text-Montagen. Doch je mehr der
Roman voranschreitet, um so deutlicher wird, daß der Gegensatz
von Geschichte und Montage, von Linie und Fläche, nur vorder-
gründig einer von Ich und Stadt ist und in Wahrheit die Antinomien
des Textes quer durchs Subjekt verlaufen. So erlaubt es der
anonymisierte Textraum, jene flüchtigsten, prärationalen Eindrücke
und Sprachzustände zu fixieren, die aus der bewußtseinszentrierten
Fabel ausgeschlossen sind. Das montierte Textgewebe ahmt beispielsweise die undistanzierte, rohstoffhafte Wahrnehmungsarbeit nach, die
der Passant im Durcheilen des Stadtraums leistet, ohne es zu wissen.
Die disparaten Eindrücke verknüpfen sich zu einem fortwährend
rauschenden, anonymen Sprachfeld, zum urbanen Rumor, der den
herumstreunenden Biberkopf in krassem Gegensatz zu dessen
monadischer Verpanzerung unablässig anspricht und in einen ebenso
fahrigen wie vielschichtigen Text verwickelt.

"Das Kaufhaus Hahn ist ganz runter, sonst stecken alle Häuser voll
Geschäfte, sieht aber bloß aus, als ob es Geschäfte sind, tatsächlich
sind es lauter Rufe, Lockrufe, Gezwitscher, knick, knack, Zwitschern
ohne Wald"[7].

In die Klangskala des städtischen Rauschens mischt sich die innere
Stimmenwelt und geht mit dem anonymen Text unauflösliche
Synthesen ein. Über den naturalistischen Aufriß des urbanen
Stimmgewirrs hinweg schiebt sich ein phantastischer Sprachstrom, der
mit der offenkundigen Realität der Stadt wenig zu tun hat: "Ein

---

[6] Alfred Döblin, "Bemerkungen zum Roman", Die neue Rundschau 1 (1917),
pp. 410-411

[7] Alfred Döblin, Berlin Alexanderplatz, ibid., p. 399 f.

Verbrecher, seinerzeit gottverfluchter Mann (woher weißt du, mein Kind?) am Altar, Orestes, hat Klytämnestra totgeschlagen, kaum auszusprechen der Name, immerhin seine Mutter, (An welchem Altar meine Sie denn? Bei uns können Sie ne Kirche suchen, die nachts auf ist.) Ich sage, veränderte Zeiten. (...) Harfenlos, wie es im Liede heißt, der Erynnientanz, schlingen sich um das Opfer, Wahnsinnsverstörung, Sinnesbetörung, Vorbereitung für die Klapsmühle" (ibid. p. 103).

Auf der lückenhaften Topographie der realen Stadt entwirft Döblin eine surreale Karte - ein kollektives Gedächtnis, das virtuell die ganze Fläche der kulturellen, gesellschaftlichen und historischen Einflüsse umgreift, denen das Leben eines Einzelnen - bewußt oder unbewußt - unterliegt. Dieses Assoziationsfeld umgibt den Weg Biberkopfs durch die Stadt mit Worten und Bildern, von denen er wohl noch nie bewußt gehört und die gleichwohl sein Dasein und, wie vermittelt auch immer, sein Denken prägen. Dabei richtet sich der Fortlauf des Textes oft nicht zuerst nach Sinn und Bedeutung, sondern nach materialen Aspekten: Er wird von Klang- und Lautassoziationen gesteuert, von rhythmischen Aspekten, von Wortverdrehungen und -zerstückelungen, von Alliterationen und sinnlos-sinnigen Reimen. Die Sprache fließt in spielerischem Selbstbezug dahin, sie unterschlägt nicht ihre sinnliche Materialität, das, was Döblin das "A-Logische im Einzelwort"[8] nennt, und läßt die Signifikate, die Sphäre der Bedeutung, wie zufällig auf ihrem Strom treiben, der die Bedeutung oft nur als nachträglichen Effekt aus seinem Fließen heraus erzeugt.

Gleich einem Schnürboden hängt die Sprache, so eine Ernst Blochsche Charakterisierung des in diesem Punkt vergleichbaren Ulysses, in die Handlung hinein. Die Materialität des Sprachstroms ersetzt das Subjekt, das über etwas redet, das sich referierend von den Objekten absetzt und eine überschaubare Ordnung von Innen und Außen, von Subjekt und Objekt, von der Rede und ihrem Gegenstand schafft.

Wenn der Tod als großer Lehrmeister am Ende Biberkopfs Verpanzerung durchschlägt, hat dieser etwas nachzuvollziehen, was in der literarischen Praxis der Montage längst verwirklicht war: die Grenzen des auf das Cogito verpflichteten Subjekts nach innen und nach außen aufzuheben. Damit ist in der Logik des Romans das Trauma seines tumultuarischen Beginns aufgehoben. Dort stellte Döblin die Stadt als Subjekt dar, das dem menschlichen Subjekt

---

[8] Alfred Döblin, Aufsätze zur Literatur, Olten und Freiburg 1962, p. 35

drohend und übermächtig gegenübersteht. Die Montagen bewirken die Gegenbewegung, indem sie das menschliche Subjekt als Stadt konstruieren. Sie verräumlichen die Sprache, das Gedächtnis, die Psyche als eine Stadt aus Worten. Der surrealistische Aufriß der Stadt gehorcht dem Wunsch, im Fremden sich selbst zur Sprache zu bringen: nicht nur über etwas zu reden und kampfbereit den Objekten entgegenzustehen, sondern an den Rand seiner selbst zu treten, sich in Gestalt der weitgespannten literarischen Stadt anzuschauen und sprechen zu hören.

Im Gegenzug zur schwerfälligen Eindimensionalität des biberkopf-schen Denkens und seiner Leidensgeschichte erfährt sich das Subjekt in dem verwobenen Bewußtseinsapparat der als Textgewebe vergegenständlichten Sprache als ein unausmeßbar weiter, freilich auch fremdgebliebener und anonymer Raum. Dabei bleibt es ihm überlassen, von der extensiven Weite fasziniert oder von der wüsten Ausdehnung und Anarchie mancher Quartiere erschreckt zu sein. "Wer spricht?" läßt Döblin den verzweifelten Hiob fragen, dessen Klage eines der verschlungenen Leitmotive des "Berlin Alexander-platz" ist. "Mein Kopf, mein Gehirn. Jetzt werde ich auch noch verrückt gemacht, jetzt nehmen sie mir auch noch meine Gedanken". Und eine anonyme Stimme antwortet ihm: "Und wenn sie es tun, ist es schade?" (p. 154)

Die Anonymisierung des Textsubjekts erfaßt Hauptfigur, Leser - und Autor. "Man glaubt zu sprechen, und man wird gesprochen, man glaubt zu schreiben, und man wird geschrieben", notiert Döblin im "Bau des epischen Werkes"[9]. Dem Germanisten Petersen schreibt er in einem Brief über die Entstehung des "Berlin Alexanderplatz": "Es war rettungslos. Mir schwammen die Felle davon. Gegen meinen Plan entwickelte sich das Buch fort"[10].

Döblins Textmontagen ähneln im Prinzip der Écriture automatique der Surrealisten, die sich um jeden Preis in den Zustand unwillkür-licher Intuition versetzen wollten und sich idealtypisch im Bild des gedankenverloren den verüberströmenden Eindrücken ausgesetzten Stadtbummlers wiederfanden. Döblin hat die Homologie von Stadt und Unbewußtem zur Deckung gebracht. Teilweise selbst Resultate eines verselbständigten Sprachstromes tragen seine [Stadt-]Montagen dazu bei, diesen zu erhalten, zu regenerieren und neu zu erzeugen.

---

[9] Alfred Döblin, "Der Bau des epischen Werkes", Aufsätze zur Literatur, p. 131

[10] Alfred Döblin, Brief an Julius Petersen, Briefe, Olten und Freiburg 1970, p. 445

Die montierten Textgebilde sind unruhig, unbeständig, fortwährend aktiv. Döblin spricht von einem "Pochen der Konzeption"[11], von einem "dynamischen Netz", das, einmal ausgelegt, selbständig neues Material herbeiassoziieren läßt und einen surrealistischen Sprachfluß erzeugt, der dem Autor den Textgewebe rekonstruiert, auch für den Autor selbst zur inspirativen Instanz, zum "Mutterboden seiner Gedanken" wird. Er spricht den Text, wie Benjamin andeutet, gleich der Brandung eines Meeres, legt ihn als angespültes Strandgut aus. Der Autor aber entläßt sich aus dem Zwang nach bewußter Durchgestaltung und selbstgewisser Autorschaft, er lehnt sich zurück, "träumt, lauscht, sammelt"[12], rezipiert den Text, bevor er ihn schreibt. Das Textgewebe, das er gerippeweise und lückenhaft bereits ausgespannt hat, ist zum Megaphon[13] des psychischen Apparats geworden, zum Apparat der Inspiration.

Döblin entwirft mit der literarischen Konstruktion Berlins ein exzentrisches Menschenbild, das die Verselbständigung der gesellschaftlichen Systeme von der Sprache bis zum Verkehr lustvoll affirmiert. Er unterschlägt aber nicht die Gewalt, die damit dem auf Selbstbestimmung beharrenden Menschen angetan wird. Sein unkaschiert widersprüchlicher Roman endet mit einer offenen Frage: Züge von Demonstranten, unklar ob rechte oder linke, ziehen durch die Straßen an Biberkopf vorbei. Sie nehmen das Motiv der Bewegung, des Gehens und Marschierens, das im Roman die Widersprüche zwischen dem Subjekt und der verselbständigten Welt der Objekte auszudrücken hatte, auf der Ebene der Masse ins offene Ende mit.

---

[11] Alfred Döblin, "Der Bau des epischen Werkes", ibid., p. 122

[12] Walter Benjamin, "Krisis des Romans: Zu Döblin Berlin Alexanderplatz", Die Gesellschaft 7, (1930), pp. 522 - 566. Zitiert nach Matthias Prangel, Materialien zu Alfred Döblins Berlin Alexanderplatz, Frankfurt am Main 1975, p. 108

[13] Walter Benjamin, "Krisis" in Prangel, Materialien, ibid., p. 111

ZUR ERFORSCHUNG DES MODERNEN MENSCHEN

Die wissenschaftliche Figuration der Metropole in Musils "Der Mann ohne Eigenschaften"[1]

von Walter Moser

Im Anbeginn steht, wie es sich für eine Geschichtsschreibung gehört, der Naturzustand: Der Mensch schweift in Gruppen durch ein großes Land. Es ist "Hordenzeit"[2], und "der ursprüngliche Mensch ist ein schweifendes Tier"[3]:

> Wir haben für das erste Zeitalter damit zu rechnen, daß der Mensch in einer äußerst geringen Anzahl kleiner Scharen sich in den endlosen Weiten der Landschaft, deren Bild durchaus von den gewaltigen Massen großer Tierherden beherrscht wird, vollständig verliert.[4]

Das ist nicht von Rousseau, sondern von Spengler. Im Hinblick auf jenes Frühstadium der Menschheit stimmen ihre Geschichten in vielem überein.[5] Es geht bei beiden darum, den Übergang von einem *homme sauvage* zu einem *homme civilisé* narrativ glaubhaft zu machen.

Einig in der Darstellung der Anfänge, weichen sie dann aber in dem voneinander ab, was sie über ihre jeweilige Gegenwart zu berichten haben. Rousseau beklagt den Verlust des Naturzustandes in der Verdorbenheit der Gesellschaft und entwickelt utopische Pläne, die durch pädagogische Arbeit oder durch einen neuen Sozialvertrag zu verwirklichen wären. Spengler hingegen schreibt die

---

[1] Diese Arbeit entstand im Rahmen eines Forschungsprojekts, das vom Conseil de recherche en sciences humaines du Canada finanziert wurde.

[2] Robert Musil, Der Mann ohne Eigenschaften, Hamburg 1978, p. 9

[3] Oswald Spengler, Der Untergang des Abendlandes, 2 Bände, München 1923, Bd. 2, p. 39

[4] Oswald Spengler, ibid., Bd. 2, p. 39

[5] Bei Rousseau evoziert die Idee eines menschlichen Naturzustandes ein ähnliches stereotypes Bild: "Dans les premiers temps, les hommes épars sur la face de la terre ..." (Jean-Jacques Rousseau, Essai sur l'origine des langues, Paris 1817, p. 501); oder "l'homme sauvage vivant dispersé parmi les animaux ...", in: ders., Oeuvres complètes, 4 Bände, Paris 1964, Bd. 3, p. 136).

Geschichte eines Kulturzyklus zu Ende - bis zum "Untergang des Abendlandes".

In diesem endzeitlichen Stadium, wenn die abendländische Kultur bereits zur Zivilisation degradiert ist, entsteht die "große Stadt"[6], die "Weltstadt, die Stadt als Welt"[7]. Wie die Steppen und Wälder die Orte der Vor-Kultur waren, wird die Metropole zum Schauplatz der Spät-Kultur, wo sich Geschichte intensiviert und verdichtet: "Der Steinkoloß 'Weltstadt' steht am Ende des Lebenslaufes einer jeden großen Kultur."[8]

Damit Kultur entstehe, damit sich der Mensch zum *Homo culturalis* bilde, mußte er sich vom Nomadenleben emanzipieren. Und dann, am Ende seiner Bahn, im Verfallsstadium einer großen Kultur - der abendländischen beispielsweise - kommt er wieder dort an, wo er anfing: Er wird erneut zum Nomaden und geistert durch die Metropolenlandschaft:

> Der vom Lande seelisch gestaltete Kulturmensch wird von seiner eigenen Schöpfung, der Stadt, in Besitz genommen, besessen, zu ihrem Geschöpf, ihrem ausführenden Organ, endlich zu ihrem Opfer gemacht. Diese steinerne Masse ist die *absolute* Stadt.

> ... wenn ... die Masse der Mieter und Schlafgäste in diesem Häusermeer ein irrendes Dasein von Obdach zu Obdach führt, wie die Jäger und Hirten der Vorzeit, ist der intellektuelle Nomade völlig ausgebildet. Diese Stadt ist die Welt, ist *die* Welt. Sie hat *nur als Ganzes* die Bedeutung einer menschlichen Wohnung. Die Häuser sind nur die Atome, welche sie zusammensetzen.[9]

Am Ende einer Kultur verwandelt der Mensch sich zurück in ein ruhelos umherstreifendes Wesen, in einen urbanen, intellektuellen Nomaden. Auch die primitive Horde kehrt zurück, als die Masse von Mietern und Schlafgästen. Nur die Landschaft hat sich verändert: Diese gar nicht utopische Rückkehr zur Natur - von Spengler als Verfall gedacht - ereignet sich in der großen Stadt. Das Reden

---

[6] Oswald Spengler, ibid., p. 110

[7] Oswald Spengler, ibid., p. 111

[8] Oswald Spengler, ibid., p. 117

[9] Oswald Spengler, ibid., p. 117 f.

vom Dschungel der Großstadt, so abgedroschen, wie es mittlerweile tönt, findet darin eine geschichtsphilosophische Begründung.

Aber mehr noch: indem der Mensch sich zum Großstadtnomaden wandelt, überschreitet er die Grenze, die ihn vom Tier trennt. Er begibt sich darin nicht nur seiner anthropologischen Identität, er wird dabei auch aus der Geschichte ausgestoßen:

> ... der Mensch [ist] nicht nur vor dem Entstehen einer Kultur geschichtslos..., sondern [er wird] wieder geschichtslos..., sobald eine Zivilisation sich zu ihrer vollen und endgültigen Gestalt herausgebildet und damit die lebendige Entwicklung der Kultur beendet, die letzten Möglichkeiten eines sinnvollen Daseins erschöpft hat. Was wir in der... Zivilisation... vor uns sehen, ist wieder das zoologische Auf und Ab des primitiven Zeitalters, mag es sich auch in noch so durchgeistigte religiöse, philosophische und vor allem politische Formen hüllen.[10]

Als wissenschaftliches Objekt wechselt der Mensch damit die Disziplin: Er rutscht aus der Anthropologie in die Zoologie. Er verliert seinen Status als autonomes Subjekt der Historie und findet sich als Gegenstand der Naturgeschichte wieder. Nach Spengler ereignet sich dieser historisch entscheidende Übergang in der modernen, abendländischen Metropole, im Kontext einer Verfeinerung von Zivilisation, wie sie zuvor nie erreicht wurde. "Der geistige Nomade" der großen Stadt wird "der letzte Mensch"[11] - er reprimitiviert zum "Fellachen".[12] Aus Spenglers Überlagerung der modernen Großstadt mit der geschichtsphilosophischen Frage des Kulturzerfalls gehen zwei Motive hervor: zunächst die Reprimitivierung als ein Zurückschlagen von Kultur in Natur in der großen Stadt, und dann die Frage nach dem Subjektstatus des Menschen in der Stadt als Ganzem, im System der Stadt als komplexes und heterogenes Kollektivphänomen.

Wenn man die beiden Motive im literarischen Diskurs zurückverfolgt, stellt sich dabei heraus, daß das erste zu Spenglers Zeiten bereits eine Tradition darstellte, also fast einen topologischen Status

---

[10] Oswald Spengler, ibid., p. 58

[11] Oswald Spengler, ibid., p. 121

[12] Oswald Spengler, ibid., p. 126

erlangt hatte.[13] Das zweite fällt mit einer Erforschung, wenn nicht geradezu Erfindung des "modernen Menschen" zusammen, die sich als historisches Problem am Anfang unseres Jahrhunderts stellte. Es aktiviert Beziehungen zwischen Literatur und Wissenschaft im Sinne eines interdiskursiven Experimentierens. Im historischen Rahmen einer solchen Erforschung hat sich der Romanautor Robert Musil mit der Großstadt beschäftigt, auf den ich mich im folgenden konzentrieren werde.

Robert Musil hat das Spenglersche Motiv des wieder zum Tier gewordenen Nomaden der Großstadt intertextuell in das erste Kapitel von *Der Mann ohne Eigenschaften* hinein verarbeitet:

> Autos schossen aus schmalen, tiefen Straßen in die Seichtigkeit heller Plätze. Fußgängerdunkelheit bildete wollige Schnüre. Wo kräftigere Striche der Geschwindigkeit quer durch ihre lockere Eile fuhren, verdickten sie sich, rieselten nachher rascher und hatten nach wenigen Schwingungen wieder ihren gleichmäßigen Puls. Hunderte Töne waren zu einem drahtigen Geräusch ineinander verwunden, aus dem einzelne Spitzen vorstanden, längs dessen schneidige Kanten liefen und sich wieder ein-ebneten, von dem klare Töne absplitterten und verflogen. An diesem Geräusch, ohne daß sich seine Besonderheit beschreiben ließe, würde ein Mensch nach jahrelanger Abwesenheit mit geschlossenen Augen erkannt haben, daß er sich in der Reichshaupt- und Residenzstadt Wien befinde. Städte lassen sich an ihrem Gang erkennen wie Menschen. Die Augen öffnend, würde er das gleiche an der Art bemerken, wie die Bewegung in den Straßen schwingt, beiweitem früher als er es durch irgendeine bezeichnende Einzelheit herausfände. Und wenn er sich, das zu können, nur einbilden sollte, schadet es auch nichts. Die Überschätzung der Frage, wo man sich befinde, stammt aus der Hordenzeit, wo man sich die Futterplätze merken mußte.[14]

Es soll vorderhand dahingestellt bleiben, wie diese Anspielung auf Spengler in ihrem Kontext zu verstehen ist. Es sei nur vermerkt, daß der Leser an dieser Stelle bereits die subtil ironisierende

---

[13] Vgl. dazu etwa die Adaptation von Indianergeschichten im Großstadt-roman bei Sue, Dumas père und Balzac. Auf diese Verbindung verweist Walter Benjamin, "Charles Baudelaire. Ein Lyriker im Zeitalter des Hochkapitalismus", in Gesammelte Schriften, Frankfurt a. M. 1974, I, 2, p. 542 f.

[14] Robert Musil, ibid., p. 9 f.

Haltung der Erzählinstanz hat zur Kenntnis nehmen müssen.[15] Auch hier dürfte Ironie mit im Spiele sein. Eine Ironie, die die Wiederverwendung des Spenglerschen Motivs ambivalent gestaltet, und die es uns jedenfalls nicht erlaubt, auf eine problemlose Übernahme der These vom Rückfall des Kulturmenschen in ein Großstadtnomadentum durch Musil zu schließen. Diese intertextuelle Anspielung funktioniert eher als Schaltstelle zwischen dem ersten und dem zweiten der oben erwähnten Motive. Es ist nicht zu übersehen, daß die Erzählinstanz wertende Akzente setzt. Zuerst wird die Frage nach der Identität einer Metropole als *eine Überschätzung* dargestellt, die aus der Hordenzeit stammt; dadurch erscheint das Spenglersche Motiv unter einem negativen Vorzeichen. Dann wird auf *etwas Wichtigeres* übergeleitet:

> Es wäre wichtig, zu wissen, warum man sich bei einer roten Nase ganz ungenau damit begnügt, sie sei rot, und nie danach fragt, welches besondere Rot sie habe, obgleich sich das durch die Wellenlänge auf Mikromillimeter genau ausdrücken ließe; wogegen man bei etwas so viel Verwickelterem, wie es eine Stadt ist, in der man sich aufhält, immer durchaus wissen möchte, welche besondere Stadt das sei. Es lenkt von Wichtigerem ab.[16]

Diesem *Wichtigeren* möchten wir hier nachgehen. Es stellt sich dem Leser wie ein Rätsel dar, das ihm gleich zu Beginn des Romans aufgegeben wird und das es zu lösen gilt.[17] Die Suche des Lesers nach einer Lösung wird aber bei der ersten Formulierung des Rätsels bereits insofern orientiert, als sie mit dem Thema der wissenschaftlichen Genauigkeit gekoppelt ist. Dieses Wichtigere ist demnach gleich zu Beginn an das Thema der Wissenschaftlichkeit gebunden.

Zunächst aber ist noch eine Klärung der Beziehung von Musil zu Spengler notwendig, eine Klärung, die auf den Unterschied zwischen Geschichtsphilosophie und Romanschreiben abzielt. Musil hat sich aktiv mit Spenglers Ideen auseinandergesetzt. In einer Besprechung

---

[15] Im ersten Paragraphen des Romans wird die Frage, wie das Tatsächliche zu bezeichnen sei, das heißt das Problem der sprachlichen Referenz mit feiner Ironie behandelt.

[16] Robert Musil, ibid., p. 9 f.

[17] Man könnte hier mit Roland Barthes von einem "hermeneutischen Kode" sprechen, auf Grund dessen der Leseprozeß programmiert und orientiert wird (S/Z, Paris 1970, p. 25).

von *Der Untergang des Abendlandes* hat er sich 1921 deutlich von
den Thesen des Geschichtsphilosophen distanziert:

> Ich stelle daher fest, daß ich Spengler nicht abwäge, sondern
> daß ich ihn angreife. Ich greife ihn an, wo er typisch ist. Wo
> er oberflächlich ist. Wenn man Spengler angreift, greift man die
> Zeit an, der er entspringt und gefällt, denn seine Fehler sind
> ihre.[18]

Es geht Musil um mehr als nur um Spengler. Dieser wird für ihn
lediglich zu einer Figur, zum Symptom eines Zeitproblems. Musil
beschäftigt sich durchwegs mit den gleichen Zeitfragen wie Spengler.
Aber er möchte sich anders damit abgeben. Vor allem möchte er
die aus der Zeit hervorgehenden und beiden Autoren zur Verfügung
stehenden begrifflichen und sprachlichen Mittel anders verwenden.
Interessant für das hier entwickelte Argument ist besonders, daß
Musil also weniger Spenglers Gedankensystem als dessen diskursive
Verwirklichung kritisiert. Dazu ein Beispiel:

> Die Gegensätze Leben und Tod, Anschauen und Erkennen,
> Gestalt und Gesetz, Symbol und Formel wurden bereits erwähnt;
> ich füge hinzu die Paare Werden-Gewordenes, Bewegung-Ruhe,
> Eignes-Fremdes, Seele-Welt, Richtung-Raum, Zeit-metrische Zeit,
> Wille-Erkennen, Schicksal-Kausalität, organische Logik-Logik (...)
> Physiognomik-Systematik. (...) Man nehme die Prädikate "ist in
> gewissem Sinne", "wird in gewissem Sinne" und "hat in gewissem
> Sinne", vernachlässige unwesentliche Unterschiede der Ausdrucks-
> form, und kombiniere nun jeden der angeführten Begriffe mit
> allen andren, bejahe die Kombinationen aller an erster Stelle in
> ihrem Paar stehenden Begriffe und ebenso die aller an zweiter
> Stelle stehenden untereinander, verneine jede Kombination eines
> an erster Stelle stehenden mit einem an zweiter Stelle stehen-
> den Begriff: bei gewissenhafter Befolgung ergibt sich Spenglers
> Philosophie von selbst und sogar noch einiges mehr.[19]

Gewiß, dieses Küchenrezept für Spenglers Philosophie wirkt satirisch.
Das Karikaturale daran hat hingegen den Vorteil, daß es zwei
Aspekte ganz deutlich macht. Zum ersten kritisiert Musil nicht
Spenglers Ideenarsenal - er teilt es weitgehend mit ihm -, sondern
die Art und Weise von dessen diskursiver Handhabung. Zum zweiten

---

[18] Robert Musil, Gesammelte Werke, 8 Bände, Reinbek bei Hamburg 1978,
Bd. VIII, p. 1047-48. Der Titel der Besprechung lautet "Geist und Erfahrung.
Anmerkungen für Leser, welche dem Untergang des Abendlandes entronnen sind".

[19] Robert Musil, ibid., p. 1052-53

geht es Musil im besonderen um eine Diskurslogik: er möchte die begrifflichen Gegensatzpaare anders, d.h. nicht als binäre Oppositionen behandelt wissen. Nicht Trennung von traditionell als unvereinbar Gesetztem, nicht gegenseitiger Ausschluß von Gegensätzlichem interessiert ihn, sondern die Erforschung von "Kombinationen", die in der Spenglerschen Diskursordnung und damit in derjenigen seiner Zeit nicht vorgesehen, wenn nicht geradezu ausgeschlossen sind. Damit ist bereits ein grundsätzlicher Aspekt von Musils eigenem literarischen Schreiben identifiziert. Vor allem aber berühren wir hier einen der Gründe, die zur Erklärung beitragen, warum Musil nach seiner Ausbildung als Ingenieur seine Haupttätigkeit in die Literatur verlegt hat. Im Sinne seiner Spengler-Kritik gibt ihm die Literatur zur Behandlung der gleichen Zeitfragen Möglichkeiten, die dem Geschichtsphilosophen verwehrt geblieben sind. Sein Projekt, auf der Ebene der Diskurspraxis betrachtet, ist ein grundsätzlich anderes.

Kommen wir nun zurück zu jenem *Wichtigeren*, das Musil im ersten Romankapitel auf rätselhafte Weise angesprochen hat. Um was handelt es sich? Die Antwort auf diese Frage ist bis zu einem gewissen Grade Interpretationssache. Ich habe an anderem Ort[20] eine Antwort vorgeschlagen und erlaube mir hier, diese in ihren Grundzügen ein Stück weit zu resümieren.

Im wesentlichen geht es dabei um die doppelte Problematik der Subjekt- und Objektkonstitution in gesellschaftlicher und diskursiver Praxis. Die eine Seite des Problems - wie anvisierte Objekte mit Hilfe von Sprache erfaßt, beschrieben, erkannt und manipuliert oder überhaupt erst konstituiert werden können - ist im Rahmen dieses Aufsatzes nicht zu behandeln. Auch ist in bezug auf das Thema Großstadt die Frage nach dem Subjekt zentraler. Die entsprechende Frage steckt implizit schon im Romantitel: Denn die Einzelfigur, von der diese Geschichte handelt, ist ein Mann ohne Eigenschaften. Kann ein Mann ohne Eigenschaften als handelndes Subjekt eines Romangeschehens fungieren? Und über die Literatur hinaus: Wenn der Mensch die Eigenschaften verliert, die ihn in der Rolle eines Individualsubjekts als souveräner Begründer und Ausführender von Handlungen eingesetzt haben, wie soll dann die Subjektkonstitution neu gedacht und verwirklicht werden? Wie sollen Handlungsabläufe, Geschehnisse verstanden und dargestellt werden? Schon in diesen allgemeinen Fragen wird deutlich, daß es Musil im Gegensatz zu Spengler nicht um ein Herausfallen des Menschen aus der Historie,

---

[20] Walter Moser, "Zwischen Literatur und Wissenschaft. Zu Robert Musils Essayismus", in Jacques Le Rider und Gérard Raulet (Hrsg.), <u>Die Verabschiedung der (Post)Moderne</u>, Tübingen 1987, pp. 167-196.

aus der Rolle des historischen Subjekts geht, sondern um eine krisenhafte Umgestaltung dieser Rolle.

Interessant - und für unser Argument hier entscheidend - ist Musils spezifisch literarische Behandlungsweise dieser Problematik. Genauer noch handelt es sich um eine ganz besondere Verwendung des literarisch-narrativen Formenarsenals zur Behandlung eines weit über die Literatur hinausgreifenden Fragenkomplexes. Zwei solcher Behandlungsweisen sind schematisch zu unterscheiden, eine problematisierende und eine essayistisch-utopische.

Der diskursive Gestus des Problematisierens tritt bereits zu Beginn des Romans massiv auf und erlangt schon im ersten Kapitel den Status eines formalen Leitmotivs. Er beruht im wesentlichen auf einer Doppelbewegung von Aussagen: eine Behauptung wird aufgestellt und zugleich - oder kurz darauf - wieder zurückgenommen oder aufgehoben. Dadurch wird der Inhalt dieser Behauptung zum Problem. Schon der Titel enthält diese Doppelbewegung. Es wird vorgeschlagen, einem Einzelsubjekt ("Der Mann") die Funktion des Helden oder des Protagonisten in einer Handlung einzuräumen, zugleich aber werden diesem Einzelsubjekt zwei Charakteristika abgesprochen, die es überhaupt erst befähigen, eine solche Funktion zu übernehmen, nämlich eine Identität[21] und demzufolge Eigenschaften.

Die erste Kapitelüberschrift wiederholt diese Doppelgeste, obwohl mit anderen Elementen, die die Logik des traditionellen Handlungsablaufs problematisieren: "Woraus bemerkenswerterweise nichts hervorgeht". "Woraus nichts hervorgeht" kündigt das Nichtbefolgen der traditionellen Erzählregel an, nach der im logisch-chronologischen Ablauf (*post hoc ergo propter hoc*) der Anfang einer Geschichte handlungsbegründende oder handlungsauslösende Elemente enthalten muß. Wenn nun dieses Nichtbefolgen aber als "bemerkenswert" eingestuft wird, dann muß man wohl annehmen, daß daraus etwas hervorgehen kann - und wäre es nur eine Absage an jene narrative Logik.

Nehmen wir noch zwei Beispiele - noch immer aus dem ersten Romankapitel -, die uns wieder zur Frage des Subjekts als Großstadtmenschen zurückführen.

---

[21] Die fehlende Identität wird im Titel durch das Wegbleiben jedes Namens ausgedrückt und dann im Roman für Ulrich, den Mann ohne Eigenschaften, durch das Fehlen seines Familiennamens bestätigt.

Nach einer ersten Großstadtbeschreibung wird die Behauptung aufgestellt, daß an ihrem Geräusch "ein Mensch nach jahrelanger Abwesenheit mit geschlossenen Augen erkannt haben [würde], daß er sich in der Reichshaupt- und Residenzstadt Wien befinde"[22]. Nur wenige Zeilen später fragt der Erzähler sich selbst und seine Leser "warum man (...) bei etwas so Verwickeltem, wie es eine Stadt ist, in der man sich aufhält, immer durchaus genau wissen möchte, welche besondere Stadt das sei"[23]. Die Identifikation der Stadt wird also kurz aufeinander bejaht und in Frage gestellt. Es entsteht eine Unentschiedenheit in bezug auf die Wichtigkeit des Namens der Stadt.

Schließlich wird auch die Frage nach der Identität der Stadtbewohner in die gleiche Sackgasse der Unentscheidbarkeit geführt. Zwei Menschen gehen eine breite, belebte Straße hinauf:

> Angenommen, sie würden Arnheim und Ermelinda Tuzzi heißen, was aber nicht stimmt, denn Frau Tuzzi befand sich im August in Begleitung ihres Gatten in Konstantinopel, so steht man vor dem Rätsel, wer sie seien.[24]

Das "Rätsel" wird in diesem Falle mit erzähltechnischen Mitteln produziert, die den erfahrenen Romanleser an Sterne oder an Diderot erinnern. Es bezieht sich auf die Identität möglicher Handlungssubjekte. Eine Frage ("wer sie seien") wird hier ganz explizit formuliert, es werden aber zwei widersprüchliche Antworten vorgeschlagen, so daß wiederum nichts entschieden wird. Ganz im Gegensatz etwa zum realistischen Roman, wo die Handlungsträger von Anfang an in ihrer Identität festgelegt werden. Das gleiche Spiel (Aufwerfen der Frage nach dem Handlungssubjekt und Verhindern jeder individuellen Subjektkonstitution) wird im ersten Kapitel dann noch mit anderen Mitteln fortgeführt.

Trotz der Verschiedenheit der angewandten Mittel in all diesen Beispielen ergibt sich ein systematisches Verfahren, das darauf hinausläuft, Unbestimmtheit zu erzeugen. Diese Doppelgeste des narrativen Aussagens hat zur Folge, daß über die fiktional gesetzte Welt hinaus die narrativen Mittel und Regeln, auf Grund derer diese Welt dargestellt werden soll, zum eigentlichen Gegenstand der Narration werden. Durch dieses systematische Offenhalten von

---

[22] Robert Musil, Der Mann ohne Eigenschaften, ibid., p. 9

[23] Robert Musil, ibid., p. 9 f.

[24] Robert Musil, ibid., p. 10

alternativen Möglichkeiten des Erzählens wird dem Leser eine Frage übertragen, die schließlich das diskursive Geschehen, seine Elemente (z.B. die Subjektkonstitution) und seine Gesetzmäßigkeiten selbst betrifft. Diskursive Fragen und Probleme werden aufgrund dieses narrativen Indeterminismus[25] gewissermaßen sichtbar gemacht und in ihrer Reproduktion problematisiert.[26] Es ist dies eine Leistung des literarischen Diskurses, die dem geschichtsphilosophischen Autor nicht oder kaum zugänglich ist.

Die essayistisch-utopische ausgerichtete Bearbeitung der Subjekt-problematik bei Musil soll im weiteren Verlauf der Untersuchung noch zur Rede kommen. Wichtig ist zuvor noch die Feststellung, daß diese für ihn typische Arbeit am und im vorgegebenen Diskurs-material, mit den hier skizzierten Verfahrensweisen, am figuralen Ort der Großstadt durchgeführt wird. Die Metropole wird zur Figur der Problematisierung von diskursiver Subjektkonstitution.

Diese Figur hat Musil weder als literarisches Motiv erfunden, noch als außerliterarische Referenz entdeckt. Vielmehr hatte sie bereits den Status eines literarischen Topos. Interessant ist also nicht der Topos selbst, sondern dessen Wiederaufnahme und Neubearbeitung. Dabei interessiert uns hier vorwiegend Musils Verwendung von wissenschaftlichem Diskursmaterial bei der Gestaltung des Großstadt-topos. Schematisch sind drei verschiedene Register der Figürlichkeit zu unterscheiden: erstens die Stadt als mechanisches System, zweitens die Stadt als ein Bau sozialer Insekten und drittens die Stadt als thermodynamisches System.

Zu 1): Die Stadt als große Maschine - mehr oder weniger wissen-schaftlich, technisch oder phantastisch realisiert - ist eine der traditionellsten Verwirklichungenen des Großstadttopos. Musil reproduziert sie kaum, außer in einem satirischen Bravourstück, in dem er "eine Art überamerikanische Stadt" beschreibt, "wo alles mit der Stoppuhr in der Hand eilt oder stillsteht"[27]. Es handelt sich um ein parodistisches Zitat einer figürlichen Verwendung der Großstadt,

---

[25] Eine semiotische Untersuchung dieses Indeterminismus wurde von Wladimir Krysinski durchgeführt: "Musil vs Scarron ou l'indétermination du romanesque", in: Le Journal Canadien de Recherche Sémiotique, VIII: 1-2, 1980, pp. 81 - 96

[26] Sichtbarmachen erinnert an die Desautomatisierungsprozesse, für die sich die russischen Formalisten interessierten.

[27] Robert Musil, ibid., p. 31

von der er sich kritisch distanziert und die ihn offenbar nicht weiter interessiert.

Zu 2): Die Stadt als Ameisenbau ist in Musils Roman ein häufiges Bild, das aber selten über die bloße Erwähnung hinaus durchgearbeitet ist. Dabei handelt es sich nicht einfach um ein fast zum Cliché gewordenes literarisches Bild. Wie aus Musils Tagebüchern hervorgeht, hat er sich über die neuesten Entwicklungen in der Entomologie, und vor allem in der Erforschung der sozialen Insekten auf dem laufenden gehalten. Seine Verwendung der Analogie zwischen Großstadtmenschen und sozialen Insekten hat meistens eine kritische Dimension. Er fragt nach der Richtigkeit dieser Analogie: Sind die Bewohner der Metropole wirklich wie soziale Insekten zu entindividualisierten Funktionen in einem deterministisch ablaufenden Kollektivprozeß geworden? Diese kritische Verwendung steht im Gegensatz etwa zu einer historisch späteren Entwicklung, die diese Analogie systematisch weiterbildet und ihr unter dem Namen Soziobiologie den Status einer wissenschaftlichen Disziplin zu verleihen versucht. Während Musil das Ameisenhafte an der menschlichen Gesellschaft durch das biologische Bild befragt und kritisiert, will die Soziobiologie dem Verhalten der sozialen Insekten ein Erklärungsmodell für menschliches Verhalten abgewinnen, um dieses dann auf die humangesellschaftliche Wirklichkeit zu übertragen.

Zu 3):   Die Stadt als thermodynamisches System. Dies ist bei weitem die wichtigste und wahrscheinlich die originellste Bearbeitung des Großstadttopos bei Musil. Es geht dabei darum, die Stadtwirklichkeit als ein heterogenes Kollektivphänomen darzustellen, das aus einer fast unendlich großen Zahl von Kleinstpartikeln besteht, in dem allerdings die Bahnen der einzelnen Partikel nicht mehr bestimmbar sind. Die Erkenntnis, das Verständnis solcher Systeme, sowie die Voraussehbarkeit ihres Verhaltens, ist daher nicht mehr deterministisch vom Einzelpartikel her, sondern nur noch statistisch-probabilistisch von der großen Zahl her möglich. Dieses figürliche Register enthält ein beträchtliches Problematisierungspotential im Hinblick auf die menschliche Subjektproblematik. Dieses Potential soll hier beschrieben und kritisch untersucht werden.

In dieser spezifischen Behandlung des Großstadttopos aktiviert Musil, was ich die essayistisch-utopische Bearbeitung der Subjektproblematik genannt habe. Er verwendet den wissenschaftlichen Interdiskurs nicht, um affirmative Aussagen über die außerliterarische gesellschaftliche Wirklichkeit zu machen: "Seht, so ist der moderne Mensch, eingetaucht und aufgelöst im Unpersönlichen". Er verwendet diesen spezifischen wissenschaftlichen Interdiskurs vielmehr, um den

Subjektstatus des modernen Menschen als offene Frage aufzuwerfen: "Wenn man die Großstadtwirklichkeit einem thermodynamischen System gleichsetzt, welche Folgen ergeben sich daraus für das menschliche Subjekt?" Diese hypothetische Übertragung einer Diskurslogik vom Physikalischen aufs Menschliche ist also gewissermassen eine Versuchsanordnung für ein diskursives Experiment, das darauf abzielt, ein naturwissenschaftlich-mathematisches Erkenntnismodell auf die menschliche Wirklichkeit anzuwenden.[28] Die Großstadt ist der bevorzugte figürliche Rahmen für solche Versuche. Diese werden aber in einem Laboratorium durchgeführt, in dem nicht wirkliche Erfahrung, sondern Diskursmaterialien verarbeitet werden, mit deren Hilfe über diese Erfahrung berichtet wird. Es geht in letzter Instanz wohl um eine geschichtliche Problematik - welche Subjektkonstitution ist überhaupt möglich, nachdem der "liberale Mensch" zu Grabe getragen wurde?[29] - aber behandelt wird sie im literarischen Text von Musil als eine Frage der Sprachverwendung.

Die Großstadt als brodelnder Kessel, das heißt als thermodynamisches System, wird, wie andere wichtige Elemente des Romans, schon im ersten Kapitel eingeführt:

> Wie alle großen Städte bestand sie aus Unregelmäßigkeit, Wechsel, Vorgleiten, Nichtschritthalten, Zusammenstoßen von Dingen und Angelegenheiten, bodenlosen Punkten der Stille dazwischen, aus Bahnen und Ungebahntem, aus einem großen rhythmischen Schlag und der ewigen Verstimmung und Verschiebung aller Rhythmen gegeneinander, und glich im ganzen einer kochenden Blase, die in einem Gefäß ruht, das aus dem dauerhaften Stoff von Häusern, Gesetzen, Verordnungen und geschichtlichen Überlieferungen besteht.[30]

Michel Serres hat in seiner Arbeit *Le passage du Nord-Ouest*[31] den thermodynamischen Interdiskurs hervorgehoben, der im Schlußteil dieser Passage sich einschaltet und gewissermaßen summierend - "im ganzen" heißt es im Text - diesen Text durchzieht. Durch die metaphorische Verwendung dieses Interdiskurses erscheint die Stadt

---

[28] Ähnlich ging Goethe in den Wahlverwandtschaften vor.

[29] Musil hat das Ende des liberalen Menschen mehrmals thematisch behandelt; vgl. zum Beispiel die Tagebücher, Reinbek bei Hamburg 1976, Bd. I, p. 823

[30] Robert Musil, Der Mann ohne Eigenschaften, ibid., p. 10

[31] Michel Serres, Hermès, Bd. V, Paris 1980

wie ein gigantischer Heizkessel. Es stellt sich somit die Frage, wie ein solches Kollektivphänomen zu erklären und zu erkennen sei. Und vor allem, um wieder auf die Subjektproblematik zurückzukommen, welcher Status den Einzelpartikeln in dieser "kochenden Blase" zukomme.

Michel Serres stellt zwei verschiedene Stadtbeschreibungen einander gegenüber - die eine von Balzac[32], die andere von Musil - und läßt sie zwei verschiedenen Erkenntnismodellen innerhalb der Thermodynamik entsprechen:

> Chez Balzac, la capitale est une machine à vapeur, décrite dans son fonctionnement global, comme de l'extérieur, dans sa technologie. C'était l'époque Carnot. Comment faire marcher la machine, comment améliorer ses performances, comment comprendre les cycles qu'elle suit? Chez Musil, Vienne-chaudière est décrite localement, non plus dans sa construction ni dans sa dynamique générale, mais dans les événements compliqués, turbulants et nombreux qui se passent au sein de ses flancs, à l'intérieur du récipient. C'est l'époque de Boltzmann et de Gibbs. (...) Balzac comme Carnot, est hors de la chaudière, et donc sa machine est, de nouveau, déterministe. Musil, comme Boltzmann, et à la suite de Turner, entre dans la chaudière, et donc sa machine est aléatoire. Ici ou là se forment de l'ordre et du rythme, et de ce pouls normal quelque chose s'ensuit. Un liquide en ébullition a des rythmes et des périodes. Comme des tourbillons quasi ordonnés, les éléments de la chaudière dansent au hasard.[33]

Balzac und Musil, Paris 1839 und Wien 1913: zwei verschiedene Städte wie Heizkessel, zwei ganz verschiedene thermodynamische Modelle, gebunden an die Namen Carnot und Boltzmann. Als Wissenschaftshistoriker erinnert uns Michel Serres daran, daß schon auf der physikalischen Seite dieser Metapher, also schon im *terminus comparationis*, eine Entwicklung stattgefunden hat. Die Erkenntnisstrategie hat sich geändert. Die statistisch-probabilistische Strategie verzichtet auf die Bestimmbarkeit der Einzelpartikel, gesteht auf ihrer Ebene das Mitspielen von Zufall, von aleatorischem Verhalten ein und verschiebt die Möglichkeit ihrer Erkenntnis auf die Ebene der großen Zahl. Es ist das Rechnen mit den großen, statistisch bedeutenden Zahlen, die nach der Aufgabe der Bestimm-

---

[32] Es handelt sich dabei um <u>Beatrix oder Die erzwungene Liebe</u> von 1839.

[33] Michel Serres, ibid., p. 54 f.

barkeit der Partikel, das Verhalten des gesamten Systems erkennbar und voraussehbar macht.

Diesem neuen Erkenntnismodell für kollektive Systeme verweigern sich zunächst auch die Naturwissenschaften. Einsteins berühmtes "Gott spielt nicht mit Würfeln" gehört hierher. Die Einführung der Wahrscheinlichkeit und selbst des Zufalls in die natürlichen Systeme hat schließlich weitreichende erkenntnistheoretische Konsequenzen. Dabei konzentriert sich die Argumentation zur Rettung des Determinismus in der physikalischen Welt auf den Unterschied zwischen Bestimmt-Sein und Bestimmbar-Sein: "Wenn der menschliche Beobachter nicht fähig ist, das komplexe Bestimmt-Sein der Partikel und deren Interaktionen zu erkennen, soll daraus nicht der Schluß gezogen werden, daß sie ontologisch nicht bestimmt seien". Eine solche Argumentation hat zur Folge, daß die Frage der Beobachterposition in den Vordergrund rückt. Je nach dem Ort des Beobachters - außerhalb oder innerhalb des Systems - wird der im Objekt postulierte Determinismus erkennbar oder nicht. Belegt wird dies etwa durch einen Kommentar Richard Gätschenbergers in seinem Buch über die Sematologie - so nennt er seine allgemeine Theorie der Semiologie -, das 1932 veröffentlicht wurde:

> Determiniert bedeutet keineswegs vorausbestimmt, sondern bestimmt durch Vorhandensein und Fehlen von (äußeren und inneren) Antrieben und Widerständen. Ein anschauliches Beispiel ist ein Gang durch eine große Menge mehr oder weniger angenehmer Menschen, etwa in einem Ausstellungspark. Treffen sich hier zwei alte Freunde nach langer Trennung, so ist das Wiedersehen ein durch Schübe, Stöße, Lockerungen, Unschlüssigkeit, geschlossene Gruppen und freie Stellen determinierter Zufall. Ein unbeteiligter Beobachter auf einem Turm könnte die Ereigniskette vom Eintreffen beider Freunde an zuerst schlecht, dann immer besser durchschauen, aber erst viel später das Zusammentreffen mit steigender Wahrscheinlichkeit voraussagen. Der Weg jedes Menschen in der Menge ist determiniert, sie bestimmen ihre Wege gegenseitig.[34]

---

[34] Richard Gätschenberger, _Zeichen, die Fundamente des Wissens_, Stuttgart 1977, p. 158. Die "große bewegte Menge mehr oder weniger angenehmer Menschen" - hier als Beispielssituation verwendet - bringt neben dem Großstadttopos noch einen weiteren diskursiven Traditionsstrang mit ins Spiel: das Reden über Volk, Menge, Masse, Pöbel im politischen Diskurs und die Frage nach dem Subjektstatus solcher Kollektivinstanzen. Aus politisch rechts stehenden Diskurspositionen heraus wird dieses Element deutlich negativ bewertet, was bei Gätschenberger leicht durchschimmert. Bei Musil überlagern sich die Traditionen des literarischen Großstadttopos und des Diskurses über politische Kollektivsubjekte.

Gätschenbergers Anliegen wird hier ganz unmißverständlich vorge-
bracht: er plädiert für den Determinismus der physischen Partikel
und möchte dieses Prinzip retten, auch wenn er dazu das Oxymoron
des "determinierten Zufalls" hinzuziehen muß. Besonders interessant
an seiner Beweisführung ist das "anschauliche Beispiel", auf das er
sich abstützt. Als Analogon für ein physikalisches System wählt er
"eine große bewegte Menge ... Menschen". Er überträgt das
Verständnis eines menschlichen Systems auf ein physikalisches, wie
Musil das physikalische System als ein Analogon für ein menschliches Kollektivphänomen setzt. Mit einer symmetrisch umgekehrten
Bewegung wird bei beiden Physikalisches und Menschliches analog
behandelt. Gätschenbergers Beispiel könnte fast Musils erstem
Romankapitel entnommen sein. Er wählt zwei unbekannte Individuen,
zwei Freunde, und setzt sie in eine große Menschenmenge, bei
Musil sind es ein Herr und eine Dame in der Großstadt. Bei
beiden handelt es sich um Personen, die für Kategorien stehen und
keine Identität und also keinen individuellen Subjektstatus erhalten:
zwei Freunde, jeder Mensch, ein Beobachter bei Gätschenberger; ein
Reisender, ein Mann, eine Dame, ein Unfallopfer, ein Lenker bei
Musil. All diesen Personen gelingt es nicht, die Individualität und
Subjektivität zu erwerben, die es bräuchte, um eine Handlung in
Gang zu setzen und weiterzuführen. Im Romantext ist es, als ob der
Autor dies heimtückischerweise, aber nichtsdestoweniger systematisch,
verhindert.

Das einzige Element, das bei Musil fehlt, oder aufgegeben wurde
- Michel Serres hat es bemerkt - ist der Beobachter, der außerhalb,
ja sogar über der Menschenmenge ist, von einem imaginären Turm
aus alles andere überblickend. Dank seines überlegenen Außerhalb-
-Stehens ist er in der Lage, nicht nur "die Situation [zu] durch-
schauen", sondern auch das Verhalten des ganzen Systems voraus-
zusagen. Die Bestimmbarkeit hängt also vom Ort des Beobachters
ab. Der äußere Beobachter ist die historisch ältere Figur, die ihrem
Objekt entgegensteht, es durchschaut und beherrscht. Der innere
Beobachter, den wir bei Musil häufiger treffen, ist ins Kollektivphänomen eingetaucht, sein eigener Status als individuelles Subjekt
ist in Gefahr, aufgelöst zu werden. Sein Erkennen ist erlebend, er
nimmt das System nie ganzheitlich und immer nur als ein alea-
torisches Geschehen wahr.

Im ganzen ersten Romankapitel herrscht diese Wahrnehmung der
Großstadt vor, obwohl die Erzählinstanz sich Bewegungen erlaubt,
die der Technik des *Zooming* im Film gleichkommen. Der Leser
nimmt die Großstadt nur als Kollektivphänomen wahr, und wo ihm
Einzelpersonen begegnen, werden sie nie genügend individualisiert
und identifiziert - wie das etwa in der realistischen Romantradition

der Fall ist -, um sich als Subjekt und Träger der Romanhandlung anzubieten. So ist denn der Leser eher erleichtert, im zweiten Kapitel des Romans endlich dessen Helden anzutreffen. Er findet ihn in der Pose eines Beobachters und wissenschaftlichen Experimentators, in einer Pose, die derjenigen des Beobachters auf dem Turm bei Gätschenberger sehr ähnelt:

> Er stand hinter einem der Fenster, sah durch den zartgrünen Filter der Gartenluft auf die bräunliche Straße und zählte mit der Uhr seit zehn Minuten die Autos, die Wagen, die Trambahnen und die von der Entfernung ausgewaschenen Gesichter der Fußgänger, die das Netz des Blickes mit quirlender Eile füllten; er schätzte die Geschwindigkeiten, die Winkel, die lebendigen Kräfte vorüberbewegter Massen...[35]

Die Menschenmassen und die Bewegung in der Straße sind noch immer da, aber sie werden jetzt gezählt, gemessen, erkannt von einem sich außerhalb dieser Bewegung befindenden Beobachter. Zwischen ihn und sein Objekt hat sich ein Fenster geschoben, liegt der Garten. Dieses erste Erscheinen des Romanhelden liest sich wie eine Rückkehr zu einer älteren wissenschaftlichen Praxis und Erfassung des Kollektivsystems, wie sie Gätschenberger behaupten wollte. Wenn der Leser, der gerade der im ersten Kapitel massiv angewandten Problematisierungstechnik entronnen ist, sich jetzt auf einen etwas geruhsameren und vielleicht traditionelleren Verlauf der Geschichte gefasst macht, wird er aber in seiner Erwartung wiederum enttäuscht. Die wissenschaftliche Beobachterpose wird nämlich von Ulrich, dem Mann ohne Eigenschaften, gleich wieder zurückgenommen. Und dies ohne jede Begründung: "...er steckte ... lachend die Uhr in die Tasche und stellte fest, daß er Unsinn getrieben habe" (ibid.). Mit einer Geste der Willkür unterbricht Ulrich seine Tätigkeit, wie um anzuzeigen, daß er einen gewissen Typus wissenschaftlicher Betätigung nicht mehr ernst nimmt.

Er widmet sich daraufhin einer anderen Art von Experiment. Es handelt sich um eine Form intellektuellen Spielens, um ein Gedankenexperiment[36], das ihm erlaubt, einen anderen Typus von Kalkül auszuführen. Dieses Kalkül ist rein hypothetisch und operiert nur mit

---

[35] Robert Musil, ibid., p. 12

[36] Die Beziehungen zwischen wissenschaftlichem Experiment, Gedankenexperiment und Fiktion habe ich in einem anderen Aufsatz untersucht. Vgl. Walter Moser, "Experiment and Fiction", in Frederick Amrine (Hrsg.), Literature and Science as Modes of Expression, Dordrecht/Boston/London 1989, pp. 61-80.

imaginären Größen, er nimmt aber weiterhin als referentiellen Bezugspunkt den "Fluß der Straße" in der Großstadt:

> Könnte man die Sprünge der Aufmerksamkeit messen, die Leistungen der Augenmuskeln, die ein Mensch vollbringen muß, um sich im Fluß einer Straße aufrecht zu erhalten, es käme vermutlich - so hatte er gedacht und spielend das Unmögliche zu berechnen versucht - eine Größe heraus, mit der verglichen die Kraft, die Atlas braucht, um die Welt zu stemmen, gering ist, und man könnte ermessen, welche ungeheure Leistung heute schon ein Mensch vollbringt, der gar nichts tut.

> Und der Mann ohne Eigenschaften war augenblicklich ein solcher Mensch.

> Und einer der tut? (...)

> Die Muskelleistung eines Bürgers, der ruhig einen Tag lang seines Weges geht, ist bedeutend größer als die eines Athleten, der einmal am Tag ein ungeheures Gewicht stemmt; das ist physiologisch nachgewiesen worden, und also setzen wohl auch die kleinen Alltagsleistungen in ihrer gesellschaftlichen Summe und durch ihre Eignung für diese Summierung viel mehr Energie in die Welt als die heroischen Taten; ja die heroische Leistung erscheint geradezu winzig, wie ein Sandkorn, das mit ungeheurer Illusion auf einen Berg gelegt wird.[37]

Der Inhalt dieses spekulativen und paradoxal anmutenden Gedankenexperimentes nimmt die im ersten Kapitel als Problem eingeführte Frage des Subjekts im menschlichen Kollektivphänomen wieder auf. Sie erhält aber hier dadurch einen anderen narrativen Status, daß sie zum gedanklichen Objekt des Romanhelden wird. Dies wird von Musil insofern verdeutlicht, als er Ulrich willkürlich aus einer praktischen Tätigkeit aussteigen läßt, die ihn noch direkt im materiellen Kontakt mit beobachteten und gemessen Gegenständen zeigte. Dieser anscheinend unbegründete Abbruch seines Versuchs markiert den Übergang zu einer anderen Tätigkeit, von spekulativ--hypothetischer Art, die auf anderer Ebene liegt. Denn jetzt geht es um die viel allgemeinere Frage, wie denn überhaupt menschliches Tun gedacht, erfasst, dargestellt und dann vielleicht auch vorausberechnet werden kann. Es handelt sich also gewissermaßen um die Grundlagen für das Verständnis jedes praktischen Tuns. Diskursanalytisch formuliert stellt hier Ulrich Überlegungen an, die

---

[37] Robert Musil, ibid., p. 12 f.

grundsätzliche Alternativen auf der Ebene der Diskursformationen betreffen.

In der Tat gibt Ulrich seinem Gedankenexperiment die Form einer Alternative. Er stellt zwei Modelle einander gegenüber: Musil nennt das eine "die Geniemoral"[38] und das andere "das Gesetz der großen Zahl". Die Geniemoral wäre das historisch ältere Modell. Es entspricht dem "liberalen Menschen", dessen Krise in Musils literarischem Schreiben erforscht wird. Das Gesetz der großen Zahl entspricht der Hypothese, daß der "neue Mensch" der kollektivistische Mensch sei.

Im diesem zweiten Romankapitel wird die Frage aber nicht politisch-ideologisch formuliert, sondern dargestellt als eine Art spielerischer Gedankenrechnung, die vom Mann ohne Eigenschaften ausgeführt wird. Was hat mehr Gewicht: die außergewöhnliche Leistung eines individualisierten Einzelsubjekts - als Beispiel wird die mythische Figur Atlas angeführt - oder die "kleinen Alltagsleistungen in ihrer gesellschaftlichen Summe", die heroische Tat oder die Summierung anonymer Infinitesimalanstrengungen, die nicht mehr als ein Handeln oder als eine Tat einem einzelnen Subjekt angerechnet werden können? Es ist vielmehr ein Geschehen, dessen Erfassung auf der Ebene der statistisch großen Zahl unendlich kleiner Einzelpartikel liegt. Dabei fällt nun das menschliche Tun auf eine ganz andere Art aus dem Bereich des Menschlichen hinaus, als dies bei Spengler der Fall war, wo es sich um eine Reprimitivierung handelte. Hier geht es vielmehr um eine Auflösung einer Subjektkonstitution, die den Einzelmenschen als autonomes und einheitliches Subjekt ins Zentrum sozialer und geschichtlicher Prozesse gestellt hatte. An ihrer Stelle wird eine mathematische Berechnung infrahumaner Leistungen vorgeschlagen. "Dieser Gedanke gefiel ihm." sagt der Text zum Abschluß des Gedankenexperimentes. Paradoxalerweise scheint Ulrich - er fungiert hier selbst als das souveräne Subjekt eines großangelegten Denkversuchs - der zweiten Vorstellung anzuhängen und damit das Zu-Grabe-Tragen des liberalen Menschen und der Geniemoral zu besiegeln. Die Alternative scheint somit zugunsten eines neuen Erfassens menschlichen Tuns entschieden zu sein, in der der Einzelmensch im Anonymat der großen Zahl untergeht.

Dabei bleibt es aber nicht bestehen, was der erfahrene Leser nach dem ersten Kapitel bereits voraussehen kann. Auch diese Entscheidung wird nämlich wieder mindestens teilweise zurückgenommen.

---

[38] Vgl. Robert Musil, Tagebücher, ibid., Bd. I, p. 1021

Die Frage des Verstehens menschlichen Tuns wird nicht entschieden, sondern wiederum dem Leser als ein unentschiedenes Problem aufgegeben. Und zwar auf subtile Weise. Zuerst fühlt sich die Erzählinstanz bemüßigt, etwas hinzuzufügen:

> Vielleicht ist es gerade der Spießbürger, der den Beginn eines ungeheuren neuen, kollektiven, ameisenhaften Heldentums vorausahnt.[39]

Was sich scheinbar nur noch auf mathematisch-physiologischer Ebene abspielte, wird jetzt in seinen Folgen wieder ins Soziale umgesetzt. Dadurch, daß Ulrichs Überlegung zur Zukunftsvision des Spießbürgers abgestempelt wird, erscheint ihr Inhalt als negativ bewertet und Ulrichs Entscheidung dadurch von der Erzählinstanz ironisiert. Wie um nachzudoppeln wird dann aber dieses neue Verständnismodell noch einmal problematisiert; diesmal werden Ulrich selbst die ethischen Konsequenzen dieses Modells in den Mund gelegt:

> "Man kann tun, was man will;" sagte sich der Mann ohne Eigenschaften achselzuckend, "es kommt in diesem Gefilz von Kräften nicht im geringsten darauf an!"[40]

Auf die Ebene des Einzelnen - hier sprachlich mit dem unbestimmt-unpersönlichen Pronomen "man" dargestellt - übertragen geht aus diesem neuen Modell die Bedeutungslosigkeit jeglichen Tuns hervor. Ulrichs Versuch mündet in eine Ethik des *anything goes*.

Somit sind wir wieder genau so weit wie am Ende des ersten Kapitels. Der Romanheld hat uns nicht aus der Unbestimmtheit herausgeholfen. Wohl hat er den historischen Ort der Krise als eine Alternative pointierter artikuliert, aber das perspektivistische Spiel mit den Formelementen des Romans hat die Subjektfrage wiederum zu einem Problem ohne Lösung werden lassen. Die Konfiguration "liberaler Mensch" wird durch das Einführen wissenschaftlicher Diskurselemente in den Großstadttopos unmöglich gemacht, aber die daraus hervorgehende Vision eines "kollektivistischen Menschen" erscheint gesellschaftlich als ebenso problematisch. Die hier behandelten Stellen aus dem zweiten Romankapitel haben deutlich gemacht, wie in der Verwendung des wissenschaftlichen Interdiskurses das reine Problematisieren mit einem zweiten Sprachspiel kombiniert wird, dem versuchsweisen Ausprobieren neuer Möglichkeiten.

---

[39] Robert Musil, Der Mann ohne Eigenschaften, ibid., Bd. I, p. 13

[40] Ibid.

Die Behandlung des Großstadttopos wird von Musil im Roman noch weitergeführt. Nehmen wir als letztes Beispiel das Kapitel "Wandel unter Menschen" im unvollendeten zweiten Band von *Der Mann ohne Eigenschaften*[41]. Hier sehen wir Ulrich wie er seinen Beobachterposten hinter dem Fenster verläßt, mit seiner Schwester Agathe auf die Straße tritt und sich in die Massen der Großstadt mischt:

> ... im allgemeinen folgten sie, sobald sie das Haus verließen, einfach den Großstadtströmungen, die ein Bild der Bedürfnisse sind und mit gezeitenmäßiger Genauigkeit die Menschen je nach der Stunde an bestimmten Orten zusammenpressen oder von dort absaugten. Es vergnügte sie, an einer Lebenshaltung teilzunehmen, die sich von der ihren unterschied und ihnen die Verantwortung für diese zeitweise abnahm.[42]

Das gleiche Kollektivphänomen, aber aus neuer Perspektive! Diesmal ist Ulrich nicht mehr der unbeteiligte Beobachter auf dem Turm oder hinter dem Fenster. Er gibt das Privileg dieser Beobachterposition auf und übergibt sich selbst, mit seiner Schwester, dem Geschick der Großstadtmasse, die hier mit Gezeiten[43] verglichen werden. Als erste Folge überlassen somit die Einzelsubjekte die Verantwortung für ihre Lebenshaltung dem Kollektiv. Ulrich gibt aber deshalb seine Tätigkeit als Beobachter und Gedankenexperimentator keineswegs auf. Das Beobachten und Erkennen fallen jetzt mit dem Erleben des Beobachteten zusammen. Während er unter Menschen wandelt, stellt er Überlegungen über den Wandel unter Menschen an.

In der Tat entwickelt Ulrich wiederum interdiskursive Gedankenexperimente, die darin bestehen, daß er auf das Verhalten menschlicher Kollektive eine Begrifflichkeit, eine Logik überträgt, die der Mathematik und genauer noch der Wahrscheinlichkeitsrechnung entnommen ist und etwa im statistischen Kalkül thermodynamischer

---

[41] In meinem Aufsatz "Zwischen Wissenschaft und Literatur. Zu Robert Musils Essayismus", a.a.O., habe ich diese Kapitel ausführlicher untersucht (pp. 179-187).

[42] Ich zitiere hier aus der älteren Ausgabe, weil sie eine Variante des Kapitels "Wandel unter Menschen" abdruckt, die für meine Untersuchung ergiebiger ist als diejenige, die in die Gesammelten Werke (Bd. IV, pp. 1095-1104) aufgenommen wurde.

[43] Musil greift hier wieder zu einem Vergleich mit einem System, das global mit Genauigkeit vorausberechnet werden kann, dessen Einzelteile sich aber in ihrem Verhalten wissenschaftlicher Berechnung entziehen.

Systeme angewandt wird. Seine Ausbildung als Mathematiker kommt ihm dabei gelegen: "In diese Gedanken schob sich aber auch die Erinnerung und die Berechnung von Durchschnitten, wie sie die Zufallsrechnung versteht."[44] Aus dieser "Gegenüberstellung von Wahrscheinlichkeit und Geschichte"[45] ergibt sich ein Gespräch mit Agathe, "ein Gespräch (...) über Genie, Durchschnitt und Wahrscheinlichkeit" (ibid.).

Wie in früheren Kapiteln werden aber auch hier die Resultate des Experiments wieder zurückgenommen oder problematisiert. Zum Beispiel dadurch, daß das Experiment abrupt abgebrochen wird: "Dazu hatte Ulrich nun keine Lust"[46]. Oder indem dieses neue Verständnismodell wiederum in seine soziale oder moralische Dimension zurückübersetzt wird:

> Auf diese Art ist [die menschliche Geschichte] jedenfalls eine Geschichte des Durchschnitts oder, je nachdem man es nehmen mag, der Durchschnitt von Millionen Geschichten, und wenn sie denn auch ewig um das Mittelmäßige schwanken müßte, was könnte am Ende unsinniger sein, als einem Durchschnitt seine Durchschnittlichkeit zu verübeln!"[47]

Der *terminus technicus* "Durchschnitt" wird semantisch übergeführt in "das Mittelmäßige" und "Durchschnittlichkeit": Hier werden durch ein subtiles Spiel von Wortsubstitutionen bewertende Konnotationen in eine mathematische Begrifflichkeit hineingeschmuggelt, die damit im Prinzip nichts zu tun hat. Durch dieses Verhalten der Erzählinstanz werden wiederum negative Folgen des Gedankenexperiments auf der Ebene der sozialen Praxis aufgedeckt. Aber in diesem Kapitel erscheint noch ein anderer Typus der Ironie, mit dem der Inhalt der Aussagen Ulrichs ausgehend von der Kommunikationssituation problematisiert wird. Indem er sich den Strömungen der Masse überläßt, unterwirft sich auch sein Diskurs der Unbestimmtheit der Bewegung und wird schließlich erratisch - bis hin zum Abbruch dessen, was nicht mehr als "ein unternehmungslustiger Versuch" gewesen sein soll. Den Bewegungen der Großstadtströme gehorchend, verliert Ulrich als Subjekt seines eigenen diskursiven

---

[44] Robert Musil, ibid., p. 1098

[45] Robert Musil, ibid., p. 1100

[46] Robert Musil, ibid., p. 1101

[47] Robert Musil, ibid., p. 1098

Experiments die Herrschaft über den neuen Diskurs, den er unterhalten wollte.

Dieses Resultat kann auf zweierlei Weise gelesen werden - nämlich so: Das Resultat seines Experiments wird durch die Situation, der er einen Ausdruck zu geben sucht, diskreditiert, ja sogar aufgehoben. Oder im Gegenteil dazu: der erratische Ansatz seines Diskurses ist bereits die praktische Konsequenz seines Experiments - also gewissermaßen dessen simultane Anwendung. In beiden Fällen holt die praktische Erfahrung des Wandelns unter Menschen das interdiskursive Experimentieren über den Wandel des menschlichen Kollektivgeschicks wieder ein, was die spekulative oder gar visionäre Haltung des Experimentators prekär werden läßt. Denn er verliert die Souvernität seines Ichs wie seine Position als autonomes Subjekt von Diskursen und findet sich künftig aufgelöst im kollektiven Erleben - aufgelöst in die Bestimmung eines Partikels in einer aleatorischen Flugbahn.

Welche der beiden Lesarten ist zutreffend? - Wieder einmal entsteht Unentschiedenheit. Der Leser wird aus diesem Roman keine eindeutige Lösung der Krise des Subjekts entnehmen können. Er entnimmt ihm nur die Unruhe, den Aufruf zur Erforschung von immer neuen Möglichkeiten. Eine Rückkehr zum Liberalen wird als mögliches Resultat ausgeschlossen. Die Ausarbeitung einer neuen Subjektkonfiguration wird zu seiner Aufgabe, und als deren Apologie ließe sich das essayistische Experiment des Musilschen Roman lesen. Selbst wenn das narrative Spiel des Romans unablässig auf eine offene Problematik, auf eine grundsätzliche Unbestimmtheit hinaus- liefe, wäre seine Aufgabe doch unbestritten utopisch: Es handelt sich darum, ein Subjekt zu denken, wenn nicht geradezu zu erfinden, das der geschichtlichen Situation des neuen Menschen entspricht.

Wie wir gesehen haben, interessiert und beunruhigt diese ge- schichtliche Situation Musil und Spengler gleichermaßen. Sie teilen auch ein spezielles Interesse für die Metropole als den Ort, wo sich das geschichtliche Geschehen intensiviert, konzentriert und vielleicht gar entscheidet. Denn in beider Augen ist das "Abendland" - Musil verwendet als großräumige Kategorie eher "Europa" - an einen historischen Wendepunkt gelangt. Während Spengler diesen Wende- punkt in der Figürlichkeit des "Untergehens" denkt, zieht Musil die Figur der Krise vor. Diese hat - und dies ist für Musil wichtig - eine Doppelstruktur: Sie ist zugleich Auflösung des Bestehenden und Eröffnung neuer Möglichkeiten. Wenn es bei Musil eine optimisti- sche Lektüre der historischen Krise gibt und folglich ein Engagement für die Erforschung der Zukunft, sieht Spenglers Stellung zu dieser Dimension ganz anders aus:

Erfahrung lehrt (...), daß die Zivilisation, welche heute die ganze
Erdoberfläche ergriffen hat, nicht ein drittes Zeitalter ist,
sondern ein notwendiges Stadium ausschließlich der abendländischen Kultur, das sich von jeder andern nur durch die Gewalt
der Ausdehnung unterscheidet. Hier ist die Erfahrung zu Ende.
Darüber zu grübeln, in was für neue Formen der künftige
Mensch sein Dasein führen wird, ob überhaupt andre kommen
werden oder gar auf dem Papier majestätische Umrisse mit
einem "So soll es sein, so wird es sein" zu entwerfen, ist eine
Spielerei, die mir zu unbedeutend erscheint, um die Kräfte eines
irgendwie wertvollen Lebens daran zu wenden.

Der Historiker und Geschichtsphilosophie begrenzt hier ganz deutlich
den Geltungsbereich seines Spezialdiskurses: dort, wo die Erfahrung
zu Ende geht. Daß er als Geschichtsschreiber diese Grenzen
respektiert, kann man ihm nicht verwehren. Daß er aber alle
Tätigkeit, die über diese Grenzen hinausgeht, sich zum ersten nur
als legislative oder spekulative Tätigkeit vorstellen kann und sie zum
zweiten als eine unbedeutende Spielerei abtut, zeugt von seinem
Unverständnis für eine Arbeit, wie wir sie in Musils Romanschreiben
finden.

Musil verwandelt die grundsätzliche Fiktionalität des Romanschreibens
in eine Art Versuchsanordnung, in der es möglich wird, diskursive
Materialien verschiedenster bestehender Diskursarten so zu kom-
binieren, daß sich aus diesen interdiskursiven Kombinationen neue
Möglichkeiten ergeben. Schematisch gesehen werden dabei immer
zuerst die bestehenden Formen aufgelöst - wir nannten diesen
Vorgang "Problematisieren" - und dann ihre Elemente essayi-
stisch-utopisch wiederverwendet. Dabei wird der Versuch nicht
abgeschlossen, wird die Frage nach dem neuen Menschen offen
gehalten. Das Utopische an dieser Erforschung verfestigt sich nie in
einer Utopie, die das Zukünftige vorwegnehmend verwirklicht.

Diese historische Aufgabe der Erforschung des neuen Menschen
teilt Musil mit vielen Zeitgenossen. "Der neue Mensch" war geradezu
ein Leitmotiv des angehenden Jahrhunderts. Auch das literarische
Großstadtmotiv hat Musil nicht erfunden. Originell ist vielmehr seine
spezifische Art, diese beiden Motive im literarischen Diskurs
zusammenzubringen und in den Mittelpunkt seines Romanprojekts
zu stellen. Dabei kommt der modernen Metropole als figuralem Ort
der Erforschung des neuen Menschen eine entscheidende Rolle zu.
Originell ist auch seine Verwendung der formalen Elemente des
Romans - vor allem Personen, Handlungsablauf, perspektivisches
Spiel des Erzählens - im Dienste dessen, was Spengler nur als
unbedeutende Grübelei oder Spielerei einzuschätzen vermochte.

STADT UND HEIMAT

Die Metropole im Film des Dritten Reichs

von Linda Schulte-Sasse

I. Der Gegensatz von Großstadt und Land

Die Großstadt spielt als kosmopolitisches Zentrum, als Ort moderner Lebensführung, als "Welt", um Luzie in Edgar Reitz' *Heimat* zu zitieren, im Film des Dritten Reichs nicht mehr die zentrale Rolle, die sie in der Weimarer Republik gespielt hatte. Im Gegenteil: wenn im Nazifilm das Leben in den Metropolen der Moderne porträtiert wird, dann mit der überwiegenden überwiegenden Tendenz, einen Zustand des Verfalls und der Entartung darzustellen, den der Nationalsozialismus überwinden will. Die Kritik des Nationalsozialismus an der Moderne hatte ihr filmisches Äquivalent in der Gattung des Bergfilms - eine Gattung, der zahlreiche vor und während des Dritten Reiches produzierte Filme angehörten - und in einer Reihe von antimodernistischen Blut-und-Boden-Filmen, die narrative Strategien der Eindämmung des städtischen Bazillus entfalten. Filme wie etwa *Das verlorene Tal* (1934), *Ewiger Wald* (1936) oder *Waldrausch* (1942) stilisieren bäuerliches oder dörfliches Leben als unschuldig und rein und grenzen es von einem städtischen Leben ab, das angeblich nur die Auflösung von Gemeinschaftsbanden, laszive Erotik und Degeneration kennt.

Dennoch: man macht es sich zu einfach, wenn man behauptet, daß die Stadt im Nazifilm immer nur das Übel der Moderne verkörpere, oder wenn man von jedem Nazifilm eine utopisch-ländliche Idylle à la Ganghofer erwartet. Mit anderen Worten: die räumliche Übersetzung der ideologischen Oppositionen, die den Nazifilm strukturieren, kann wechseln. Der geographische Stadt-Land Gegensatz ist in der nationalsozialistischen Ideologie nämlich weniger markant als der fundamentalere Gegensatz zwischen Entfremdung und Gemeinschaft, Zersplitterung und Ganzheit, Entwurzelung und Ortsverbundenheit - ein formal und ideologisch einheitlicher Gegensatz, der auf variable geographisch-körperliche Gegensätze projiziert werden kann. Wenn die Stadt überhaupt als Stadt thematisiert wird, dann kann sie sowohl als Ort der Auflösung als auch des Gemeinschaftslebens fungieren; auch sie kann Heimat im ideologischen Sinne sein, die gesichert, beschützt und permanent bestätigt werden muß.

Die nationalsozialistische Kritik an der Moderne zielt auf die zerstreuenden, entfremdenden und verdinglichenden Auswirkungen gesellschaftlicher Modernisierung, ohne notwendigerweise die Industrialisierung der Gesellschaft als Übel zu betrachten. Der Film

Der Herrscher (1937) zum Beispiel, eine "freie" Filmadaption von Hauptmanns *Vor Sonnenuntergang*, stellt die kapitalistische Wirtschaft als wichtigen Bürgen von Fortschritt dar. Die Geschichte des Films handelt von einem ideologisch bedingten Generationskonflikt zwischen dem Industriebaron Matthias Clausen, in dessen Betrieben immer noch "Gemeinschaft" praktiziert wird, und seiner wirtschaftlich eigennützigen (d.h. kapitalistisch-modernen) Familie. Der Film signalisiert sowohl auf seiner Inhaltsebene wie auch auf der seiner Ikonographie, daß Industrie etwas Wertvolles ist.

Auf ähnlich überraschende Weise ahmt der Film *Togger* (1940), der eine der wenigen positiven Darstellungen von Journalisten im Dritten Reich enthält, die ästhetisierende Großstadtikonographie in Filmen der Weimarer Republik nach, wie sie etwa in von Ruttmans *Berlin, Sinfonie der Großstadt* (1927) zur Darstellung kam. Der Film zeigt z.B. eine Reihe sehr ästhetisierter Bildeinstellungen, in denen donnernde Druckerpressen anti-monopolistische Schlagzeilen ausspeien. Was zählt, ist nicht die Tatsache, daß in diesen Filmen Industrie und Maschinen filmisch überhaupt dargestellt werden, sondern der Geist, der von ihnen Besitz ergreift. Die Kolosse der Maschinenindustrie können entweder in den Dienst der "Volksgemeinschaft" oder einesmaterialistischen " Eigennutzes" gestellt werden.

Allerdings durchziehen ideologische Ableger der antimodernistischen Dichotomie von Stadt und Land, sobald die Stadt sich versucht zeigt, ihre weltanschauliche, emotionale und wirtschaftliche Abhängigkeit vom Land zu verleugnen, selbst die positivsten Darstellungen großstädtischen Milieus. In *Togger* wird die letzte Berliner Zeitung, die gegen die Verschwörung des internationalen Kapitals Stellung bezieht, *Der neue Weg*, durch einen Journalisten des provinziellen *Siebenbürger Boten* vor dem Bankrott gerettet.[1] In *Der Herrscher* findet der Fabrikbesitzer Clausen seine Erlösung in einem Verhältnis mit der provinziellen Sekretärin Inken Peters, die mit Hilfe semiotischer und rhetorischer Mittel konstant mit Natur identifiziert wird, eine Identifikation, die durch die Tatsache erleichtert wird, daß Inkens Mutter eine - von einer städtischen Schwiegertochter pejorativ als Grünkramladen bezeichnete - Gärtnerei besitzt.

---

[1] Hanno Möbius diskutiert eine ähnliche Abhängigkeit einer Berliner Tageszeitung von einer kleinstädtischen Heldin in Großstadtmelodie: "Sicher wird die Provinz aufgewertet: ihre Vertreterin behauptet sich in der Stadt und diese ist in ihrer Leistungsfähigkeit auch auf die Provinzlerin angewiesen"; vgl. seinen Aufsatz "Heimat im nationalsozialistischen Film", in: <u>Augen-Blick</u>, 5, Heimat, <u>Marburger Hefte zur Medienwissenschaft</u>, 1988, p. 39.

Eine weitere typische Variante der Opposition zwischen Gemeinschaft und Entfremdung im Nazifilm ist, wie zu erwarten, die Gegenüberstellung des deutschen und eines ausländischen Milieus. *Die goldene Stadt* (1943), ein klassischer Blut-und-Boden-Film im Stile eines romantischen Antikapitalismus, spielt in einem deutschen Dorf in Böhmen; der Film lokalisiert den Ursprung aller Auflösung in Prag und läßt alle Figuren, die zum Niedergang der Heldin beitragen, mit ausländischem Akzent sprechen. Ausländer werden in der Regel durch eine prototypische Reihe negativer semantischer Merkmale charakterisiert: Sie sind allesamt materialistisch, egoistisch,erotisch-verführerisch, excessive Trinker; sie sind zudem nie ehrlich und besitzen weder Herz, Pflichtbewußtsein noch Arbeitsethos. Der Film stellt wie viele andere die drohende Auflösung des deutschen Organismus bzw. "Körpers" an seinen Grenzen, in seinen bedrohten Außengebieten, und die daraus folgende Notwendigkeit einer räumlichen Abschirmung und völkischen Panzerung gegen das Fremdländische dar. Die Gefahr, die an der Peripherie des Volkskörpers lauert, ist derjenigen in der deutschen Großstadt im Nazifilm vergleichbar: Beiden nämlich droht ein Eindringen des "Fremden", beide sind der psychologischen Gefahr eines Anderen, das auflösend wirkt, ausgesetzt.

Die Notwendigkeit räumlicher Eingrenzung und Panzerung des Volkskörpers wird in *Die goldene Stadt* rassistisch begründet, da die Heldin Maria das Kind eines deutschen Vaters und einer verstorbenen tschechischen Mutter ist; Maria hat ihren grundsätzlichen Charakterfehler, sich vom Stadtleben angezogen zu fühlen, von der Mutter geerbt. Helden, die der Verlockung des Fremden allzu leicht erliegen, sterben in nationalsozialistischen Geschichten sehr rasch, so z. B. Maria oder der Musiker Klaus in Kolberg, dessen Jahre in Straßburg (ebenfalls ein Ort an der Peripherie Deutschlands) ihn in einen "Weltbürger" verwandelt haben - eine Charakterisierung, die im Nazifilm stets negativ besetzt ist. Selbst Filmcharaktere, die ein starkes Ich mit völkischem Selbstbewußtsein besitzen, entkommen häufig nur mit Mühe der Kraft der Auflösung, die von allem Fremden ausstrahlt; erst die Rückkehr in die Heimat - ein sehr beliebter Topos im Nazifilm (vgl. z.B. *Heimkehr*, 1941) - stärkt die Widerstandskraft der Helden; der Topos signalisiert die territoriale Überlegenheit des "Deutschen" in Opposition zu allem materialistischen Eigennutz der Moderne, der per definitionem "fremd" ist. So kehrt Hans Albers etwa in den Filmen *Flüchtlinge* und *Gold* in die Heimat zurück; Zarah Leander sieht das Dorf ihrer Herkunft in *Heimat* wieder und Luis Trencker und Willi Birgel kehren Amerika in *Der verlorene Sohn* und *Amerika - Ein Mann will nach Deutschland* den Rücken; in allen Fällen kehren die Helden nicht nur körperlich, sondern mental in eine Heimat zurück. Die genannten Filme zeigen, daß die beiden Wünsche, den Raum "Deutschland" und die Person eines deutschen Helden einzudämmen und zu panzern, einander ergänzen. Erst ein räumlich eingegrenztes, in sich homogenes "deutsches" Umfeld bietet dem Einzelnen das Milieu, in dem er (selten sie) eine Verseuchung durch das Fremde vermeiden und im deutschen Gemeinschaftsleben gedeihen kann.

II. Der frühe Nazifilm

Großstädtisches Milieu spielt eine besondere Rolle in der Darstellung der Formationsphase nationalsozialistischer Ideologie in den zwanziger Jahren und in der vom offiziellen Diskurs der NSDAP gepflegten, Traditionsmythen schaffenden Rückbesinnung auf die Weimarer Republik zu Beginn des dritten Reiches. Eine Reihe früher Filme, die im wesentlichen filmische Artikulationen und narrative Variationen der Dolchstoßlegende sind, führen den Ursprung der nationalsozialistischen Bewegung auf den Willen und die Anstrengung zurück, angesichts der Zerrissenheit der Moderne, für die Weimar stellvertretend ist, Gemeinschaft, völkische Einheit und eine hypostasierte Festung "Deutschland" wiederherzustellen. Diese frühen Filme schießen sich in erster Linie auf das Feindbild des Kommunismus ein, der als der prototypische Gegenspieler von "Gemeinschaft" und als die wichtigste Ursache aller "Zersplitterung" gesehen wird, erst danach auf den Kapitalismus, dessen als Besessenheit erscheinendes Prinzip, Profite zu maximieren, ebenfalls der Wiedergeburt altdeutscher Werte im Wege steht - wobei sich freilich die Kritik am Kapitalismus mit einer Kritik kapitalistischer Mentalität, also mit einer Moralisierung des Problems, zufrieden gibt.

Von den drei programmatischen Filmen, die unmittelbar nach der nationalsozialistischen Machtergreifung 1933 produziert wurden, spielen zwei, Hitlerjunge Quex and Hans Westmar, in Berlin und der dritte, S.A. Mann Brand, in einer nicht genannten Stadt. Die drei Filme sind einander strukturell und stilistisch sehr ähnlich; sie sind allesamt Variationen einer nationalsozialistischen Legende, einer "master narrative" der Bewegung, dem Horst-Wessel-Mythos, dessen Name in "Hans Westmar" anklingt. In allen drei Filmen stirbt ein prototypischer Held für die "Sache", in allen drei sind Kommunisten die Gegner, und alle drei porträtieren junge kommunistische Frauen, die im Laufe des Films Gefühle für die natürlich überaus positiven Nazihelden entwickeln. Alle drei Filme richten sich gegen einen unvölkischen Internationalismus, musikalisch durch die Dauerpräsenz der "Internationalen" signalisiert. Liedern wie *Die Wacht am Rhein* oder *Unsere Fahne flattert uns voran*, dem Lied der Hitlerjugend, kommt die Funktion zu, den Gefühlswert der "Internationalen" zu zerstören.

Eine Sequenz aus Hans Westmar mag die Angst vor Überfremdung illustrieren, die in diesen Filmen zum Ausdruck kommt - die Angst davor, daß die deutsche Kultur im Würgegriff des Fremden ihr Wesen verliert, was angeblich im Berlin der Weimarer Republik bereits geschehen war. In dieser Sequenz führt Westmar einen deutschen Amerika-Auswanderer und seine Tochter, eine amerikanische Staatsbürgerin, durch Berlin. Westmar und der Vater drücken ihre Bestürzung über den in Berlin überall sichtbaren Einfluß des Fremden aus. Der Vater bemerkt: "Hier findet man alles, nur nichts Deutsches! Das ist Deutschlands Hauptstadt? Ich kenne es nicht wieder." Die Fahrt der drei durch die Berliner Nacht wird filmisch durch schrille Anzeigen aus Neonleuchten unterbrochen, die diagonal über die Leinwand schießen: "On parle français", "English spoken", und die ausländischen Namen von Restaurants, die fremdländische Gerichte anbieten, wechseln einander ab. Die beiden Männer gedenken mit fast religiöser Andacht der alten Stammkneipe des Auswanderers, die nunmehr Chez Ninette heißt. Ein französischer Sänger sorgt für gemischtsprachige Unterhaltung, und die Kundschaft der Bar setzt sich aus Männern zusammen, deren vorherrschende Erscheinungsmerkmale (Leibesfülle, Glatzen, Zigarrenrauchen, laute Fröhlichkeit, Geilheit signalisierende Reden) wie in so vielen Nazifilmen "Kapitalismus" konnotieren. Einer der Betrunkenen in der Bar bittet die Band, "Die Wacht am Rhein" zu spielen, wozu die angetrunkenen Barbesucher tanzen. Angewidert von der Art, wie hier deutsche Tradition beschmutzt wird, verläßt Westmar, laut protestierend und den Tränen nahe, die Bar; beim Hinausgehen wendet er sich an die Tochter aus Amerika: "Deutschland - ist ganz woanders".

Die Szene setzt die angeblichen Auswirkungen der korrupten Herrschaft des internationalen Kapitals auf den deutschen "Volkskörper" ins Bild; sie legt nahe, daß eine derartige Verletzung nationaler Souveränität ebenso schwerwiegend ist wie die militärischen Invasionen durch Frankreich und Österreich zur Zeit Friedrich des Großen. Das Eindringen des kapitalistischen Tauschwertprinzips in den deutschen Raum bewirkt hier eine "internationalistische" Gleichschaltung von Kultur; das Besondere der deutschen Kultur weicht die der Abstraktheit des Kapitalismus. Charakteristischerweise kontert der Nationalsozialismus dieses "Allgemeine" nicht mit einem "Besonderen", sondern mit einem andersartigen "Allgemeinen", einem emotionalen Kollektivismus, dessen Auswirkungen in vieler Hinsicht "allgemeiner" sind als die Abstraktionskraft des Kapitalismus. Ganz im Sinne von Klaus

Theweleits Definition der "Nation" als ein im einzelnen Mann oder
in der männlichen Gruppe überlebendes "Wesen" bedeutet Westmars
Bemerkung, "Deutschland" sei woanders, daß die Nation augenblick-
lich nur im völkischen, soldatischen Manne existiere. Berlin wird in
diesen Filmen nirgends als eine besondere Großstadt mit lokalen
Eigentümlichkeiten wichtig, sondern nur als infizierte Wunde im
Fleische des größeren Ganzen, nämlich Deutschland. Der Zustand,
in dem Berlin sich befindet, ist räumliche Metapher für die
Bedrohung, die vom Kapitalismus und vom Internationalismus
ausgeht.

Die Lexeme "Berlin" und selbst "Deutschland" sind folglich nirgends
räumliche, sondern stets emotionale Kategorien; sie beziehen sich auf
etwas Innerliches - etwas, das im Augenblick nur in wenigen
einzelnen lebt und von dem der ideologische Subtext des Films sich
erträumt, daß es bald alle Individuen der Volksgemeinschaft
durchdringe. Sobald die abstrakte emotionale Kraft "Deutschland" von
der Masse internalisiert worden ist - die Internalisierung würde die
demokratisch entfremdete Masse in eine Volksgemeinschaft transfor-
mieren -, können auch die räumlichen Grenzen des Reiches als
gesichert betrachtet werden. Denn auch hier geht es zunächst nicht
um realpolitische, imperiale Probleme, sondern um Mentalitäts-
probleme, um die Gleichschaltung von kollektiver Identitäts- und
individueller Subjektivitätskonstitution. Die Idee der "deutschen"
Identität ist von einer körperlichen und psychischen Panzerung
abhängig; Identität bedeutet hier Eindämmung im Sinne eines
willentlichen Ziehens von Grenzlinien um das angeblich Mit-sich-
selbst-Identische herum.

Filmische Variationen der erwähnten Nachtklubszene gibt es in
Nazifilmen häufig, vor allem in jenen, die in der Weimarer Republik
spielen, so z.B. in *Pour le Mérite* (1938), Um das Menschenrecht
(1934) und *Togger*. Obwohl Einzelheiten wechseln mögen, es gibt in
all diesen Filmen konstante Charakterisierungen wie z.B. die
pejorative Beschreibung der "Bumslokal"-Atmosphäre, die semiotische
Verbindung von nur leicht bekleideten Frauen mit dem Stereotyp
des Kapitalisten, die Allgegenwart von Fremdsprachen[2], undeutsche
Gerichte und Getränke und natürlich der von positiven Helden
empfundene Ekel angesichts all der Überfremdung. Dieses Milieu
von internationalem Kapital und ebenso internationaler Laszivität ist

---

[2] Vgl. die Darstellung einer Aufsichtsratssitzung der skrupellosen,
monopolbesessenen Nachrichtenagentur Reuter in Togger, in der Mittel diskutiert
werden, wie die Agentur den internationalen Nachrichtenmarkt beherrschen kann.
Die Szene besteht aus den in verschiedenen Sprachen gehaltenen Reden einer
Reihe von Aufsichtsratsmitgliedern.

eines der wenigen im Nazifilm, in dem Schwarze eine Rolle spielen,
und zwar einerseits als Rasse, die von imperialistisch-kapitalistischen
Kräften nach Deutschland exportiert worden sei - und damit als
anti-kapitalistisches Motiv -, und andererseits als eine die deutsche
Rassenreinheit bedrohende biologische Invasion; da dieses zweite
Motiv starke Untertöne von Sexualneid hat, könnte man, auf Klaus
Theweleits "rote" Flut anspielend, von einer "schwarzen" Flut
sprechen. Denn Schwarze erscheinen im Nazifilm ohne Ausnahme
in Nachtklubszenen, nackt in exotischen Wandbildern oder als strip-
tease Tänzer und bedrohen dadurch die erfolgreiche Eindämmung
von Sexualität, die für die Selbsterhaltung des gepanzerten Mannes
so wesentlich ist.

Das "Nachtklub"-Motiv ist im Nazifilm ein Beispiel unter vielen für
die demoralisierende, Zwietracht und Entfremdung stiftende Wirkung
des Kapitalismus im Großstadtleben. Bereits die diskursiv-bildlichen
Signale der Eingangsszene von *Hans Westmar* bauen an einer
Atmosphäre der Verzweiflung und Zerrissenheit, eine dekadente
Atmosphäre, die "Berlin" in allen Nazifilmen konnotiert. Der Film
beginnt mit einer Erinnerung Westmars an Berlin während eines
Ferienaufenthaltes im "sorglosen, lustigen" Wien. Einem Kamera-
schwenk über eine romantisch stilisierte Wiener Gartenwirtschaft folgt
ein Schnitt zu einem Gewerkschaftstreffen in einem dumpfen
Berliner Lokal und dem schrillen Schrei einer Stimme hinter den
Kulissen: "Schlag doch die ganze Bude in Klumpen!" Die Kamera
fährt an hager und ungepflegt aussehenden Männern vorbei auf zwei
Schilder zu, "Wohlfahrtsamt" und "Obdachlosenasyl, Saal VII",
während die Männer sich über Gerüchte über ein angeblich besseres
Leben in Rußland unterhalten. Auch *S. A. Mann Brand*, *Um das
Menschenrecht*, und *Pour le Mérite* stellen den großstädtischen
Lebensraum als Milieu der Korruption und der Verzweiflung dar.[3]
Die Protagonisten dieser drei Filme - alle ehemalige Soldaten -
fühlen sich in der großstädtischen Gesellschaft, die ihren Ehrenkodex
nicht teilt, entfremdet und entwurzelt. Entweder gelingt es ihnen erst
gar nicht, Arbeit zu finden, oder sie verlieren ihre Stelle sofort
wieder wegen ihrer Parteimitgliedschaft oder aufgrund ihrer Wei-
gerung, ihre politischen Überzeugungen zu verraten. All diese Filme
beuten die Erinnerung an im Krieg gefallene Männer nostalgisch
aus; ihr vergebliches Opfer läßt die "Obszönität" Weimars umso
krasser erscheinen. Der Bemerkung Hans Westmars, Deutschland sei
"woanders", folgt eine Montagesequenz, in der die bildliche Un-
schärfe und Verzerrung tanzender Paare Exzesse signalisiert; die

---

[3] Hanno Möbius hat auf die Ähnlichkeit solcher Szenen mit der Atmosphäre in den "Zille"-Filmen der Zwanziger Jahre hingewiesen. Vgl. Möbius, ibid.,
p. 34

Sequenz löst sich zunächst in eine Folge von Kampfszenen aus dem ersten Weltkrieg, dann in eine Einstellung, in der Kriegsgräber gezeigt werden, auf. Westmar ruft aus: "Drei Millionen mußten sterben. Und das da, (in Richtung des Nachtklubs gestikulierend) - das tanzt, säuft, grölt!" Ähnlich wird in *Um das Menschenrecht* die Nahaufnahme eines in die Kamera starrenden toten Kameraden wiederholt als Gewissenssymbol und Warnung an Helden und Zuschauer in den Film hineingeschnitten.

Die Weimarer Demokratie bezeichnet im Nazifilm einen Verrat an den Soldaten, die im ersten Weltkrieg gekämpft haben - ein Verrat, der bei den Überlebenden zum Verlust von "Stolz" und "Männlichkeit" im Namen eines illusionären Friedens geführt habe. Was hier beklagt wird, ist der Verlust einer gepanzerten Über-Ich-Identität und ihrer Identifikation mit einem allmächtigen Kollektiv - eine Form der Identität also, die überhaupt erst durch die bekämpfte Moderne induziert worden war. Hans Westmars liberaler Universitätsprofessor benutzt den Begriff des "Weltbürgers" - was gleichbedeutend ist mit "jemand, der sich an die internationale Verschwörung des Kapitalismus verkauft hat" - , um Deutschlands "Erniedrigung" historisch und politisch zu rechtfertigen:

> Der Versailler Vertrag, der uns den heiß ersehnten Frieden brachte, zog die politischen Grenzen des Deutschtums noch enger. Aber meine Damen und Herren, bedenken Sie dagegen den ungeheuren Gewinn des Friedens. Mit engen Grenzen wurden wir grenzenlos - Europäer sind wir geworden, Weltbürger. Wir sind nun gleichberechtigt im Kreis der großen Kulturnationen aufgenommen. Das große Wort ist erfüllt. Nie wieder Krieg! Die Waffen nieder!

Der Rede des Professors folgt ein Schnitt auf zwei erhobene gekreuzte Degen hin - ein phallisches Bild, das den Pazifismus des Professors in die Schranken der Unmännlichkeit weist.

Hans Steinhoffs *Hitlerjunge Quex* unterscheidet sich von den anderen frühen Nazifilmen durch eine genaue Benennung des Ortes, an dem er spielt, einen proletarischen Berliner Stadtteil Beuselkiez. Dennoch versucht der Film nie, das Lokalkolorit dieses Stadtteils filmisch umzusetzen. Während Großstadtfilme der Weimarer Republik wie *Berlin Alexanderplatz* die spezifische Atmosphäre eines bestimmten Berliner Ortsteiles filmisch zelebrieren, wird das Besondere der Lokalität in Hitlerjunge Quex sofort einem Allgemeinen unterworfen. Beuselkiez, Berlin, die Spree sind Orte, so der Film, die in das größere Ganze einer völkischen Gemeinschaft reintegriert werden müssen; sie werden auf "Deutschland" als einen transzendenten

Anker kollektiver Identität bezogen - auf eine Größe also, die weniger einen "Ort" als eine Mentalität bedeutet. Das hypostasierte "Deutschland" ist Substitut des transzendenten Ur-Ankers "Gott"; es versöhnt die agonistische Begrenzung von Subjektivität in einer gepanzerten Identität und das lustvolle Aufgehen des vereinsamten Individuums im rauschhaften Kollektiverlebnis, d.h. es vermittelt Begrenzung und Entgrenzung miteinander.

Die ideologisch begründete Überlegenheit des Allgemeinen über das Besondere, der Gemeinschaft über das Individuum, wird im Film durch eine Unterhaltung zwischen einem Kommunisten und einem Gruppenführer der Hitlerjugend illustriert. Der Protagonist Heini Völker, Sohn eines Kommunisten, fühlt sich von der Hitlerjugend angezogen. Er kommt durch einen Selbstmordversuch seiner verzweifelten Mutter, die den Gashahn aufdreht, beinah ums Leben. Vater Völker ist ein Trinker, der das wenige Geld seiner Familie verschwendet und der seinen Sohn mit Schlägen zwingt, die *Internationale* statt des Hitlerjugendliedes zu singen. Doch der Film will Völker, und damit das deutsche Proletariat, nicht moralisch verwerfen. Er sucht zu demonstrieren, warum und unter welchen sozialen Bedingungen der Vater so geworden ist. Aufgrund dieser Erklärungsgesten kann Hitlerjunge Quex den proletarischen Zuschauer ideologisch hofieren; er stellt Kommunisten wie Vater Völker nicht als grundsätzlich schlecht, sondern als lediglich fehlgeleitet vor.[4] Der Schauspieler Heinrich George, der hier eine Spieltradition fortführt, die er mit Jutzi's *Berlin Alexanderplatz* (1931) begründet hatte, sichert und verstärkt eine Mitleidsreaktion der Zuschauer. Im Nazifilm und in der Tradition dessen, was Karl Prümm "soldatischen Nationalismus" genannt hat[5], ist die Tatsache, daß Völker im ersten Weltkrieg gedient und seine Gesundheit durch die Verteidigung des Vaterlandes ruiniert hat, ein noch wichtigeres

---

[4] Vgl. die Darstellung eines kommunistischen Arbeiters als Märtyrer- und Christusfigur in der zweiten Verfilmung der Biographie Bismarcks unter den Nazis, nämlich Die Entlassung (1942). In Nazifilmen besteht in der Regel ein wichtiger Unterschied zwischen den sympathisierenden Darstellungen ideologisch fehlgeleiteter linker Arbeiter (auch S.A. Mann Brands Vater wird so charakterisiert) und kommunistischen Funktionären. Die oft als Russen oder Juden (oder beides) charakterisierten Funktionäre erscheinen ohne Ausnahme als inhumane Despoten, die die Parteimitglieder "wie Kinder" behandeln und keine Zeit für "Gefühlsduseleien" haben. Wenn ein deutscher Kommunist sich in SA Mann Brand gegen einen kaltblütigen Mord wendet, antwortet sein sowjetischer Kamerad sarkastisch: "Immer noch so deutsch?", wobei "Deutsch-Sein" mit Mitleidsfähigkeit gleichgesetzt wird.

[5] Die Literatur des soldatischen Nationalismus der zwanziger Jahre (1918-1933). Grundideologie und Epochenproblematik. 2 Bde., Kronberg/Ts. 1974

Ideologem. Wie unwichtig diese Information für die Filmhandlung auch sein mag, sie signalisiert, daß Völker - sprich: das Proletariat - ideologisch gerettet werden kann.

Bald wiederholt Völker im Film bald einem kommunistischen Genossen gegenüber präzis die Bemerkung über "unser" Deutschland, die er vom Hitlerjugendführer gehört hat, womit er den Grund für eine Konvertierung des Proletariers zum Nationalsozialisten und zur rassisch fundierten Internalisierung völkischer Ideologie legt.[6] Die Gruppensolidarität des Proletariers Völker ist klassenspezifisch; Völker ist sich der Klassenunterschiede, die ihn von den Privilegierten trennen, sehr bewußt. Der Jugendführer stellt die Idee eines durch Blutbande und gemeinsamen Ursprung verbundenen deutschen Volkes Völkers marxistischem Begriff von Gesellschaft als einem durch Klassenkampf in sich uneinheitlichen Sozialkörper entgegen. Die Idee "eines" (d.h. "unseres") Deutschland, die Völker allmählich akzeptiert, verdrängt seine frühere Ansicht, daß die vom wirtschaftlichen System geschaffenen Klassen von eben diesem System nicht nur ökonomisch ausgebeutet, sondern auch in imperialistischen Kriegen geopfert werden. Gerade sein Verständnis des Krieges wird vom "völkischen" Sozialismus völlig umgepolt; Krieg wird zu einer Form des Gemeinschaftserlebnisses. Die Rede von "Gemeinschaft," d.h. von einer völkischen Variante des Sozialismus, konnte deshalb so anziehend wirken, weil der völkische Sozialismus Sozialunterschiede nicht nur real überwinden, sondern diese Überwindung durch lustvolle Gemeinschaftserlebnisse auch emotional erfahrbar werden lassen wollte.   Es ist bekannt, daß der erste Aspekt dieses Programms immer stärker in den Hintergrund gedrängt wurde, während der zweite immer wichtiger wurde. Die Abstraktheit des "Deutschland"-Erlebnisses und die Ästhetisierung der Politik sind so zwei Seiten derselben Medaille.

Die zentrale binäre Opposition des Films zwischen Chaos, entbundener Sexualität und Gewalt auf der einen (kommunistischen) Seite sowie Ordnung, psychischer Abgrenzung und innerem Frieden auf der anderen (nationalsozialistischen) Seite verstärkt die letztendlich imaginäre und kompensatorische Funktion dieses Diskurses. Ebenso wichtig ist, daß diese Opposition selbst in *Hitlerjunge Quex* - d.h. in einem ausschließlich großstädtischen Kontext - stets mit dem antimodernistischen Stadt-Natur Gegensatz semiotisch verwoben

---

[6] Gleichzeitig allerdings soll die Leibesfülle Heinrich Georges im Kontrast zur schlanken Geradheit des Jugendführers anzeigen, daß der vergangenheitsbelastete Proletarier in der "Bewegung" allenfalls Gefolgsmann, nicht Führer sein kann.

wird. Der Film konnotiert Kommunismus mit den Zerstreuungen der Stadt.

Heinis erste Beobachtung des Treffens einer nationalsozialistischen Gruppe, der Hitlerjugend, deren Gemeinschaftserlebnis am Lagerfeuer sich in der Tonalität ihrer Gesänge widerspiegelt, geschieht im Gegensatz dazu in einem Wald außerhalb Berlins. Die Schlüsselszene in Vater Völkers gradueller Konversion spielt in einem Krankenhauspark, einer Naturenklave innerhalb der Großstadt. Im Film des Dritten Reiches repräsentiert der Nationalsozialismus die Möglichkeit einer Rückkehr der Großstadt zu den Prinzipien der Natur, zu dem, was Hanno Möbius die beabsichtigte "Re-naturalisierung" des großstädtischen Milieus genannt hat.[7] Heinis Bekehrung zum Nationalsozialismus wird im Film nirgends ideologisch oder sozialprogrammatisch begründet. Die permanente Indienstnahme solcher Gegensätze wie die überfüllte kleine Wohnung der Familie Heinis und das bürgerliche, gemütliche Haus seines Nazifreundes; das sexualaggressive kommunistische Mädchen Gerda und das enterotisierte BDM-Mädchen Ulla; die geordneten Reihen der Hitlerjugend und das unordentliche und schrille Durcheinander der kommunistischen Jugendgruppe auf dem Bahnsteig; die lebensfrohe Begeisterung, mit der Heini das Lied der Hitlerjugend singt, und das betrunkene Zersingen der *Internationale* durch den Vater - all dies sind semiotische Oppositionen, die der bildlichen und akustischen Legitimation der Tatsache dienen, daß Heini intuitiv die mythisierten "Anderen", die eigentlich die "Eigenen" sind, den Kommunisten vorzieht. Im Laufe der Geschichte ersetzen die sorgenden und nährenden mütterlichen Qualitäten des Nationalsozialismus die Familie, die diese Funktionen nicht mehr erfüllen kann. In einem Handlungssegment, das der Film aus Piel Jutzis linkem, sozialkritischem Film *Mutter Krausens Fahrt ins Glück* (1929) übernommen hat, begeht Heinis Mutter aus Verzweiflung Selbstmord, annehmend, daß ihr Sohn ebenfalls sterben wird. Während die Mutter stirbt, wird der überlebende Heini bald von seinen Freunden in der Hitlerjugend, offensichtlich alle elternlos, versorgt. Der Nationalsozialismus erhebt so den Anspruch, die Funktion der Familie übernehmen zu können.

Ein weiteres Beispiel des romantischen, "wahren" Sozialismus der Nazis findet sich in *Hans Westmar*. Westmar, ein Universitätsstudent, gibt sein Studium auf, um Arbeiter zu werden; er bekehrt andere Arbeiter erfolgreich zum Nationalsozialismus. Auf die Bemerkung eines Freundes, der Kommunismus sei "der wirkliche Feind",

---

[7] Möbius, ibid., p. 35

antwortet er, die Intellektuellen müßten mit den Arbeitern Seite an
Seite kämpfen: "Es darf keine Klassen mehr geben. Auch wir sind
Arbeiter. Arbeiter der Stirne. Und unser Platz ist neben unserem
Bruder, dem Arbeiter der Faust". Westmars Bemerkung erinnert an
die ideologisch sehr problematische Lösung des Sozialkonflikts in
Fritz Langs *Metropolis*, die in einem Ruf nach Vermittlung von
"Kopf" (Management) und "Hand" (Arbeiter) durch das "Herz"
stecken bleibt. Beide Filme vermeiden eine wirkliche Thematisierung
sozialer Probleme, indem sie die Lösung in einer Sozialharmonie
sehen, die im Grunde ästhetischer Natur ist; ideologisch erschöpft
sich das Programm in einem, um Axel Eggebrecht zu zitieren,
"unwissenschaftlichen Mitleidssozialismus".[8]

Die Großstadt fungiert im frühen Nazifilm als verlorene, vergangene
Heimat, die wiedergewonnen und erlöst werden kann, wenn ihr die
traditionelle Funktion als "Herz" Deutschlands zurückerobert wird.
Dieses Ziel kann nur durch Helden erreicht werden, die ihre eigene
innere "Heimat", d.h. moralische Rigidität und psychische Stärke, nie
verloren haben. Dadurch weisen diese Filme auf eine Zukunft
voraus, in der Deutschland dem Kollektiv "uns" gehören wird; in der
Staatskörper und Volkskörper miteinander verschmelzen. Viele der
frühen Filme enden deshalb mit dem politischen Triumph des
Nationalsozialismus 1933 oder zumindest mit Vorausdeutungen, daß
dieser Triumph mit der richtigen Partei möglich ist, so wenn eine
Figur in *Um das Menschenrecht* (1934) 1923 sagt: "Die Partei, an
die ich denke, existiert noch gar nicht".

Nur eine Bewegung wie der Nationalsozialismus soll in der Lage
sein, das von "Fremdheit" und "Andersartigkeit" durchdrungene Berlin
als Erlebnisraum von Gemeinschaft zurückzugewinnen. Die Bewegung
nimmt in sich die (Schein-)Versöhnung von gepanzerter Individualität
und entgrenzendem Kollektiverlebnis vorweg, die sie für das ganze
Volk verwirklichen will. Die bisher diskutierten Filme verbildlichen
das bedrohliche "Andere" in ungeordneten Massen, die in den

---

[8] Auch Nazifilme stellen häufig Klassenunterschiede dar, obwohl sie deren
Existenz abstreiten. Jedermann gehört der Einheit der Volksgemeinschaft an und
Unterschiede bezüglich Bildung, Kultiviertheit und Reichtum werden als ebenso
"natürlich" dargestellt wie im Drama des 18. Jahrhunderts. Die unteren Klassen
zeigen wie im bürgerlichen Drama ungebrochene Solidarität mit ihren Brotgebern;
komische Einlagen, in denen sie sich "klassengerecht" verhalten, sorgen für
Lacheffekte. In Pour le Mérite flehen zwei proletarische Soldaten ihren Rittmeister
an, auch im Frieden bei ihnen bleiben zu dürfen; die drei perpetuieren so ihren
vom Krieg geformten männlichen Bund ebenso wie eine militärisch-hierarchische
Ordnung, in der der gebildet Bürger Prank eindeutig als Führer fungiert.
Ähnliche Figurenkonstellationen gibt es in Urlaub auf Ehrenwort und Wunschkonzert.

Städten der Weimarer Republik hausen, und deren Existenz auf die übereilte Verstädterung im Zuge der späten und raschen Industrialisierung Deutschlands hinweisen. Die Masse im Berlin der Weimarer Republik tritt in zwei Formen auf: eine sexualisierte, degenerierte und parasitäre Mittelklasse, die sich in den beschriebenen "Bumslokalen" vergnügt und eine destruktive, aggressive und ebenfalls sexualisierte proletarische Massen. Obwohl beide Formen städtischer Vermassung im faschistischen Diskurs als feminin dargestellt werden, werden vor allem die proletarischen Massen, wie Klaus Theweleit gezeigt hat, als eine Flut ungebändigter Sexualenergie beschrieben. Bereits Gustave Le Bons *Die Psychologie der Masse* (1895) hatte die Massen wegen ihres unvorhersehbaren und zu Extremen neigenden Verhaltens als weiblich apostrophiert und damit Hitlers Beschreibung der Masse in *Mein Kampf* beeinflußt. Angesichts der unübersehbaren und als bedrohlich empfundenen Präsenz und des ansteigenden, aber schwer einzuschätzenden Einflusses der industrialisierten Mittelklassen und des Proletariats wurde die Unterwerfung von Massenverhalten (nicht nur in anderen, sondern auch im Selbst) für den faschistischen Mann gleichbedeutend mit seiner Selbsterhaltung. "The haunting specter of a loss of power combines with fear of losing one's fortified and stable ego boundaries, which represent the sine qua non of a male psychology in that bourgeois order."[9] Da, wie Patrice Petro gezeigt hat[10], Schriftsteller sich Berlin im 20. Jahrhunderts wiederholt als Frau imaginiert haben, kann es nicht verwundern, wenn die Stadt in der Phantasiewelt des soldatischen Mannes als ein wiederzueroberndes Liebesobjekt erscheint. Die Besetzung der Stadt mit erotischen Energien kann sich in den Massenaufmärschen der Nazis entladen, ohne daß die Energie dabei ihre Bindung verliert.

Zur Renaturalisierung einer korrumpierten Gesellschaft zählt auch die Wiedereinführung einer "korrekten" Geschlechterrollenverteilung, die in *S.A. Mann Brand* durch die Machtübernahme der Nazis ermöglicht wird. Ein komischer Erzähleinschub um Brands nationalsozialistischen Hauswirt Anton und seine Frau Genoveva spielt diese Möglichkeit aus: Genoveva zwingt ihren Pantoffelhelden Anton mehrfach, Frauenrollen zu übernehmen, z.B. eine Schürze anzulegen und das Geschirr zu spülen, während sie selbst politische Versammlungen besucht; das traditionelle Motiv des Geschlechterrol-

---

[9] Andreas Huyssen, "Mass Culture as Woman: Modernism's Other," in: ders., <u>After the Great Divide</u>, Bloomington 1986, p. 53

[10] "Modernity and Mass Culture in Weimar: Contours of a Discourse on Sexuality in Early Theories of Perception and Representation," <u>New German Critique 40</u> (Winter 1987), p. 115 - 118

lentausches wird hier durch eine Umkehrung der geschlechtsspezi-
fischen Trennung von Privatheit und Öffentlichkeit ergänzt. Außerdem gibt Anton einer verarmten Kriegswitwe das Geld, das er
gerade von ihr als Miete empfangen hat, großzügig als Anleihe
wieder zurück, während Genoveva eigennützig und geldgierig darauf
besteht, aus den Mietern so viel wie möglich zu pressen, ob sie
bezahlen können oder nicht. Anton wird folglich als potentiell
völkisch, Genoveva als verseucht modern kodiert. Anton sieht sich
deshalb gezwungen, Geld vor seiner Frau in einem Karton zu
verstecken, der als Hitlers *Mein Kampf* drapiert ist - ein Buch, das
Genoveva als Mitglied des anti-nationalsozialistischen Katholischen
Frauenbundes nie anrühren würde. Die Nachricht, daß Hitler zum
Reichskanzler ernannt wurde, provoziert in Anton eine radikale
Einstellungsänderung:

Anton: Deutschland erwache!

Genoveva: (schrill) Anton! Das geht mir auf die Nerven!

Anton: Genoveva, im Dritten Reich können wir auf deine Nerven
keine Rücksicht nehmen!

Genoveva: Anton!

Anton: (unterbrechend) - Ruhe! Anton ist erwacht!

Antons männliche Potenz wird, im Freudschen Sinne über den
Umweg einer Restituierung seines Ideal-Ichs mittels einer sekundären
Identifikation mit Hitler in einer der eindeutigsten Politisierungen
der Geschlechterfrage im Nazifilm urplötzlich wiederhergestellt, was
ihn instand setzt, alle Spuren von Femininität abzuwerfen und seine
erstaunte Ehefrau zu "handhaben". Diese Transformation ist die
humorvolle Abwandlung eines ernsten Themas: die als notwendig
empfundene Einschränkung von "Andersheit" und die Wiederherstel-
lung einer patriarchalischen kulturellen Autorität, falls Deutschland
wieder Heimat werden soll.

III. Die Filme der frühen vierziger Jahre

Auf dem geschilderten Hintergrund könnte man nun vermuten, daß
das Motiv der Großstadt, sobald sich das Dritte Reich politisch
konsolidiert hat, keine wesentliche Rolle mehr spielen wird. Dem ist
nicht so. Denn obwohl die "Volksgemeinschaft" in Filmen, die im
Dritten Reich spielen, als *fait accompli* hingestellt wird, werden die
Mächte der "Zerrissenheit" auch später als allgegenwärtig dargestellt.

Die narrative Funktion des Großstadtmotivs verlagert sich im engeren politischen Sinne von einer zeitlichen bzw. antizipatorischen zu einer räumlichen bzw. eindämmenden. Zerrissenheit wird dabei häufig in ausländische Großstädte projiziert, während deutsche Städte eher als Veranschaulichungsraum kollektiver Rauscherfahrungen dienen.

Ab etwa 1940 projiziert der Nazifilm den Feind allerdings mit Vorliebe ins Ausland. Die Grenzen des völkisch-homogenen Ganzen werden als gesichert betrachtet und das dem Eigenen entgegengestellte "Fremde", das für die Identität und das Eigenwertgefühl des faschistischen Typs so unentbehrlich ist, hat den widersprüchlichen Status einer innerhalb des Reiches allgegenwärtigen Repräsentation dessen, was es nur außerhalb des Reiches geben soll. Der Krieg wird nunmehr zum Testfall des Reifegrads der Gemeinschaft, weshalb das Trennungsmotiv in vielen Filmen dieser Zeit eine große Rolle spielt, z.B. in *Die große Liebe* (1942) oder in *Auf Wiedersehen, Franziska!* (1943). Die Großstadt als Ort der rauschhaften Erfahrung kollektiver Einheit wird in den Trennungsfilmen zum Ort der Erinnerung an vergangenes privates Glück; die zeitliche Dimension wird während des Krieges aus politischen Gründen häufig entpolitisiert. Dabei kann die Erinnerung an privates Glück durchaus mit einer Erinnerung an das Glück rauschhafter Gemeinschaftserlebnisse einhergehen. Beide verschmelzen in der Erinnerung; entscheidend ist jedenfalls die narrative Funktion der nostalgischen Erinnerung in diesen Filmen. Mit anderen Worten: die Invokation der Großstadt als Gemeinschaft geschieht jetzt noch weniger als vorher als Invokation eines realen geographischen Erfahrungsraums; sie verlagert sich bereits auf der Ebene der Diegese ins Imaginäre.

Dies ist offensichtlich die Rolle, die Berlin in jenem Film zugewiesen wird, der den Gefühlsreiz der Großstadt am direktesten ausbeutet, Eduard von Borsodys *Wunschkonzert* von 1940, dem zweitpopulärsten Film der Jahre 1940-1942 - nur *Die große Liebe* war populärer. Die Handlung von Wunschkonzert beginnt 1936 während der Olympiade in Berlin, als die zwei Protagonisten, Leutnant Koch und Inge Wagner, sich kennenlernen und verlieben. Wieder wird ein spezifischer Berliner Ort zum räumlichen Bezugsort des Films hypostasiert und wieder gewinnt das Olympiastadion eine seine räumliche Begrenztheit und Besonderheit weit übersteigende Bedeutung als kollektives Symbol für die emotionale Einheit Deutschlands. Die Einstellungen der ersten Sequenzen des Films erinnern an die Filme Leni Riefenstahls; sie nutzen sogar dasselbe dokumentarische Filmmaterial, das Riefenstahl in ihrem Film *Olympia* (1938) benutzt hatte: Eine Montagensequenz beginnt mit einer Nahaufnahme großer, gußeiserner Glocken, über die die olympischen Ringe geblendet sind, gefolgt von Nahaufnahmen olympischer Flaggen, die auf dem Hintergrund eines mit Kumulus-wolken überzogenen Himmels wehen.[11] Ähnlich wie die Filme Riefenstahls vermittelt der Filmanfang von *Wunschkonzert* dem Zuschauer den Eindruck, daß er Zeuge eines ehrfurchtgebietenden, monumentalen historischen Ereignisses ist, besonders wenn die Kamera in dramatischem Bogen an den Fahnenmasten herunter auf die zu Füßen liegende Stadt schwenkt oder wenn sie durch eine panoramische, kreisförmige Fahrt um die dekorierten Masten herum die globale Bedeutung dieses Ereignisses suggeriert. In einer Luftaufnahme nähert sich die Kamera allmählich dem Stadion, bis dessen Oval das Bild ausfüllt, wodurch die konkave Form zum eingrenzenden Bildrahmen populärer, völkischer Euphorie wird. Der Bildwechsel zur Masse außerhalb des Stadions, die auf es zuströmt, suggeriert eine vom Stadion und dem Ereignis ausgehende Eindäm-mungskraft; eine ästhetische Kraft der Einrahmung: die strömenden und deshalb formlosen Massen können ästhetisch geformt werden. All diesen Einstellungen ist Musik unterlegt, eine dramatische Version der Olympiafanfare vor allem, die im Film eine wichtige diegetisch-symbolische Rolle spielen wird, da die beiden Helden sich später zu ihren Klängen als Liebespaar wiederfinden werden.

Die Monumentalität des Filmanfangs weicht bald dem Stil eines Lustspiels: Inges Tante echauffiert sich über die versehentlich in die falsche Handtasche gesteckten Einlaßkarten, was sie - das Feld dem Zufallstreffen der beiden Protagonisten überlassend - zur Umkehr zwingt. Koch ist im Besitz einer überzähligen Eintrittskarte, die er Inge anbietet; diese weist den Vorschlag zunächst barsch ab. Der Wendepunkt wird durch die Ankunft von Hitlers Wagenkolonne erreicht, ein Ereignis, das in der sich zu Hitler hingezogen fühlenden Menge große Aufregung auslöst. Inge, durch die Ankunft Hitlers berauscht, gibt ihr Zögern sofort auf und geht mit Koch ins Stadion. Die magnetische Wirkung Hitlers und der Olympiade wird zum Katalysator der Anziehungskraft zwischen den beiden Protagonisten; Inges Entscheidung, sich mit Koch in ein rauschhaftes Gemeinschafts-erlebnis zu stürzen, wird visuell-rhetorisch mit dem Gemeinschafter-lebnis der Menge verbunden. Die Korrelation von öffentlichen und privaten Ereignissen ist für den zahlreichen Handlungssträngen folgenden Film strukturbildend; die Einzelschicksale werden stets als mit dem Schicksal des Kollektivs bzw. der Nation verwebt vorgestellt. Entsprechend oszilliert der Film zwischen dem monumentalistischen

---

[11] Kumuluswolken gehörten seit Riefenstahls Triumph des Willens zur filmischen Ikonographie des Nationalsozialismus.

Erzählstil des Anfangs und dem sentimentalen, kammertheaterhaften von Privatgeschichten.

Das olympische Spektakel in *Wunschkonzert* kann Walter Benjamins Deutung faschistischer Kunst als einer Form ästhetischen Ausdrucks, die zwar für die Massen, aber auch von ihnen geschaffen wurde, illustrieren. Benjamin zufolge versetzt die faschistische Politik "die Exekutierenden ebenso wie die Rezipierenden in einen Bann, unter dem sie sich selber monumental, das heißt unfähig zu wohlüberlegten und selbständigen Aktionen erscheinen müssen. Die Kunst verstärkt so die suggestiven Energien ihrer Wirkung auf Kosten der intellektuellen und aufklärenden"[12]. Ebenso läßt sich Siegfried Kracauers Beschreibung der Techniken, mit denen die kultur-politische Praxis der Nazis die Massen hypostasierte, unverändert auf diesen Film anwenden. In einem unveröffentlichten Essay von 1939 betonte Kracauer, daß die Massen erstens gezwungen seien, sich überall - so in Massenaufmärschen und bei Massenkundgebungen - selbst zu beobachten; sie sind sich ihrer selbst stets bewußt, meist in der ästhetisch verführerischen Form des Ornaments oder in einem wirkungsvollen Bild; daß zweitens das Wohnzimmer mit Hilfe des Radios in einen öffentlichen Ort verwandelt wird; und daß drittens die mythischen Kräfte, die die Massen zu entwickeln in der Lage sind, zum Zwecke der Verstärkung der Selbstdeutung der Massen als Masse ausgebeutet werden. Deshalb erscheine es vielen so, als ob sie in den Massen über sich selbst hinausgehoben würden.[13]

Das Olympiastadion fungiert in *Wunschkonzert* wie in Riefenstahls Olympiade als ästhetische Repräsentanz des transzendenten Ankers "Volk" und als Spiegel emotionaler Einheit, in dem sich die Masse als Kollektiv beobachten und dadurch festigen kann; auf ähnliche Weise können sich die Einzelnen in diesem Spiegel mit dem Kollektiv identifizieren, was sie stärkt und die negativen Auswirkungen moderner Gesellschaften imaginär überwinden hilft. Das Olympiastadion dient - unterstützt durch seine Solidität und seine Form - gleichzeitig als Symbol der Eingrenzung von Identität wie der ekstatischen Entgrenzung innerhalb des eingegrenzten Raumes;

---

[12] Walter Benjamin, "Pariser Brief I" (1936), in: <u>Gesammelte Schriften</u>, Bd. III, Frankfurt am Main 1980, p. 489

[13] Vgl. Siegfried Kracauer, "Masse und Propaganda. Eine Untersuchung über die faschistische Propaganda" (Paris, 1939). Da mir das deutsche Original dieses unveröffentlichten Essays nicht zugänglich ist, paraphrasiere ich hier ein englischsprachiges Zitat, das Karsten Witte in seinem Aufsatz "Introduction to Kracauer's 'The Mass Ornament", <u>New German Critique</u>, 5 (Spring 1975), p. 64, publiziert.

es erlaubt den Einzelnen ein "sicheres", die Identität nicht unterminierendes Verschmelzen mit dem Ganzen. Der Film suggeriert, daß Deutschland sich die Gegenwart internationaler Teilnehmer leisten, sich also der Gefahr einer rassischen Kontamination während der olympischen Spiele aussetzen kann, weil es zu identitätsstark geworden ist, um bedroht zu werden; die Präsenz des "Fremden" dient lediglich dazu, die physische und geistige Stärke des Körpers "Deutschland" zu unterstreichen. Während des olympischen Einmarsches zeigt die Kamera, durchaus an Exotik und Völkervielfalt interessiert, eine bunte Reihe nationaler Teams. Doch sobald Inge bemerkt, daß die deutsche Mannschaft ins Stadion einzieht, unterbricht der Film seinen narrativ-visuellen Fluß; die ruhige Abfolge von Einstellungen, die für die Privatgeschichte typisch ist, wird vom monumental-epischen Stil des Anfangs abgelöst. Auf Inges euphorischen Schrei "Da kommen die Deutschen!" folgt eine Einstellungssequenz von in perfekter Ordnung marschierenden weißen Figuren, in die Einstellungen einer wogenden, frenetisch salutierenden und jubelnden Menge hineingeschnitten sind. Auch die ästhetische Verschmelzung der Sportler in einem "Massenornament" (Kracauer) wird zur Metapher für kollektive Harmonie. Die Szene, die Filmmaterial der Wochenschau enthält, beutet im Kriegsjahr 1940 die Erinnerung des Volkes an die glorreiche Zeit der Olympiade von 1936 nostalgisch aus. Obwohl die Auswirkungen des Krieges die Liebenden inzwischen in alle Himmelsrichtungen hinein verstreut hat, dient die Olympiade durch den ganzen Film hindurch als Ikone nicht nur nationaler, sondern privater "Einheit", d.h. als Ikone des Zusammenseins der Liebenden. Die Olympiade und das Olympiastadion suggerieren als filmrhetorische Mittel, daß es eine Harmonie zwischen Privatbereich und Kollektivbereich auch in Kriegszeiten gibt; es schaltet die beiden Bereiche gleich.

Obwohl die Funktionalisierung Berlins als Ort kollektiver Erfahrung in keinem Film so offensichtlich ist wie in *Wunschkonzert*, gibt es auch in anderen Filmen analoge Stadtdarstellungen. *Urlaub auf Ehrenwort* (1937) erzählt die Geschichte einer Kompanie im ersten Weltkrieg, die auf ihrem Weg zur Front kurz in Berlin Station macht. Da die meisten Soldaten in der Stadt zu Hause sind, gibt der junge Kompanieführer ihnen für die wenigen Stunden vor der Abfahrt des Militärzuges "Urlaub auf Ehrenwort" - womit er ein Kriegsgerichtsverfahren riskiert, da er volle Verantwortung für die rechtzeitige Rückkehr jedes einzelnen Soldaten trägt. Die Männer repräsentieren alle Sozialschichten der deutschen Gesellschaft; die Kompanie kann so für Deutschland einstehen. Ein Bahnsteig des Potsdamer Bahnhofs, auf dem der Kompaniechef angespannt die Rückkehr der Soldaten erwartet, wird zum symbolischen Ort der Prüfung; hier soll sich erweisen, ob das deutsche Kollektiv moralisch

intakt ist. Der Film gewinnt seine narrative Spannung allein aus der
Frage, ob "Zerrissenheit" bzw. Eigennutz oder die Gemeinschaft den
Sieg davontragen wird. Der Film versucht, die Spannung filmtech-
nisch durch sehr konventionelles cross-cutting und durch die
rekurrent eingeblendete Ikone einer Turmuhr und das Zeichen
"Potsdamer Bahnhof" zu steigern. Der Symbolgehalt des Bahnsteigs
als Ort der Trennung - und damit in übertragenem Sinne der
gesellschaftlichen Entzweiung -, auf den der Film konstant anspielt,
wird durch den Schluß der Erzählung umgekehrt: Drei unfreiwillig
verspätete Soldaten, unter ihnen einer, der zum Parteivorsitzenden
der KPD gewählt werden sollte, kehren im allerletzten Augenblick
zurück.   Auch hier erweist sich der "Sinn" des Raumes, des
äußeren, als von der moralischen Einstellung des Innern abhängig.
Eine moralisch gesicherte Identität zeigt sich dem Raum gegenüber
überlegen; räumliche Trennungen werden durch sie überwunden. Die
Privilegierung des Inneren führt auch hier wieder zur Visualisierung
eines Raumes, dem im Zuge der Erzählung jede geographische
Besonderheit zugunsten von Allgemeinvorstellungen wie "Deutschland,"
Treue, und "die Sache" entzogen wird.

Die große Liebe, der erfolgreichste deutsche Film der Kriegs- und
Nachkriegszeit, siedelt die völkische Gemeinschaftserfahrung in einem
ebenso unwahrscheinlichen Ort an: der von Zarah Leander beherr-
schten Berliner Revue. Das Wort Revue ist etymologisch mit
"review" verwandt; es bedeutet so viel wie Militärinspektion. Als
Schau setzt sie die Abfolge geometrischer, hierarchischer Ordnung
in Genuß um. Karsten Witte hat dies eine "reciprocal transference
from the military to the theatrical sphere" genannt und darauf
hingewiesen, daß die Revue im Gebiet der Unterhaltung das vorweg
nimmt, was im Krieg seinen endgültigen Ausdruck finden sollte: "The
fact that 'girls' are on parade in these uniforms may heighten the
erotic appeal, but actually degrades it through the very massive
deindividualization of those girls. The director ... inspects the revue
girls as representatives of the female reserve army, who hold up the
homefront even as the warfront of male armies is collapsing"[14] Von
den drei musikalischen Einlagen Zarah Leanders sind vor allem die
letzten beiden, das Lied *Davon geht die Welt nicht unter* und das
den Höhepunkt bildende *Ich weiß, es wird einmal ein Wunder
geschehen* musikalische Beschwörungen von Gemeinschaft - beide
Liedtexte beziehen sich sowohl auf die individuelle Liebesgeschichte
zwischen Leander und dem Fliegerleutnant Wendlandt als auch auf
Deutschlands Misere im Kriege. Die Ausweitung der Bedeutung des

---

[14] "Visual Pleasure Inhibited: Aspects of the German Revue Film," New
German Critique, No. 24/25, (Fall/Winter 1981/82), p. 238

Einzelschicksals auf das Schicksal der Gemeinschaft wird dem realen
Publikum durch eine Sequenz von Einstellungen suggeriert, in dem
es abwechselnd das wiedervereinigte Liebespaar und sein filmisches
Substitut, das die Wiedervereinigungsszene betrachtende fiktive
Publikum, anschauen kann. *Die große Liebe redet* versucht dem
realen Publikum einzureden, daß ästhetische Erlebnisse in reale
Glückszustände umgewandelt werden können, wenn es zwischenzeit-
lich zu Opfern bereit ist; persönliche Opferbereitschaft soll die
Ankunft des realen Glückes garantieren. Der Film erreicht diese
ideologische Wirkung durch ein Parallelisierungsverfahren: er
kontrastiert die elektrifizierende und durch Leanders Musik spontan
geschaffene Gemeinschaft mit dem langsamen und schmerzensreichen
Prozeß, in dem der Star lernt, die eigenen, persönlichen Bedürfnisse
denen der Gemeinschaft unterzuordnen. Bis kurz vor Schluß schafft
es Leander nicht, das ästhetische und das völkische Gemeinschaftserlebnis zu verbinden; sie macht sich schuldig, da nicht bereit, ihre
Starrolle dem geliebten Mann und damit Deutschlands Kriegsbedürf-
nissen aufzuopfern. Die narrative Strategie des Films zielt auf eine
Korrektur eines bloß an den eigenen Bedürfnissen interessierten Ichs
und auf eine Wiedereingliederung dieses Ichs in das "Wir", eine
Strategie, die offensichtlich vor allem auf weibliche Zuschauer abzielt.

Für alle drei Filme ist ein rhythmischer Wechsel zwischen Szenen
der Trennung und des Zusammenseins typisch. Allerdings verschieben
die drei Filme die Bedeutung des Zusammenseins von der Ebene
körperlicher auf die seelischer Nähe, die wichtiger sein soll als jede
durch den Krieg unmöglich gewordene räumliche Nähe. Der Nazifilm
mythisiert den Krieg entweder als Schicksalsprüfung oder Naturkata-
strophe; ihr erfolgreiches Bestehen soll zu einer befriedigenderen
Erfüllung persönlicher und kollektiver Bedürfnisse führen: Krieg ist
ein Schicksal. Es wird keine Begründung dafür geliefert. Ein jeder
muß dieses Schicksal tragen und sich darin bewähren. Aber wenn
er das tut, wenn er die auferlegten Anstrengungen und Opfer bringt,
wenn er seine privaten Wünsche und Interessen zurückstellt, dann
darf sich ein jeder einbilden, sein Einsatz für den Sieg im Krieg
würde ihn der Erfüllung seiner Vorstellungen von Glück ein Stück
näherbringen.[15]

Dieser Formel entsprechend verschieben alle drei Filme die wirkliche
Befriedigung von Bedürfnissen (z.B. die Beendigung von Trennung
und Krieg) auf imaginäre Wunscherfüllungen hin. So mobilisiert die

---

[15] Klaus Schönekäs and Martin Loiperdinge, "Die Produktion filmischer
Zeichen im Dienste der nationalsozialistischen Propaganda - Dargestellt am Film
'Die große Liebe'", unveröffentlichter Vortrag, gehalten auf dem Münchner
Semiotik-Kongress 1984, ohne Seitenzahl

zweite, im Jahre 1939 spielende Hälfte von *Wunschkonzert* Berlin als einen Gefühlswert, der seine räumlichen Koordinaten mit Hilfe moderner Technologien überwindet; das Radio wird hier als ein Mittel mythisiert, das eine emotionalgeistige Wiedervereinigung der Getrennten ermöglicht. Diese positive Verschmelzung von Emotionalität und Technologie mag als inhaltliches Element im Nazifilm außergewöhnlich sein; sie ist dennoch für die faschistische Ästhetik höchst typisch. Der größte Teil der Handlung folgt der vom Krieg erzwungenen Trennung des zentralen Liebespaares und einer Reihe anderer Paare und Familienangehöriger, die ebenfalls durch den Krieg getrennt wurden. Die Einheit der getrennten Paare wird regelmäßig an Sonntagnachmittagen durch die volkstümliche Radiosendung "Wunschkonzert", die von Berlin aus ins ganze deutsche Reich und an alle Fronten ausgestrahlt wird, wiederhergestellt: Kochs Wunsch, die Musik der Olympiade von 1936 zu spielen, signalisiert der natürlich zuhörenden Inge, daß der Geliebte sie trotz seines dreijährigen Schweigens nicht vergessen hat.[16] Wichtiger noch: das Wunschkonzert vereinigt alle Figuren des Films stellvertretend für die Nation in dem grandiosen Spektakel der Schlußszene. Wie in *Die große Liebe* dient die Musik hier dazu, die Stimmung der verstreuten Figuren zu stabilisieren, nur durchdringt die Wirkung der Musik in *Wunschkonzert* Deutschland mit Hilfe des Rundfunks als Ganzes: die reale Durchdringung des Raumes durch die Radiowellen wird, unterstützt durch Bilder der Helden vor Volksempfängern, zur *pictura* und das emotionale Erlebnis seelischer Nähe zur *subscriptio*. Die eingeblendeten Bilder aus allen Teilen Deutschlands und von allen Fronten dehnen die ästhetisierung der Politik zu einer Ästhetisierung des Alltagslebens aus - eine Strategie, die offensichtlich die Widersprüche und Spannungen des Alltagslebens unter der Naziherrschaft verdecken bzw. imaginär versöhnen soll. Die technisch den Raum durchdringende Musik, die den "wirklichen" Gemeinschaftsgeist symbolisiert, ist ein ausgezeichnetes Beispiel für die Fusion von vier Aspekten des Faschismus: die Ästhetisierung der Politik und die Bedeutung, die der Faschismus der Kunst, der Technologie und der Gemeinschaft - im Sinne einer Biologisierung von Weltanschauung - zuschreibt.

Das sonntägliche Wunschkonzert suggeriert einen Höhepunkt an Harmonie, der alle Negativwirkungen eines erstaunlich gewaltlos

---

[16] Die Geschichte dieses Paares ist für den Film wichtig, weil die beiden zunächst nicht durch den Zweiten Weltkrieg, sondern durch Kochs streng geheime Mission in der Legion Condor während des spanischen Bürgerkrieges 1936 getrennt wurden. Die emotionale Prüfung des Paares seit 1936 antizipiert so die Prüfung der Nation als Ganzes, die der Film, 1940 gedreht, in die nahe Zukunft projiziert.

gezeichneten Krieges belanglos werden läßt. Der Film will die Erfahrung des Krieges dem Volk vorformulieren, indem er das Leben als Zyklus deutet: die Verlesung einer Namenliste von Frontsoldaten, die Väter geworden sind, musikalisch-visuell unterlegt mit Babybildern und mit von Kinderchören gesungenen Wiegenliedern, wechselt mit der Erinnerung an den im Krieg gefallenen Musiker und Soldaten Schwarzkopf. Der Film greift den durch den Krieg aufgezwungenen Todesgedanken auf, um ihn sentimental umzudeuten.

Das Handlungssegment, das Schwarzkopf betrifft, ist für den Film wichtig, weil es die harmonisierende Wirkung von "Kultur" und Musik auszubeuten erlaubt. Schwarzkopfs rein ideologische Bedeutung wird bereits durch die Tatsache unterstrichen, daß er für die Geschichte des Films überflüssig ist. Dennoch gehört er strukturell, unterstützt durch eine Verteilung seiner drei Auftritte auf den ganzen Film, zu den wichtigsten ideologisch-visuellen Figuren des Films; er trägt dazu bei, daß die Geschichte strukturell zusammengehalten wird. Sein erster Auftritt zeigt ihn zuhause am Klavier, während er eine Beethoven-Sonate spielt. Verschiedene Figuren, die in demselben Mietshaus wohnen, betreten sprechend das Klavierzimmer und werden von den andächtig lauschenden Anwesenden ermahnt, der "Kunst" still und ehrfürchtig zuzuhören. Obwohl die Reaktion der so Ermahnten ihrer sozialen Klasse entsprechend variiert, die bloße Äußerung des Wortes "Beethoven" versetzt alle ohne Ausnahme in einen Zustand sentimentaler Ekstase - die Szene erinnert an Werthers Reaktion auf Lottes Ausruf "Klopstock!" 150 Jahre früher. Mitten in den Kriegsjahren werden so die sozial unterschiedlichsten Individuen durch das gemeinsame Erlebnis ihres deutschen Kulturerbes gemütsmäßig vereint, und zwar genauso wie an anderen Stellen des Films durch die Olympiade und den Rundfunk. Die Szene schlägt Gefühlskapital aus dem Geniekult, den so viele Nazifilme derselben Zeit ausbeuten; es genügt, den Namen eines Genies zu nennen, um Transzendenz zu schaffen - jede weitere Begründung ist überflüssig.

Die zweite wichtige, Schwarzkopf betreffende Szene bildet einen emotionalen Höhepunkt des Films, obwohl auch diese Szene wieder zur Haupthandlung nichts beiträgt. An der polnischen Front wartet Schwarzkopf in einer Kirche wie befohlen auf die Rückkehr seiner Kameraden von einer Schlacht. Sobald Schwarzkopf versteht, daß die Soldaten den Kirchentreffpunkt im aufgezogenen dichten Nebel nicht finden können, fängt er - um einen akustischen Orientierungspunkt zu schaffen - an, *Ein feste Burg* auf der Kirchenorgel zu spielen; er selbst wird damit ein leichtes Ziel für den Feind. Wie vorauszusehen, werden die Kameraden durch Schwarzkopfs Verhalten gerettet, während er selbst von einer Granate getötet wird. Martin Luthers Liedtext *Ein feste Burg* kreist um den Gedanken der Errettung durch "Jesus Christus". Während der Zuschauer diese Musik hört, stellt die Szene einen visuellen Bezug zwischen Schwarzkopf[17] und dem ans Kreuz geschlagenen Christus her - ein Standbild der Kreuzesszene ist in der Kirche zu sehen. Wieder dient die deutsche Kultur, hier in der Gestalt Luthers, als Medium sentimentalisierter Gemeinschaftserfahrung. Die Benutzung von Luthers *fester Burg* in einer den Tod fürs Vaterland ästhetisierenden und sentimentalisierenden Szene ist aus einer Reihe von Gründen signifikant: Zunächst steht die Metapher der festen Burg metonymisch für das gefestigte Ich-Ideal, das Theweleit als gepanzerte, Schwäche nicht tolerierende Form der Subjektivität beschrieben hat. Zweitens war das Absingen von *Ein feste Burg* seit dem 17. Jahrhundert zur moralischen Aufrüstung der Kämpfenden gebräuchlich - weshalb Heine das Lied als "Schlachtgesang" ironisiert; die Erwähnung Gottes als "eine gute wehr vnd waffen" oder die letzte Zeile, "das Reich mus vns doch bleiben", gewannen dadurch eine wörtliche Bedeutung. Noch während des Ersten Weltkriegs schlugen nationalistische Politiker vor, das Lied als "geistiges Rüstzeug"[18] zu nutzen. *Wunschkonzert*, die christliche Tradition des Abendlandes ausbeutend, verschiebt die Erlösung durch Christus zur Erlösung durch und dem Opfertod für "Deutschland" hin.

Schwarzkopf spielt auch nach seinem Tode während des Rundfunkkonzerts der sentimentalen Schlußszene des Films noch eine Rolle; hier suggeriert der Film eine seelische Wiedervereinigung Schwarzkopfs mit seiner Mutter, deren Wunsch, das Lieblingslied des Sohnes zu hören, vom Rundfunkorchester erfüllt wird. Wieder verwebt der Film das Besondere und das Allgemeine: Schwarzkopf dient als Paradigma für alle gefallenen Soldaten und seine Mutter für alle verwaist zurückgelassenen Mütter. Die Verschiebung vom Besonderen ins Allgemeine tendiert dazu, eine Verschiebung vom Realen ins Imaginäre zu sein. Dies wird bildlich durch einen penetrant sentimentalen Kameraschwenk erreicht: während eine männliche

---

[17] Musiker werden sehr ambivalent bewertet, wie Schönekäs and Loiperdinger betont haben: "Musiker, insbesondere an Tasteninstrumenten, sind in der Tradition des NS-Films ein eigentümlich ambivalentes Zeichen, einmal für Weichheit, Schwäche, Lebensuntüchtigkeit, andererseits für Genies und Träger der 'deutschen Kultur'". Vgl. auch das Kapitel über Friedemann Bach (1941) in meiner Dissertation, The Never-Was as History: Portrayals of the 18th Century in the National Socialist Film, University of Minnesota, 1985.

[18] Lothar Schmidt, "'Und wenn die Welt voll Teufel wär'. Zu Martin Luthers 'Ein feste burg ist unser Gott', Gedichte und Interpretationen", in: Volker Meid (Hrsg.), Renaissance und Barock, Stuttgart 1982, p. 66

Stimme "Gute Nacht, Mutter" singt, schwenkt die Kamera vom
Volksempfänger an Schwarzkopfs verlassenem Klavier vorbei auf sein
Photo hin und schließlich zur Mutter, die mit derselben Körperhal-
tung wie in der Beethoven-Szene am selben Tisch sitzt. Die
Schwarzkopf-Szenen tragen zur oben diskutierten Wirkung von Musik
und Technologie dadurch bei, daß sie Kunst, den Schlachten- und
Opfertod, und Glückserinnerungen nostalgisch in einer Stimmung von
"Einheit" miteinander verbinden.

Es scheint mir signifikant, daß *Wunschkonzert*, ein Film, der am
Anfang dokumentarisches Filmmaterial von der Olympiade benutzt,
um Vorkriegsstimmungen zu erzeugen und diese Stimmungen an
einen konkreten Ort, nämlich Berlin, zu binden, in Szenen ausklingt,
die die Grenzen der konkreten Lokalität "Berlin" transzendieren.
Zwar überhöhen bereits die Wochenschauaufnahmen der Olympiade,
wie wir gesehen haben, den Ort "Berlin" symbolisch; doch ist der
Symbolgehalt der Olympiade noch untrennbar an einen konkreten
Ort gebunden, was in der Schlußszene nicht mehr der Fall ist. Dies
wird durch Technologie erreicht, die hier nicht einfach als an sich
unbedeutendes Hilfsmittel fungiert, sondern die thematisiert und in
ein bewußtes und wichtiges ideologisches Mittel der Transzendierung
des Raumes gekehrt wird. Der Raum - und das heißt: die konkrete
Erfahrung des Krieges, vor allem der Bombenangriffe - wird in die
seelischen Einheit der Gefühle aufgelöst. Die Technologie verleiht
dieser Gefühlseinheit, unterstützt durch die rekurrenten Nahaufnahmen von Volksempfängern im Film, den Schein der Konkretheit.
Die imaginäre "Gemeinschaft" der Zuhörer, am Anfang des Films
durch das konkrete olympische Spektakel in Berlin abgestützt,
braucht die physische Stütze der Stadt nicht mehr; der tech-
nologische Fortschritt läßt den Gefühlswert Berlins, des Zentrums,
in das Wohnzimmer der Mutter des toten Soldaten, in das Kranken-
haus, das Hauptquartier der Luftwaffe, in den Körper Großdeutsch-
lands dringen. Die Verschiebung des geographischen Raums ins
Imaginäre versöhnt den Gegensatz von Stadt und Land, Zentrum
und Peripherie. Deshalb werden die Ebenen des besonderen Ortes
und des allgemeinen Raumes, des Privaten und des Öffentlichen, die
von der Erzählung zusammengewoben werden, zusehends von einer
abstrakten Erfahrung der Gemeinschaft, von einer von Medien
geschaffenen Ganzheit abgelöst. Die Technik hilft, Gefühle über
große Räume hin zu synchronisieren, was den sehr modernen
Antimodernismus des Nationalsozialismus auf angemessen paradoxe
Weise zum Ausdruck bringt.

Die Technik ist wesentliches Mittel eines weit größeren Zweckes: die
Transformation der wirklichen Erfahrungen in imaginäre; sie ist
Voraussetzung der vom Nationalsozialismus angestrebten Ästheti-

sierung von Erfahrung. Die ästhetisierte Erfahrung verschiebt die
Wunscherfüllung ins Imaginäre, sie erlaubt allein kompensatorische
Befriedigungen oder, mit den Worten Benjamins, sie hilft "die
Massen zu ihrem Ausdruck (beileibe nicht zu ihrem Recht) kommen
zu lassen".[19] Das Erlebnis der Olympiade oder selbst noch Erlebnisse
wie Schwarzkopfs Klavierspiel sind "wirkliche" Erlebnisse, aber ihre
Bedeutung liegt in ihrer Verwertbarkeit als und Transformierbarkeit
in imaginäre Erfahrungen, die ihren Anlaß übersteigen - sowohl für
die Figuren im Film wie für die Zuschauer. Als imaginäre Erfahrungen können die Olympiade und das Wunschkonzert sowohl
von den tatsächlich anwesenden Zuschauern als auch von denen, die
allein ihrer technischen Reproduktion beiwohnen, erlebt werden. Das
Gefühl der Gemeinschaft ist für die eine Gruppe genauso "wirklich"
wie für die andere. In der narrativen Struktur des Films vertritt das
olympische Erlebnis mit seiner Einschränkung auf den konkreten Ort
"Berlin" eine weniger entwickelte Stufe der Ästhetisierung, während
das Rundfunkkonzert mit seinem Modus abstrakter Verbreitung eine
fortgeschrittenere Stufe darstellt.

Wunschkonzert setzt das faschistische Theorem, daß privates und
öffentliches Glück identisch sind, in eine filmische Handlung um.
Der Film illustriert Benjamins Gedanken, daß der Nationalsozialismus
die Technik zum Zwecke einer alles durchdringenden Ästhetisierung
mobilisiert. Aber die Ästhetisierung der Politik, d.h. die Ersetzung
wirklicher Erfahrungen durch imaginäre, ist nicht nur eine Eigenschaft faschistischer Erzähldiskurse. Vom 18. Jahrhundert an eignet
dem modernen Denken eine Tendenz, sich als geschichtsphiloso-
phisches zu temporalisieren und Idealzustände in eine bessere
Zukunft zu projizieren. Der Begriff einer besseren Zukunft kann,
wie Lyotard gezeigt hat, niemals eine Darstellung von etwas
Wirklichem, auch nicht von einem antizipierten Wirklichen, sein. Die
Projektion einer besseren Zeit und eines besseren Zustands in die
Zukunft sind deshalb grundsätzlich imaginärer und ästhetischer Natur.
Die Nazis nutzen diese Wahlverwandtschaft zwischen dem ästhe-
tischen und dem Geschichtsphilosphischen; erstens, indem sie die
Versöhnung des Wirklichen und des Imaginären in die Zukunft
projizieren (eine Strategie, die sie mit anderen Formen populärer
Utopien teilen), und zweitens, indem sie die allgemeine Geschichte
mit der Alltagserfahrung verschmelzen. Ich will damit auf keinen Fall
eine innere Verwandtschaft zwischen dem Nationalsozialismus, der
vom "Ewigen" redet und Geschichte mit seiner biologisierten
Weltanschauung hinter sich lassen will (er "rechnet nach Jahrtausen-

---

[19] Walter Benjamin, "Das Kunstwerk im Zeitalter seiner technischen
Reproduzierbarkeit" (1935), <u>Gesammelte Schriften</u>, Bd. I, p. 506

den"[20]), und dem Marxismus, der wesentlich Geschichtsphilosophie ist, unterstellen. Der Nationalsozialismus beschwört Geschichte lediglich; er beschränkt seine Beschwörungen entweder auf die Vorgeschichte des nationalsozialistischen Staates, die wie in den besprochenen frühen Filmen eine Geschichte der Prüfung und des Kampfes ist, oder auf eine gefühlvolle Vorwegnahme des Kriegsendes wie in den späteren Filmen. In diesem Sinne hat das "happy end" von Wunschkonzert - und der anderen Filme, die die Zeit des Krieges als Prüfung darstellen - eine antizipatorische Funktion. Wie die berühmte Schlußeinstellung in *Die große Liebe*, in der das wiedervereinigte Liebespaar zu den am Horizont hinziehenden Flugzeugen, dem "Vorschein" des Wunders, von dem Leander singt, aufschaut, so verspricht das Ende von *Wunschkonzert* die Wiedervereinigung von durch den wirklichen Krieg getrennten wirklichen Menschen.

Wunschkonzert unterscheidet sich von *Die große Liebe* jedoch in seinem Bezug auf einen konkreten Zeitpunkt, den Beginn des Krieges im Jahre 1939, als Zeit der Wiedervereinigung und Versöhnung. Indem der Film eine frühere fiktive Wiedervereinigung (1936 - 1940) mit einer projizierten wirklichen Wiedervereinigung (1940 bis zum Ende des Krieges) assoziiert, kompensiert er das gegenwärtige Leiden in der Vision eines für die Bevölkerung noch verfrühten "happy end". So wird die Verschiebung wirklicher Erfahrungen zum imaginären Erlebnis von Gemeinschaft hin, durch die diese Filme ihre ideologische Kraft gewinnen, durch eine zweite, verwandte ergänzt: die zeitliche Verschiebung in eine Zukunft, in der die imaginäre Erfahrung angeblich zur wirklichen wird. Aufgrund dieses sentimentalen Vorgriffs erfüllen die hier besprochenen Filme die gesellschaftliche Funktion, die Benjamin dem faschistischen Spektakel allgemein zuschreibt: "Die Verewigung der bestehenden Verhältnisse vollzieht sich in der faschistischen Kunst durch die Lähmung der (exekutierenden oder rezipierenden) Menschen, welche diese Verhältnisse ändern könnten"[21]

---

[20] Walter Benjamin, "Das Kunstwerk im Zeitalter seiner technischen Reproduzierbarkeit", ibid., p. 506

[21] Walter Benjamin, "Pariser Brief I", ibid., p. 489

WER ODER WAS SCHREIBT DIE STADT?

Konvention und Dokumentation in der urbanen Literatur

von Friedhelm Lach

Mit dem Thema "literarische Konvention und Dokumentation" sollen formanalytische Aspekte von Großstadtdichtung angesprochen werden und zwar in zweierlei Hinsicht - systematisch der einst gängige und inzwischen suspekt gewordene Begriff der Konvention sowie historisch die Transformationen von Konvention und Dokumentation in der Großstadtschilderung.

In jüngeren Arbeiten zur Kunst der Metropole dominiert eine historische Betrachtungsweise. Dabei geht es einerseits um die globalen Perspektiven der Stadt als Sozialform, worunter auch eine Art epochaler Tiefenstruktur verstanden wird. Andererseits steht die Herausarbeitung von im weiteren Sinne dekonstruktiven, manchmal auch nur nostalgischen Großstadtbildern des spezifischen zeitlich/örtlichen Kontextes im Vordergrund. In beiden Richtungen sind Voraussetzungen mitzudenken, die in der aktuellen Diskussion oft vergessen werden und durch eine Reflexion auf Konvention und Dokumentation in Erinnerung gerufen werden können.

Postmoderne Indifferenz

Die anläßlich der 750-Jahr-Feier Berlins sowie der Wahl der Stadt zur Kulturstadt Europas 1988 den Markt nahezu überschwemmenden Publikationen zur wohl einzigen deutschen Metropole fügen sich ein in eine Renaissance des Themas Großstadt. In diesem Zusammenhang ist allgemein festzustellen, daß diese gesellschaftliche postmoderne Realität als Gegenentwurf zur Moderne gesehen wird, und daß dabei, wie stets bei "Feindbildern", die Positionen der Modernendiskussion dominant bleiben. Wenn Friedrich Knilli sein Programm bekannt gibt, die kulturelle und soziale Vielfalt, die Bühnenhaftigkeit und Abenteuer-Potentialität der Großstadt aufzeigen zu wollen[1], dann folgt er einem Bedürfniskanon der Postmoderne. Transformation wird deshalb zu seinem Zeitwort. Wenn er aber die Großstadt ins Zentrum stellt, weil sie zukunftsweisend die neuen gesellschaftlichen Leitbilder ausarbeite, sozusagen kulturelles Innovationszentrum der Gesellschaft sei, dann sollte sich die Frage anschließen, inwieweit dies eine gewollte Übertragung von Per-

---

[1] Friedrich Knilli, "Massenmedien & Metropolen", in: Friedrich Knilli und Michael Nerlich, Medium Metropole. Berlin, Paris, New York, Heidelberg 1986, pp. 11 - 29

spektiven aus der Modernendiskussion ist. Die Großstadt als Inbegriff
der Moderne - dieser Gedanke verlockt zu sehr, die Großstadt im
unbesehen auch zum Fokus der Postmoderne zu machen.

Auch Klaus R. Scherpe[2] konstruiert die Gegensätze von moderner
und postmoderner Stadt, wie sie in der Diskussion um die Unwirklichkeit gegenwärtiger Lebensverhältnisse zum festen Topos geworden
sind. Er sucht dabei zu belegen, daß das Gerede von der Unwirklichkeit der Städte in postmoderner Zeit kein modisches, intellektuelles Spiel, sondern begründetes Argument ist, das aufzeigt, wie der
Begriff der Großstadt zumindest in den westlichen Industrieländern
in ein Konzept der "Neo-Erlebnisstadt und <Dream City>"[3]
aufgegangen ist. So wie sich die Vorstellung vom Proletariat als
stadtkonstituierende Masse verwandelt hat in die des Kognitariats[4],
so sieht Scherpe eine entsprechende Transformation von der
Produktionsstätte Stadt zu einer "Stätte der Umproduktion und
Reproduktion in Permanenz" (ibid.). Der Künstler, der "das
Transitorische mit Leib und Seele als das <Eigentliche> zu
begreifen" (ibid.) hat, schildert deshalb die Exzentrik, die reizvollen
divergenten Ereignisse, die Entwürfe von vielfältigen Lebensformen,
aber auch die oft vergebliche Anstrengung, der Simulation ein
Authentisches abzuringen.

Fast bedauernd hebt Scherpe dabei hervor, daß das klare, in sich
konsequente Großstadtbild der Moderne zu einer Ansammlung von
nicht mehr zu systematisierenden Schauplätzen wird. Die komplexen
Überlagerungen und Geschichtsverklitterungen führten zu unendlicher
Vervielfältigung - zu einem disparaten Spektakulum durchaus
erkenntnisfeindlichen Charakters. Alexander Mitscherlichs Gleich-
setzung von Urbanisierung und moderner Verelendung (1965) hat
sich insofern schon deshalb in den achtziger Jahren erledigt, weil
in diesen neuen Schauplätzen soviel Farbe und Phantasie die
Oberfläche bestimmt, daß Elend materiell wie psychisch nicht mehr
sichtbar wird. Mit Recht weist Scherpe jedoch auf die verborgenen
Zeichen der Verelendung hin, auf die Gettoisierung sozialer und
rassischer Minderheiten, auf die in allen Weltstädten zu findende
"spätmoderne Verelendung". Darüber hinaus aber ist sein Stadtbild

---

[2] Klaus R. Scherpe, "Zur Einführung - Die Großstadt aktuell und
historisch", in: Klaus R. Scherpe, Die Unwirklichkeit der Städte. Großstadtdarstellungen zwischen Moderne und Postmoderne, Reinbek bei Hamburg 1988, pp. 7 -
13

[3] Scherpe, ibid., p. 8

[4] Vgl. Charles A. Jenck, Architecture Today, New York 1982

dahingehend zu korrigieren, daß es zwar für die Mehrheit der europäischen Großstädte gelten mag, die nordamerikanischen Metropolen etwa sich jedoch im Miteinander von Stadtinszenierung und beinahe omnipräsentem Elend erhalten.

Wenn es nun stimmen sollte, was in der Diskussion um die Postmoderne behauptet wird, daß nämlich die Totalität technischer Medien, ein systematisches Überwältigen der Perzeption durch dargestellte Information auch noch den Rest menschlichen Verstandes ursupiert, wäre meiner Ansicht nach Kritik gefordert. Scherpe dagegen - in seiner historischen und historisierenden Sicht - findet die alten Bedürfnisse des modernen einsamem verwirrten Großstadtmenschen nach Orientierung und Kommunikation immer noch dominant. Und anstatt Kritik kommt ein eigenartiger Friedensschluß mit dem Leben im falschen: "(...) es geht nicht mehr darum (wie in unzähligen Großstadtfiktionen der Moderne), in der Metropole Fuß zu fassen, sondern darum, das *Transitorische* mit Leib und Seele als das <Eigentliche> zu begreifen."[5]

Werke wie Robbe-Grillets *Souvenirs du triangle d'or*[6], J. P. Donleavys *A Fairy Tale of New York*[7], Italo Calvinos *Le città invisibili*[8] oder Bodo Morshäusers *Berliner Simulation*[9] zeigen die Metropole als Unwirklichkeit. Sie schildern einen Inszenierungsraum für neue Erlebnisse und Ereignisse, und zeigen im Detail am Früheren, anderen, Traditionellen, wie alles schon gebraucht und mit multiplen Erfahrungen belegt ist und so erzählerisch zum Schnittpunkt von beinahe beliebigen Perspektiven werden kann. Keine große Emotionalität, kein Schauder und Unbehagen vor der Großstadt bei solcher multipler Großstadterfahrung, sondern statt dessen ständige Implikation, Spiel, Gebrauch, Verfügen, ein möglicherweise simuliertes, manchmal trauriges, aber meist großes Ja zur Traditionsverwertung und zum gemeinschaftlichen Entertainment, vor allem zur Selbstverwirklichung als soziales Wesen.

Doch da, wo der postmoderne Trend vorgibt, jederlei Erfahrung und Erinnerung verfügbar zu machen, stellt sich eine alte Frage neu:

---

[5] Scherpe, ibid., p. 9

[6] Alain Robbe-Grillet, Souvernirs du triangle d'or, Paris 1978

[7] J. P. Donleavy. A Fairy Tale of New York, New York 1973

[8] Italo Calvino, Le città invisibili, Torino 1972

[9] Bodo Morshäuser, Berliner Simulation, Frankfurt 1983

die der literarischen Konvention und Dokumentation. Wie kann die
Unwirklichkeit der postmodernen Städte dokumentiert werden und
inwieweit manipuliert das "Verfügen" über literarische Konventionen
den Schreibprozeß? Unterläuft nicht das Beschreiben von etwas, was
man als unwirklich erkannt hat, die behauptete Totalität des
Unwirklichen? Und ist nicht umgekehrt jeder - und also nicht nur
der postmoderne - literarische Diskurs der Stadt wenigstens zum
Teil eine Figuration voraufgegangener, die mitunter in der Stadt
selbst feste Form angenommen haben?

Die Frage kann im Rahmen der historisierenden Abhandlungen, die
heute zur Darstellung und Selbstdarstellung der Metropole geschrieben werden, wohl nur unzureichend beantwortet werden. Denn um
den kulturellen und gesellschaftlichen Wandel im Zeichen der
Weltuntergangsdrohung und der neuen Technologien in den Blick zu
bekommen, sucht nämlich die Kritik heute - also etwa Scherpe[10],
Knilli und Nerlich[11] oder Pfeiffer, Jauß und Gaillard[12] - nach der
historischen Adresse, die den Gegensatz zwischen modern und
postmodern erst plausibel machen soll. Statt nach der Unwirklichkeit
suchen die Autoren nach möglichst anschaulichen Großstadtbildern,
nach den Metropolen der Impressionisten, der Expressionisten, der
mythisch-dynamischen Großstadt des Futurismus oder den von Geld,
Technik und Modernität bestimmten Ort der Moderne. Sie schreiben
über die Vergangenheit, um die Gegenwart zu behandeln.

Der Griff auf's Gewesene, der eine Hermeneutik des Neuen
entstehen lassen soll, führt an sich selber ein postmodernes
Verfahren durch. Er bricht auch mit einer Konvention literarischer
Analyse: Hatte man früher zunächst Stadt und Land als textprodu-
zierende Einheiten gegenübergestellt, dann soziologisch oder
poetologisch vorgehend die naturalistische oder die moderne
Großstadt mit der romantischen Stadt verglichen oder die städtische
Welt des poetischen Realismus als eigenes System des Erzählens
erklärt[13], werden nun vergangene Traditionen der Stadtschilderung

---

[10] Ibid.

[11] Ibid.

[12] Helmut Pfeiffer, Hans Robert Jauß, Françoise Gaillard (Hrsg.), Art social
und art industriel. Funktionen der Kunst im Zeitalter des Industrialismus,
München 1987

[13] Vgl., damit Beispiel genannt seien, Peter Demetz, Formen des Realismus:
Theodor Fontanes kritische Untersuchungen, München 1964, oder Volker Klotz'
große Arbeit Die erzählte Stadt. Ein Sujet als Herausforderung des Romans von
Lesage bis Döblin. (München 1969 und Reinbek bei Hamburg 1987)

kursorisch als Material der heutigen Textgestaltungen betrachtet. Die Beziehung von Literatur und Großstadt erscheint dadurch gleichsam als gegenläufig: Literatur wird erst dann zum Gesamtausdruck urbanen Daseins, wenn die Stadt ihre ökonomische, soziale und politische Bedeutung in der Indifferenz der Inszenierung verliert.

Dialektische Konvention

Von literarischer Konvention kann man unter bestimmten Prämissen sprechen - einem klaren Epochenbegriff, einer beschreibbaren Poetologie, einer differenzierten Formengeschichte. Nun hat die Diskurstheorie, die in jedem Text und in jedem Teil eines Textes nur den Schnittpunkt von möglicherweise unendlich vielen Diskursen sieht, alle drei Prämissen in einen übergeordneten Zusammenhang überführt, sie dadurch virtuell aufgelöst und damit eine wissenschaftliche Bedingung geschaffen, die schwer wieder zurückzunehmen ist: und zwar die Bedingung, daß gerade eine solche Kategorie wie die der literarische Konvention nur in systemtheoretischen Aspekten reflektiert werden kann. Wenn Schreiben als Organisation von Welt gesehen wird, kann daher die Organisation wiederum als gesetzmäßig definiert werden, wodurch die Wissenschaft vom Schreiben in letzter Instanz ontologisch wird. Insofern entstehen durch die Reflexion literarischer Konventionen neue Literaturgeschichten, und insofern war das Bewußtsein, daß es so etwas wie literarische Konventionen gibt, schon so etwas wie antizipierte Diskurstheorie.

Ein Beispiel für eine solche Konvention ist Fontane[14]. Fontane vermittelte dem deutschen Roman ein Modell, indem er sich den Salon, den offiziellen Gesellschaftsraum im Zentrum der Stadt, als Erzählgrund schuf. Und es mag auch heute noch überraschen, mit wie wenig Elementen aus der Umgebung der Berliner Salons er seinen Erzählraum ausstaffiert. Das war lange schlicht anerkannt, heute interessiert das *Warum*. Wie ist es zu erklären, daß - topographisch gesehen - die Leere sein Berlinbild kennzeichnet, warum gibt es außer Salon und Gartenhaus, guter Stube und Speisesaal nur noch Silhouetten, Nebel mit Sonnenauf- und -untergängen?

Wenn Fontane die literarischen Konventionen des realistischen Erzählens aufgreift, dann aus dem Bedürfnis nach einer Art "Handlichkeit" des Erzählens, das benötigt wird, um jenen komplexen Prozeß darzustellen, bei dem die "kristallklaren" Verhältnisse am

---

[14] Vgl. Demetz, ibid.

Schnittpunkt einer Zeitenwende sich aufsplittern und neuordnen: die Elemente also, an denen das Funktionieren einer als bedrückend empfundenen Gesellschaftsform in Prägnanz erkennbar werden. Dabei bestärken ihn die Konventionen in der ökonomie seines Erzählens. Denn genau genommen werden nicht einmal die von Demetz aufgeführten Reisen der vornehmen Gesellschaft von Salon zu Salon - durch eine unsichtbar bleibende Stadt - erzählt, sondern einzig allein die Anlässe, die dazu führen, daß jedes kleinste Geschehen in einem gesellschaftlichen Beziehungsgeflecht ideologisch als regressiv oder progressiv eingeordnet wird und daß so Modelle zur sozial-politischen Kommentierung einer realen Geschichte geschaffen werden. Je engagierter die Botschaft, desto präziser und in gewissem Sinne auch abstrakter das Modell, auf das sich die geschichtlichen Ereignisse projizieren lassen. So gesehen fällt nicht die verschobene Topographie bei Fontaneschen Salonschilderungen ins Gewicht, sondern die modellhafte Welt von Störungen und Öffnungen der Kommunikation.

Ein weiteres Beispiel: Tieck verwendet in "Des Lebens Überfluß" das traditionelle Dachkammeridyll des Künstlers zur Satire auf das Biedermeier. Heinrich und Klara, das Protagonistenpaar, sitzen auf Grund ihrer Mesalliance völlig verarmt unterm Dach und verbrennen allmählich, weil es ihnen an Brennholz mangelt, die Treppe, die zu ihrer Stube hinaufführt. Tieck führt so den Bürgern, die sich vor der gesellschaftlichen und moralischen Norm ducken und sich in freien Phantasiewelten Ausgleich suchen, in diesem Modell vor, wie sie sich selbst die Treppen zur Wirklichkeit abbrechen. Das Ganze erscheint dem unsensibilisierten Leser als phantastisch-skurrile Geschichte. Erst wenn wir uns des Erscheinungsdatums und des Zeitkontextes bewußt werden, dreht sich die Erzählung und offenbart, wie Konventionen benutzt werden, um Konventionen zu zerstören. Erst dann finden wir auch den Punkt der Betroffenheit des Dichters, und erst dann öffnet sich Tiecks Berlin.

Erschienen ist die Novelle 1839, mitten im Wellental zwischen den Revolten von 1830 und 1848. Vor diesem Hintergrund erkennt der Leser, daß Tieck zu dieser Zeit die literarische Konvention, das Dachkammeridyll des Poeten zur Parodierung der öffentlichen Biedermeierhaltung benutzt. Das Zurückgreifen auf ältere literarische Konventionen ist kalkuliert. Von 1839 bis 1849 entstand ein ganzes Spektrum literarischer Äußerungen im Spannungsfeld von literarischer Konvention und Dokumentation der Zeitunruhen, von Tieck und Bettina von Arnim zu Streckfuß und der Gassenliteratur, die alle zu ironischen Zeitdokumenten wurden und die Arbeit sowohl wie den Bruch mit den Konventionen bewußt einsetzten. Wo dokumentiert wird, geschieht dies mit Statistiken, Originalpamphleten, Bekanntmachungen, d.h. mit ausweisbarem Material. Literarische Konventionen werden als Verdeckungstechniken gebraucht, werden dabei spielerisch und ironisch verändert. In der Romantik und im Biedermeier handelte es sich also nur scheinbar um die Ansammlung tradierter literarischer Topoi von der Stadt: von Markt, Dachstube (des Poeten), Kirche und öffentlichem Gebäude, tatsächlich ging es schon da um die qualitative Potenzierung der bekannten konventionellen Bilder.

Und drittens: E.T.A. Hoffmann's Erzählstrategie ging von der Transformation von realen in irreale Stadtwelten aus. Wenn er - also zum Beispiel im *Goldnen Topf* - beschreibt, wie sich hinter den Fassaden labyrinthische Stadträumlichkeiten auftun, dann verweist er einerseits auf ein Kuriosum der damaligen Stadtarchitektur, nämlich daß damals einfach dekorative Fassaden vor die alten verschachtelten Häuser setzte, ohne letztere zu ändern. Andererseits zeigt er eine "romantisierte" Welt, in der das Bekannte geheimnisvoll und kostbar geworden ist. Durch Brechung und Vervielfältigung der Konventionen verfolgt bereits Hoffmann ein Erzählverfahren, das auf die Entlarvung scheinbarer Ordnungen zielt. Beinahe nimmt er dabei etwas voraus, daß in den Visionen expressionistischer Dichter zum Kanon moderner Stadterfahrung wurde - und die rutschenden Dächer in Döblins *Berlin Alexanderplatz*.

Die Reihe der Beispiele ließe sich beliebig entwickeln - bis weit ins zwanzigste Jahrhundert. Wichtig erscheint mir, daß nach dieser Betrachtung die literarische Konventionen nicht mehr als geschlossene Systeme dargestellt werden können, sondern als offene, daß man davon Abstand nehmen muß, sich auf poetologische Daten als ausschließende Kriterien zu beziehen. Wenn heute die Überzeugung an Raum gewinnt, alles sei gleichsam vorkonstruiert, in ein unendliches Beziehungsgeflecht verwoben und daher könne die literarische Konvention nicht mehr als heuristisches Instrument genutzt werden, nimmt sich die moderne Theorie selbst zu wichtig. Nicht die Konvention, sondern erst der Umgang mit ihr verleiht Aussagen ihre weitere Bedeutung.

Kulturkritische Literatur

Heute, in einer Zeit, in der die Literaturwissenschaft mit anderen Bedürfnissen konfrontiert wird und sich einmal wieder in Frage gestellt sieht, sind jene literarischen Konventionen längst als stereotype Abfragemuster zur Seite gelegt. Heute interessieren im Diskursgeschehen die Konventionen des Literarisierens, und statt Strukturen des Erzählten sieht man Strategien des Erzählens, statt geschlossener Textobjekte offene Sprechprozesse. Wollte man heute versuchen, die aus der immanenten Werkanalyse gewonnenen literarischen Konventionen in die Analyse von Produktion und Rezeption zu retten, so müßte man nicht nach festen Formen, topologischer Struktur und Repetitionsmustern suchen, sondern nach Mustern der Betroffenheit, nach den Beziehungen zwischen den Ansprüchen des literarischen Schaffens und den Strategien der Dokumentation. Damit aber geht man von der Textbetrachtung zur Kulturkritik über, denn Konventionen des Erkennens, Unterscheidens, Erfindens, des Verfügens sind generell auf die Aneignung und Transformation von Wirklichkeit ausgerichtet.

Am deutlichsten wird dies in den Großstadtschilderungen des frühen 20. Jahrhunderts. Retrospektiv erscheint die Großstadt heute als das eigentliche Zuhause der Moderne. Die Expressionisten hatten bei der Beschreibung dieser neuen Erfahrung auf die Naturbilder Meer, Wüste, Dschungel und Dickicht zurückgegriffen - auf lauter Orte, die sich der Mensch nicht selbst geschaffen hatte, sondern in denen er mehr oder weniger hilflos einer höheren Gewalt ausgeliefert war. Die Großstadt, die so all ihre monströs erscheinenden Züge zeigte, hatte gar für die Expressionisten eine ganz neue Raum- und Zeitvorstellung, ein neues Menschenbild geprägt. Sie war zum Ort nicht nur von Zivilisationskrankheiten geworden, sondern zum Schauplatz einer Auflösung des Subjekts, zu dem Punkt, an dem es endgültig Produkt eines langfristigen Prozesses der Modernisierung wurde. Das Kursieren des Geldes, das Beschleunigen des Verkehrs, die Zersetzung der überlieferten Formen des Festen und Statischen waren für die Expressionisten Ausdruck einer neuen Form von Leben. In eine solche Dynamik der Großstadt fügte sich ihre Ästhetik der Vergänglichkeit und ihre Ethik der wandelbaren Überzeugungen. Auch ihr Avantgardekonzept als ein durch konstante De-Automatisation betriebener Kunstfortschritt stand in direkter Beziehung zu diesem modernen Lebensgefühl.

Entscheidend ist nun, daß die Großstadtschilderung der Moderne - also etwa *Berlin Alexanderplatz* - von der Überzeugung getragen ist, daß die Metropole sich selbst durch Texte mitteilt; deshalb spricht man nicht von literarischen Konventionen - denn das würde Autoren voraussetzen, die sich über Konventionen verständigen -, sondern von Poetologien und Ästhetiken. Und wenn irgendeine Konvention doch noch gebraucht wird, dann als Parodie oder als Material der Entwertung. Nur aus entfernterer Perspektive kann dieser Diskurs der Radikalität selber als literarische Konvention erkannt werden. Es setzt sich dann insofern von der Postmoderne ab, als ihr Diskurs ein anderes Subjekt hat. Im Expressionismus ist dieses Subjekt die Stadt selber. In der Postmoderne hingegen spricht der Diskurs sich selbst: Das neue "unwirkliche" Großstadtkonzept entscheidet über die zu schildernde kulturelle Topographie, und das Reden schafft sich nicht nur die eigentlichen Fixpunkte, sondern deutet und relativiert sie zugleich.

In Morshäusers *Berliner Simulation* wird dem Leser - aller Ideologie spätjugendlicher Selbstfindung, aller Verwandtschaft mit dem *Fänger im Roggen* zum Trotz - ein solchermaßen postmodernes Berlin vor Augen geführt. Die alternative Szene dort wird nach den Gewohnheiten und Vorstellungen, den "mental maps", der Berliner konstruiert. Ausschlaggebend sind dafür die imaginären Beziehungen, die diese zu ihrer realen Lebenswelt herstellen bzw. herstellen können. Leben ist dann wesentlich Erkunden dieser bestimmbaren Wirklichkeit - oder besser: der für bestimmbar gehaltenen Realität - innerhalb einer Fülle von Angeboten, die als Unwirklichkeiten erscheinen. Die Großstadt wird als Erlebnis- und Ereignisort mit Gemeinschaftsritualen und Inszenierungen auf verschiedensten Ebenen aufgefaßt. Sie wird entsprechend als Simulationsplatz und als Traumstadt unsichtbar gemacht. Denn die "Kamera mit offenem Verschluß"[15], als die der Erzähler im Geiste Isherwoods durch die Stadt zieht, ist sich selbst gegenüber blind: Der Erzähler zerstört die Totalität der Simulationen, indem er sie erzählt.

Es gibt in Morshäusers Geschichte ein vielleicht typisches Vorverständnis von alternativem Großstadtleben, das sich in das postmoderne Konzept von Großstadt einfügt. Es sind nicht mehr Döblins Alexanderplatz oder Don Passos Manhattan, jene früheren Inbegriffe des großstädtischen Lebens, die Großstadtleben repräsentieren: Es sind jetzt die Bars, die Orte von Massenveranstaltungen, seien es Demonstrationen oder Konzerte, die Einkaufszentren, sentimental drapiert, ökologisch transformiert, als Illusionsprodukte verpackt, die die imaginären Realitäten der Metropolen herstellen. Die neue literarische "Konvention" entspricht dieser absoluten Repräsentation und ist denn eher als Schreibstrategie zu erfassen.

> Ich sehe das Modell eines Fernsehbeitrags über das Modell einer Demonstration. Was wirklich ist, rutscht, wie üblich, hinten weg, und in der Hauptsache wird das gesagt, was an anderer Stelle auch schon gesagt worden ist. So geht das Tag für. Nicht die Ereignisse, sondern die Modelle werden wiederholt. Längst dominieren sie, was passiert. Die Emotionen sind festgelegt auf jeweils zwei Möglichkeiten. In diesen Modellen sollen wir

---

[15] Morshäuser, ibid., p. 71

bleiben wie in einem Hamsterrad, denn in ihnen bleibt nichts wirklich, nur die Simulation.[16]

Da wo Wirklichkeit nur noch anhand von multiplen, variablen Modellen soll erfaßt werden können, wo alles verfügbare, verspielbare Geformtheit, Kontaminiertheit ist, entsteht ein artistisches Spiel mit Konventionen, bei der die Arbeit der Sinnerstellung dem Leser überlassen wird. Der Leser darf aber nicht Genügen finden an diesem erfindungsreichen Entdecken von Beziehungen und Korrelationen zur Tradition, seine Aufgabe ist es vielmehr, die Beziehung zur Gegenwart herzustellen, alles als Spiel mit den Konventionen postmoderne Dokumentation von Zeitgeschehen zu interpretieren - und damit schließlich wie der Autor auf die Suche nach dem Jenseits der Simulation zu gehen.

Dokumentarisches Interesse

Die Diskussion über Dokumentation und Kunst war in den sechziger Jahren durch die Frage, was Realismus sei vorangetrieben worden. Darin war es vor allem das Problem der Wahrnehmung und Versprachlichung, das Kritiker wie Dichter beschäftigte. Kunstanspruch und Realitätshaftigkeit wurden als gegensätzliche Forderungen an den Künstler definiert. Einerseits gelte es, authentische Information als politisches Instrument einzusetzen, also auf die unmittelbare Wirkung der Dokumentation zu vertrauen und Kunst so als Gegenentwurf der manipulativen Nachrichten zu produzieren, andererseits müsse der Künstler die Vortäuschung Authentizität aufzeigen und dem Anspruch der Kunst auf Totalitätserfahrung genügen. Vorausgesetzt wird so, daß nur der dokumentiert, der informieren und beweisen will, und daß somit der Dokumentierer immer zugleich die Notwendigkeit seines Dokumentierens aufzeigen will.

Kein Wunder also, daß auf die Dokumentation als ästhetisches Mittel immer zur Zeit politisch-sozialer Spannungen reflektiert wurde: etwa während der revolutionären Bewegungen um 1848, in den turbulenten Jahren der Neuen Sachlichkeit oder in den späten Sechzigern. In den achtziger Jahren hingegen, in einer Zeit der Retrospektiven und der demonstrativen Abwesenheit von Ansprüchen, eine Welt zu verändern, wurde das Dokumentieren kritisch-ironisch betrieben, indem über das Dokumentieren selbst in seiner politisch-sozialen Funktion mitverfügt wurde: siehe die großen kulturpoli-

---

[16] Morshäuser, ibid., p. 97

tischen Projekte dieser Jahre, von der Preußenausstellung über die Stadtjubiläen bis zum Haus der Geschichte, an denen sich zwar die Intelligenz massiv beteiligte, aber stets auf die Distanz gegenüber dem eigenen Geschäft des Dokumentierens achtete.

Ideales Dokumentieren bestünde etwa in einer topologischen Erfassung Berlins, so genau, daß die Stadt die exakte Große der realen hätte, insgesamt also eine genaue Replik projiziert auf topographischr Daten darstellte. Ein solches "ideales" Dokument ließe indessen den Prozeß der Verwandlung aus, der Geschichte, der Utopie, der Intention. Alles Dokumentieren ist eben nur möglich mit vergänglichen Projektionen auf ein Modell oder ein System, das das Sammeln von reinen, vergleichbaren Daten erlaubt. Dabei ist die Funktion des Dichters verschieden von der des Wissenschaftlers. Der Rückgriff auf Dokumentationsmaterial schafft nämlich für jenen die Notwendigkeit, mit Modellen und Systemen zu arbeiten, die Dokumentieren in einem höheren, ästhetischen Sinne als sinnvoll erscheinen lassen.

In der Romantik - also zur Zeit des Entstehens einer Literatur, die zwar weniger urban war, aber doch in der Stadt spielte - lag allem dokumentarischen Verarbeiten der Stadt eine Art Schichtenmodell zugrunde. Wie die Zwiebel bot dieses Schichtenmodell Informationen zu Innen- und Außenwelten, wobei man alles in Schichten voneinander abheben konnte. Erzählen von Berlin war für E.T.A. Hoffmann deshalb ein Schreiten durch die äußere "Schale" der Fassaden zu den Innenräumen, den Kellern und so fort bis hin zu mythischen phantastischen Räumen im Kern. Im poetischen Realismus erscheint dagegen das Spiegelbild als Modell der dokumentarischen Arbeit. Fontane z.B. benutzt ein fein ausstaffiertes Gesellschaftsideal als Modell, auf das er situationelle Berliner Gegebenheiten projiziert, und zwar in einer Weise, daß jedes Zeitdokument durch die Spiegelung kommentiert und ideologisiert wird.

Mit dem Naturalismus beginnt die Auflösung einer als objektiv dem Betrachter gegenübergestellten Wirklichkeit in Impressionen und Reize. Arno Holzens programmatische Forderungen nach Dokumentation, die Theorie des Sekundenstils sind der deutliche Ausdruck dafür. Interessant ist, daß alles Öffentliche aus solcher Dokumentation verbannt ist. Dokumentieren, aufgefaßt als minutiöses Registrieren von hautnahen Vorgängen, wird jetzt problematisiert und als serieller Vorgang erfaßt, in der Dinge wie Atem und der Blutdruck des Beobachters entscheidend werden. Vollendet wird das Verschwinden des objektiv Dokumentierbaren in der Literatur der späten zwanziger Jahre, als etwa Döblins Franz Biberkopf untergeht, weil er einer unbegreiflich dämonisch agierenden Stadt einen Willen, und damit einen einheitlichen, der Stadt äußerlichen Maßstab entgegenzusetzen versucht. Die Auflösung des Subjekts ist daher identisch mit der Verwandlung der Wirklichkeit in etwas absolut Disparates. Die Dokumente mit ihrem Anspruch auf Faktizität, Wahrheit und Autorität sollen noch dieser Auflösung sich sperren. Die inneren Vorgängen diktieren in *Berlin Alexanderplatz* den Schreibprozeß, so daß von außen betrachtet eine Berlin-Montage mit allerlei Dokumentationsmaterial über die Stadt von 1928 vorzuliegen scheint, genauer gesehen aber eine Art Film innerer Vorgänge abläuft, in dem die Wirklichkeitsfetzen Zeichen werden für Bewußt-seinsvorgänge, für Haltungen, Emotionen und Sinngebungen, die alles andere als Einheit oder Allgemeinheit entstehen lassen.

Problematischer noch wird das Dokumentieren im Zeichen der Simulation. Morshäusers - oder Calvinos, Pynchons, Barthelmes - Stadtschilderungen wirken als Furioso von Anspielungen, Paro-dierungen, Sprechspielen, De-Automatisierungen, also als kreatives Spiel im Verfügen über literarische Traditionen. Andererseits arbeiten sie am Mythos der Simulation als ausgesprochene Erscheinung postmoderner Urbanität. Das Besondere, das die Dokumentierung der Simulation auszeichnet, wird im Vergleich zur Tradition sichtbar. Wenn etwa Kleist, E.T.A. Hoffmann oder Fontane Berlin geschildert haben, hätte ein Topograph, der mit Berliner Verhältnissen vertraut war, eine Stadtkarte nehmen und das Berliner Territorium ankreuzen können. Es ergäben sich dann Schnipsel von beschriebenen Örtlichkeiten, die zwar verstreut auf der Stadtkarte herumlagen, aber doch ein System, ein Verstehen des Ganzen erraten ließen. Für den Leser wäre diese topographische Studie aufgrund seiner präfigurierten Stadtbilder evident. Für ihn sänken dann aber diese Schnipsel - und darin läge der Reiz der Erzählens und Lesens - in die neue Wirklichkeit ein, die er sich aus der Symbiose von Berlin- und Romanwelt zurechtgemacht hatte: bis zu dem Punkt, wo sie Teil einer neuen ganzheitlichen Erfahrungen wurden.

Wer oder was schreibt die Stadt?

Heute geht es indessen nicht mehr um die Projektion und das "Zur-Deckung-Bringen" von urbaner Realität und Modellwelt oder um Spiegelungen städtischer Erfahrungen, um Referenzen auf ein konventionelles Zueinander von Örtlichkeiten und Zeitlichkeiten, auch nicht um die Darstellung der Substanz einer Metropole. Das Verfügen über eine Modellwelt geschieht dagegen ohne direkte Projektion auf die Wirklichkeit. Natürlich gibt es noch Wirklichkeits-fetzen, die als eine Dokumentation von aktuellen Vorgängen zu sehen sind, etwa die Beobachtungen zur alternativen Szene bei Morshäuser. Aber erst aus der Versicherung der Modelle heraus - nicht aus dem Impakt der Wirklichkeit - vollzieht sich das Schreiben, und zwar so, daß eine multiple Realität entwickelt wird. Für den Leser ist dabei Wirklichkeit nur noch als möglicherweise falscher Fetzen vor dem Hintergrund von Modellwelten erfahrbar. Sowohl das Verfügen über Modelle wie auch die Projektion auf die Wirklichkeit sind deshalb punktuell und nicht systemschaffend. Solche Simulationstexte rechnen mit einem eingeweihten Leser. Das Verständnis hängt entscheidend ab vom Rezipienten, es verlangt eine Einheit des Urteils, daß keinem Dokument mehr zu trauen sei - nur noch der Geschichte selber und der Einigkeit des Lesers mit dem Autor.

Dort, wo alles als schon Beschriebenes entlarvt wird, sind die literarischen Konventionen als Schreibtechniken nur noch Verdeckungsmanöver, als Textmaterial Schnittpunkte von Perspektiven, als Konstruktionen Aufforderungen zur Entdeckung anderer Konventionen. Dokumentation der Großstadt ist dagegen nur im Sinne einer sich wandelnden kulturellen Topographie der Stadt zu sehen. Sie bestätigt die Geschichtlichkeit, reiht das Schreiben in die offizielle Kultur ein. Um so mehr erscheint es als Aufgabe urbanen Schreibens, den Grad der Betroffenheit mehr als die faktische Stadt zu zeigen. Und darin gleichen die Dekonstruktionen der Simulation, die Dokumentationen der Unfähigkeit, wahrhaft zu dokumentieren, allen anderen Konventionen urbaner Literatur, die ihr vorausgingen.

DIE METROPOLE

Letzte Beschwörung

von Thomas Steinfeld

Das Personal der kulturkritischen Reflexion läßt sich totreden; ihre Szenarien verschwinden, wenn der objektive Geist weitergezogen oder in die Massenkultur eingegangen ist. Der Flaneur, der Mann in der Menge, der Eckensteher, der Vetter am Fenster und der Espressotrinker auf der Piazza, die ganze Bande der Stadtgänger und Voyeure bilden ein solches Personal, über das womöglich bald und dann für eine ganze Weile nur noch um den Preis eines matten Lächelns gesprochen werden kann. Stadtromane, gar definitive, sind offenbar nicht mehr zu schreiben, es sei denn als Trivialliteratur, denn alle Erwartungen an die Stadt einschließlich der dazugehörigen Enttäuschungen sind längst dokumentiert. Das gilt auch für die Theorie: In dem Maße, in dem sich Stadtkultur in ein überlebensgroßes Zitat ihrer selbst verwandelt, erscheinen keine Darstellungen von Urbanität mehr, sondern Arbeiten über die "Unwirklichkeit der Städte"[1] - also darüber, ob es den Gegenstand, den man in den letzten Jahren diskutiert hat, überhaupt (noch) gibt. Als kulturkritisches Thema ist die Stadt damit bis auf weiteres an dessen systematisches Ende geführt. Das aber hindert uns in keiner Weise daran, auch weiter in Städten zu wohnen, zu arbeiten und selbst die freie Zeit darin zu verbringen.

Als die jüngste "Lust auf Städte"[2] begann, wußten viele der künftigen Apologeten des Flaneurwesens noch wenig von leichten italienischen Laufschuhen. Manch einer stand auf eher entenfußartigen Sohlen. Selten stürzten Dachdecker ab oder gingen gar entzwei. Die Nervosität des Großstädters entfaltete sich vorzüglich im Stau auf der Autobahn. Und ob sich Männer ohne Eigenschaften ihre Indifferenz leisten konnten, hing nach wie vor von ihrer Zahlungsfähigkeit ab -wie noch mehr die Indifferenz gegenüber solchen Herrschaften. Sicherlich, in Berlin - oder in München, Hamburg, Frankfurt - war mehr los als in Bebra. Wer aber hätte

---

[1] Klaus R. Scherpe (Hrsg.), Die Unwirklichkeit der Städte. Großstadtdarstellungen zwischen Moderne und Postmoderne, Reinbek bei Hamburg 1988

[2] Titel eines "Freibeuter"-Heftes aus dem Jahre 1980.

viel darüber nachgedacht, ob denn nun die Großstadt die "gewiß gravierendste Revolution für die Struktur der Erfahrung"[3] sei?

Wann das und vor allem wie das war, als diese Lust weniger ausbrach als sich langsam einschlich, wissen die Schnellhistoriker[4] des Zeitgeistes genau und schön zu berichten. "Der Berliner Erwachsenenbildner E.", so könnte eine dieser Geschichten anfangen, "fand sich gerade damit ab, seinen Beruf nie auszuüben und ging wenig später ins dritte Jahrzehnt einer im Grunde genommen studentischen Existenz - wobei er in seinen Caféhausbesuchen und dem nicht minder notorischen Campari der neuen Urbanität gar schon ein wenig vorgegriffen hatte." Oder anders: "Innerhalb kurzer Zeit änderten sich die Lichtverhältnisse in den Kneipen. Wo gerade noch ein privates, ja höhlenhaftes Dunkel geherrscht hatte, exponierten sich nun lauter solitäre Wesen in Wartehallen, die schon von draußen, durch meterhohe Schaufensterscheiben einsehbar sind." Oder drittens: "Als der Germanist H. sein Studium abgeschlossen hatte, wurde er Mitarbeiter einer Stadtzeitung, in der er Essays über die verborgenen, vergessenen Geschichten dieser Stadt veröffentlichte. Das bemerkte bald das Kulturreferat der Stadtverwaltung. Seitdem ist H. professioneller Stadt-Inszenierer."

Mit dem vom Centre Pompidou herausgegebenen Sammelband von der "Ville Panique"[5] habe 1977 die letzte Karriere der Stadt als intellektuelle Mode begonnen, erzählt Harald Jähner[6], und zwar auf dem Niveau der Katastrophe. In der gelehrten Darstellung von Feuersbrünsten, Krieg, Pest und Panik habe sich die Stadt zum geistreichen Spektakel verwandelt. Und die Illustration der Stadt als Apokalypse diente keinesfalls der Warnung, sondern einem schönen Schrecken - die Straßen, die Häuser, die Plätze, das alles ist an sich zwar nicht aufregend, aber welch ein Kitzel, wenn man erst um deren höhere Bedeutung, um den kulturgeschichtlichen Sinn oder gar um die darin enthaltene virtuelle Bedrohung weiß. "Parallel dazu

---

[3] Philip Fisher, "City Matters: City Minds. Die Poetik der Großstadt in der modernen Literatur", in: Scherpe, Die Unwirklichkeit der Städte, ibid., pp. 106 - 128, hier p. 106

[4] Vgl. z.B. Matthias Horx, Das Ende der Alternativen, München: Hanser 1985, und ders., Die wilden Achtziger, München: Hanser 1987

[5] Ville Panique, Hrsg. vom Centre de Création Industrielle im Centre Georges Pompidou, Paris 1977 (dt. Panik-Stadt, Berlin/Braunschweig 1979)

[6] Harald Jähner, "Tour in die Moderne. Die Rolle der Kultur für städtische Imagewerbung und Städtetourismus", in: Scherpe: Die Unwirklichkeit der Städte, pp. 225 - 242, hier p. 228

begann der inflationäre Zug der Flaneure auf Benjamins Spuren",
berichtet Jähner weiter, "und die minutiöse Rekonstruktion der
städtischen Zivilisationsgeschichte unter systematischen oder lokalge-
schichtlichen Aspekten. ... der Ausbau der Gasbeleuchtung und des
elektrischen Lichts, die Entwicklung der Kanalisation, die Techniken
der Bestattung in den Großfriedhöfen (wurden) zu essayistischen
Modethemen."[7]

In der gelehrten und meist ebenso ästhetischen wie ästhetisierenden
Aufarbeitung der eigenen urbanen Lebensbedingungen hatte die
Intelligenz damit ein neues Thema. Ein Thema, in dem auf
eigenartige Weise eine schon kanonisch erscheinende Differenz
zwischen freien Intellektuellen und der öffentlich-rechtlichen Kultur
aufgehoben wurde - und das nicht nur, weil es mancher bislang
eher brüchigen akademischen Existenz wenigstens mittelfristig eine
neue Perspektive gab: "Halbwegs jeder hat ein Projekt laufen, die
regionalen Stammtheken sind aufs genaueste informiert", meldete
Bodo Morshäuser aus dem Berlin kurz vor der 750-Jahr-Feier. Nein,
es ging nicht nur um einen Job, sondern auch um eine Arbeit, mit
der man sich identifizieren konnte - kurz: um das kleine intellektuelle Glück. "Mehrmals traf ich sie mit hellen Gesichtern, den
Daumen noch oben: 'Sie haben das Projekt genommen!' Bescheide-
nere verraten nach dem dritten Bier, ihr Traum sei eine ABM-Stelle
bei B-750."[8] Was da aufschien, war doch immerhin eine potentielle
Einheit von Kopf und Bauch: einer präparierten, einer staunen
wollenden Allgemeinheit erklären zu dürfen, welch gewöhnlich
ungedachter Sinn sich hinter den Figurationen des Alltags verbirgt -
und über diese Aufgabe auch eine andere, bessere, weil offenbar
über einen gesellschaftlichen Bedarf vermittelte Begründung für das
eigene Treiben gewinnen zu können!

Inflationäres Flanieren

Spaziergänge, auch solche ohne Ziel, gehen einmal zu Ende. Der
Flaneur ist indessen nicht allein deshalb halbtotgeredet, weil er der
kulturkritischen Reflexion auf die Stadt eine historische, eine
nostalgische Figur vorgibt - die Figur, so Benjamin, auf einer von

---

[7] Ibid.

[8] Bodo Morshäuser, "Culture Club Berlin", Die Zeit, Nr. 17, 17. April 1987

Baudelaire gehüteten Schwelle[9]: Da ist die Intelligenz aus dem
Mäzenatentum entlassen und wird noch, bevor sie auf dem Markt
sich endgültig korrumpiert, eben einmal zur flanierenden Bohème,
da sind noch nicht alle Passagen in der Warenwelt der Kaufhäuser
aufgegangen, da ist die Stadt noch groß und nicht schon Großstadt.[10]

> "Die Straße wird zur Wohnung für den Flaneur, der zwischen
> Häuserfronten so wie der Bürger in seinen vier Wänden
> zuhause ist. Ihm sind die glänzenden emaillierten Firmenschilder
> so gut und besser ein Wandschmuck wie im Salon dem Bürger
> ein Ölgemälde; Mauern sind das Schreibpult, gegen das er
> seinen Notizblock stemmt; Zeitungskioske sind seine Bibliotheken
> und die Caféterrassen Erker, von denen aus er nach getaner
> Arbeit auf sein Hauswesen hinuntersieht. (...) das Leben
> (gedeiht) in seiner ganzen Vielfalt, in seinem unerschöpflichen
> Reichtum an Variationen erst zwischen den grauen Pflaster-
> steinen der Despotie ..."[11]

Totgeredet wird der Flaneur vor allem, weil er dem modernen
Stadthermeneutiker ein intellektuelles Modell liefert. Möglicherweise
täuscht sich letzterer darin über sich selbst, denn seine Aufgabe ist
pädagogisch und verbietet also die Melancholie ebenso wie jeden
Versuch, in der Menge sein Asyl zu finden. Modell ist der
Benjaminsche Flaneur, insofern er dem kritischen Stadtgeist den
Gestus weist: Und der besteht darin, an sich selber die Einheit des
aufgeklärten Blicks mit der Unentrinnbarkeit der Verhältnisse
durchzuführen, in sich Schönheit und Abhängigkeit zu vereinen.

> "... der Blick des Flaneurs, der die Stadt trifft, (ist) der Blick
> des Entfremdeten. Es ist der Blick des Flaneurs, dessen
> Lebensform die kommende trostlose des Großstadtmenschen
> noch mit einem versöhnenden Schimmer umspielt."[12]

---

[9] Walter Benjamin, "Das Paris des Second Empire bei Baudelaire",
Gesammelte Schriften I,2, hrsg. von Rolf Tiedemann und Hermann Schwep-
penhäuser, Frankfurt 1974, p. 569

[10] Walter Benjamin, "Paris, die Hauptstadt des XIX. Jahrhunderts", in: ders.,
Illuminationen, Frankfurt 1973, p. 179

[11] Walter Benjamin, "Das Paris des Second Empire bei Baudelaire", a.a.O.,
p. 539

[12] Ibid.

Dieser versöhnende "Blick" - oder besser: das Gerede davon - ist eine Apologie der Einheit von sinnlicher Erfahrung und interesseloser Hermeneutik, der vorgeblich letzte Versuch einer freien Individualität, sich im Anbruch der modernen Zeiten zu behaupten: Wenn nicht mehr anders, dann doch wenigstens in der luftigen Freiheit der Wahrnehmung. Darin haben ihn weder Großstadt noch Bürgertum überwältigt.[13] Bei Benjamin hat der Flaneur deshalb häufig etwas Elegisches: Im Schauen und Wissen besteht der Intellektuelle ein letztes Mal auf sich selbst, und dieses Insistieren ist schon beinahe stumm, so als vergewissere sich der freie Geist nur gerade noch seiner bloßen Existenz.

Es mag sein, daß es mit der historischen Wahrheit des Benjaminschen Flaneurs ungefähr so viel auf sich hat wie mit der historischen Wahrheit der schönen Seele - die ja auch erst dadurch schön wird, daß sie weiß, aber nicht handelt, reflektiert, aber nicht will. Doch ist im Flaneur als Figur einer kulturkritischen Reflexion die Not des Gedankens inbegriffen, der die Figur entstehen ließ: Wenn er durch die Stadt schweift, dann nicht als deren Liebhaber, sondern als jemand, "dem es in seiner eigenen Gesellschaft nicht ganz geheuer ist"[14], als "Entfremdeter", wenn er Paris als "allegorisches Ingenium" begreift, dann um seinen Geist in der Ohnmacht der Phantasie zu behaupten, und wenn er sein "Asyl in der Menge" sucht, dann liegt seine Freiheit in der eigenen Marginalisierung.[15] Der Flaneur kommt bei Benjamin erst in der Defensive zu seiner rauschhaften Existenz, und der Blick, mit dem "er nach getaner Arbeit auf sein Hauswesen hinuntersieht" ist vielleicht nur ein kleiner Wahn von Omnipotenz - oder auch schlicht ein Widerspruch in Benjamins Flanieren durch die obskuren Winkel der Geisteswissenschaften.

Ein halbes Jahrhundert war die Rede vom Flaneur so marginal wie der von ihr beschriebene Typ auf den Boulevards der großen Stadt. Als sie wieder erschien, war die Trostlosigkeit der Metropole vergessen. Der Flaneur war zum kulturkritischen Hoffnungsträger

---

[13] Walter Benjamin, "Paris, die Hauptstadt des XIX. Jahrhunderts", ibid., p. 527

[14] Walter Benjamin, "Das Paris des Second Empire bei Baudelaire", ibid., p. 550

[15] Grundlage dieser Zeilen sind die Benjamins Ausführungen über "Paris, die Hauptstadt des XIX. Jahrhunderts", woher auch die Zitate stammen, sowie die Baudelaire-Texte. Daß Benjamins Bestimmungen, vor allem wenn man etwa die Rezensionen zu Franz Hessel hinzunimmt, nicht konsistent oder gar widersprüchlich sind, nimmt die Aussagen, auf die hier Bezug genommen wird, nicht zurück.

befördert worden und hatte eine geradezu offizielle Mission in Sachen Intensität, Sinnlichkeit und urbaner Sinnstiftung. Und diese Rolle kam ihm gerade recht. Denn er, der Chronist und Philosoph, hatte sich in seinen Gegenstand verliebt - und ist offenbar prompt der Gefahr erlegen, damit auch alle Distanz aufzugeben: So diktiert Hanns-Josef Ortheil, der Flaneur habe sich der Dinge zu "(...) bemächtigen, aber nicht um sie zu beherrschen, sondern um sie auszufüllen. Ohne seinen widerständigen Halt würden die Dinge gewissermaßen in sich zusammenfallen; niemand wüßte dann ihre Bedeutung zu transportieren. (...) Der Flaneur (läßt) nur ihre visuelle, ästhetische Anziehungskraft auf sich wirken ..."[16] Und wenn dem modernen Flaneur auch die Melancholie Baudelaires fehlt, so trägt er doch ein Benjaminsches Erbe: Auch er ist sich in der Wahrnehmung genug, und siehe da, allein darin bewahrt sich das eigentliche Sein der "Dinge". "Der Flaneur", sekundiert jemand, der sich im kollektiven Unbewußten auszukennen scheint, "ist letztlich kein Typus, sondern eine unbewußte Eigenschaft von allgemeiner Empfänglichkeit und Exzedierung, welche virtuell allen Menschen (...) eigen und erreichbar ist und der in der industriellen Moderne des Kapitalismus und seiner Metropolen (...) eine offenbarende Kraft entfalten kann."[17]

Benjamin setzt seinem Flaneur ein historisches Ende: Auch als Figur einer Kulturgeschichte des Apokryphen - und das ist er vor allem in den Texten zu Baudelaire - dankt er ab, indem sich die große Stadt vollends zur Reproduktions- und Profitsphäre eines modernen, kapitalisierten Gemeinwesens verwandelt und sein bevorzugtes Revier, die Passagen, durch Warenhäuser abgelöst werden.[18] Er selber macht den gleichen Übergang, ergänzt die praktische Unterwerfung unter die Verhältnisse um die theoretische und macht seinen Frieden: "Im Flaneur begibt sich die Intelligenz auf den Markt", bemerkt Benjamin nicht ohne Distanz zu seiner Figur. "Wie sie meint, um ihn anzusehen, und in Wahrheit schon, um einen Käufer zu finden."[19] Mit einer Ironie, die Benjamin nicht beabsichtigt haben

---

[16] Hanns-Josef Ortheil, "Der lange Abschied vom Flaneur", Merkur, Heft 1, 1986, pp. 30 - 42, hier p. 31

[17] Dietmar Voss, "Die Rückseite der Flanerie. Versuch über ein Schlüsselphänomen der Moderne", in: Klaus R. Scherpe (Hrsg.), Die Unwirklichkeit der Städte. Großstadtdarstellungen zwischen Moderne und Postmoderne, Reinbek bei Hamburg 1988, pp. 37 - 60, hier p. 40

[18] "Paris, die Hauptstadt ...", a.a.O., p. 179

[19] Ibid.

kann, gilt dieser Satz für die theoretische Wiederkehr des Flaneurwesens.

"Der Gänger", lautet die zeitgemäße, schwülstig-erotische Variante
des Flaneurs für das größere Publikum, "ist sinnlich wie eine Katze,
wach, wendig, und was er tut, ist von zauberhafter Unwirklichkeit.
Er riecht an sonnenwarmen Hauswänden, streichelt wie beiläufig rot-
weiß lackierte Absperrungen, quietscht mit dem Finger über das
Vitrinenglas der Geschäfte und fragt schweigsame Ausländer, die auf
den wie Arrestverschärfungen anmutenden Blumenkübeln sitzen, nach
der Uhrzeit."[20] Brünstig umschleicht er die Geranien der sanierten
Innenstadt ... und ist doch auch wiederum nichts als die Figur einer
kulturkritischen Reflexion, indem er zitiert. Und dieses falsche Zitat
entsteht, weil die Stadt, die der Gänger meint, das ganz andere zur
"Agglomeration", zur allgemeinen Vorstadt ist - kurz: weil er sich
hinter der Stadt noch einen Sinn vorstellt, und sei es den der
letzten Bewährung: "In der Untergrundbahn projiziert er in fremde
Menschen verbrecherische Absichten. Er fühlt sich dann jeweils
bedroht und fürchtet sich. Wenn er aussteigt, läßt die Spannung
nach. Übrig bleibt das Gefühl, beinahe beteiligt gewesen zu sein an
Auswüchsen der Großstadtkriminalität."[21] Gesucht wird der Archetyp,
das verwirklichte Ideal, ein souveräner Ort: die richtige Stadt.

Intellektuelle Heimatkunde

Das kleine intellektuelle Glück, das der gesellschaftliche Bedarf an
einer Geisteswissenschaft des urbanen Alltags gewährt, hat einen
großen Haken: Die Versöhnung, die im Blick des Flaneurs liegen
soll, ist nur um den Preis der Hingabe an das Befindliche zu haben.
Der zweifelhafte Aufstieg des Humanisten zum Übersetzer des
höheren Sinns einer Metropole, zum *maître de plaisir* urbaner
Selbstdarstellung verlangt von ihm die Verwandlung seiner Stadt in
eine Sphäre des ästhetischen und intellektuellen Genusses: Fasziniert
stehe man vor den eigenen (Über-)Lebensbedingungen und schaue
die Wirklichkeit um ihrer selbst willen an. Welche Lust, aber auch
welcher Schauer, gerade hier zu leben - wobei allerdings die
Fremdheit zwischen dem Flaneur und der Stadt, bei Benjamin eine
der Bedingungen des Flanierens, hinfällig geworden und den

[20] Peter Glaser, "Der Metropolengänger", Tempo, September 1987, p. 125,
zit. nach Jähner, "Tour in die Moderne", ibid., p. 231

[21] Matthias Zschokke, Max, München 1984, p. 100

Voraussetzungen dessen gewichen sein dürfte, was er im selben Kontext "Heimatkunst"[22] nennt.

Warum soll die Verzauberung der eigenen Lebensbedingungen durch den versöhnlichen Blick eines Intellektuellen nur in der Großstadt gelingen? Warum nicht an irgendeinem Ort, in irgendeinem Gemeinwesen - in der Schwäbischen Alb, in Bornheim, Oldenburg, Bielefeld oder gleich in der ganzen Bundesrepublik Deutschland? Dort gibt es ihn ja auch, den heimatkundlichen Intellektualismus, wäre darauf zu antworten: als "Erlebnisstadt Hamm" beispielsweise, anläßlich der unüberschaubar sich vermehrenden Stadtjubiläen oder, ganz groß auftrumpfend, als "Abenteuer Bundesrepublik"[23]. Und doch ist die große Stadt unter den möglichen Gegenständen einer sozialen Ästhetik ein privilegierter Ort, und das liegt nicht unmittelbar daran, daß die Intelligenz in der Regel auch dort wohnt.

Nicht zufällig ist das Flaneurwesen eine Robinsonade des freien Geistes: Selbst im Bedauern, daß das Flanieren in einer Welt von Passanten, Fußgängerzonen und Stadtautobahnen nicht mehr möglich sei, schwingt der Gedanke mit, der eigentliche Ort des Intellektuellen sei der eines Beobachters mitten auf dem "Markt" - eines prinzipiell nicht implizierten Beobachters, eines modernen Klerikers. Und diesen Standpunkt gewährt nicht das Land, nicht die Provinz, wo stets einer kommt und fragt, was man denn da treibe. Anders gesagt: jene Souveränität, die im Anonymen liegt, gehört in den Entwurf des Flaneurs, selbst wenn dieser schon längst selber in einem Markenartikel aufgegangen ist.

Der andere Grund, warum die Stadt ein privilegierter Gegenstand sozialer Ästhetik ist, liegt darin, daß die Stadt reiner Ausdruck von Gesellschaft ist. In der Stadt geht die Gesellschaft sozusagen nur noch mit sich selber, mit den eigenen Produkten um. Und wer in dem, was er erfährt, allerorten eine höhere Bedeutung finden will, dem ist die Stadt voller Signifikanten - irgendwo ist immer Geschichte, Ökonomie, Politik oder Kultur. Kurz: Er ist mitten auf dem Markt, und daß er sich, da er nun schon einmal da ist, gleich auch selber verkaufen kann, liegt gewissermaßen in der Natur der Sache.

Diese Gesellschaft, und darauf verweist auch Benjamin, indem er mit dem Flaneur die Entstehung einer freien Wirtschaft des Geistes

---

[22] Ibid.

[23] Vgl. das "Abenteuer Bundesrepublik" in Romanform, nämlich Hanns-Josef Ortheils "Schwerenöter", Frankfurt 1986.

ansetzt, ist beileibe nicht jede. In seiner Wiederkehr als Stadthermeneutiker, im Bewußtsein einer Mission in Sachen Sinnlichkeit und Sinnstiftung, scheint allerdings jede politische, jede ökonomische Bestimmung zu verschwinden. Die Stadt wird ... -ja, irgendwie einfach alles: "The city remains an alembic of human time, perhaps of human nature ..."[24] Damit ist nichts über die Stadt gesagt, aber viel über den unbedingten Willen ihres Hermeneutikers, die Hingabe an seinen Gegenstand zu zelebrieren. Der moderne Flaneur betätigt sich als Ortsverklärer, als Mythenfabrikant, und daß seine Metapher für die Stadt aus der Alchemistenküche kommt - ein "alembic" ist ein Destillierkessel -, will nicht mehr so recht als Zufall erscheinen. Postmodern formuliert hat dieser Gedanke denselben Impetus, er klingt nur etwas anders: "Die Stadt als Produktionsstätte erscheint verwandelt in eine Stätte der Umproduktion und Reproduktion in Permanenz. Es scheint, als gehe es nicht mehr darum (...), in der Metropole Fuß zu fassen, sondern darum, das *Transitorische* mit Leib und Seele als das <Eigentliche> zu begreifen."[25] Panta rhei, und die Stadt, sagt ihr Theoretiker, lasse sich angemessen nur von dem erfassen, der sich ihrer Bewegung verschreibt, als gelte es einen Pakt mit dem Teufel.

Wie ist er nun beschaffen, der Ort, der eine Art Gesamtausdruck menschlicher Natur sein soll? Nun - das ist, wenn man den Stadtbeschwörern glauben wollte, zuallererst eine Frage der Erwartung. Benjamin ging den modernen Metropolengeistern voran, als er schrieb, die gewohnte Stadt winke dem ruhelos und melancholisch durch die Stadt schweifenden Flaneur als Phantasmagorie, bald als Landschaft, bald als Stube.[26] Doch was von Benjamin nicht ohne Trauer gedacht war und auch das Geständnis nicht verbirgt, die Phantasie sei doch eine recht hilflose Macht, das wird bei seinen Erben zur Lust, zur "Affäre mit der Welt"[27]. "Indem die Stadt tausend Dramen und in sich geschlossene Räume übereinanderlegt", heißt es in einem der frühen Programme zur Psychologie der neuen

---

[24] Ihab Hassan, "Cities of Mind, Urban Words: The Dematerialization of Metropolis in Contemporary American Fiction", in: Michael C. Jaye, Ann Chalmers Watts (Hrsg.), Literature and the Urban Experience, New Brunswick, N.J. 1981, pp. 93 - 112, hier p. 96

[25] Klaus R. Scherpe, "Zur Einführung - Die Großstadt aktuell und historisch", in: Klaus R. Scherpe, Die Unwirklichkeit der Städte, ibid., pp. 7 - 13, p. 9

[26] Walter Benjamin, "Paris, die Hauptstadt ...", ibid, p. 179

[27] Pascal Bruckner und Alain Finkielkraut, Das Abenteuer gleich um die Ecke. Kleines Handbuch der Alltagsüberlebenkunst, München: Hanser 1981, p. 297

Urbanität, "ersetzt sie die monotone Sanduhr durch Tag und Nacht belebte Zeit und bietet die Möglichkeit von parallelen Leben. Stadtteilleben über dem Brausen der großen Metropole, dörfliches, verstohlenes privates Leben - ihre besondere Kunst besteht darin, alle Lebensformen zu vereinigen, einen größtmöglichen Fächer von Abwechslungen zu bieten; ein magischer Ort mit mehreren Böden wie der Koffer eines Zauberkünstlers oder Schmugglers."[28] Das ist nicht nur ein beinahe lyrischer Text über die Mannigfaltigkeit der Erfahrungen, die sich in einer Stadt machen lassen - dem wäre ja nicht zu widersprechen, und wer in andere Identitäten schlüpfen will, dem wird das in der Stadt eher gelingen als in der Provinz. In der Anrufung der "besonderen Kunst" aber wird man den beiden Apologeten einer Lust an der Stadt nicht folgen können: Denn die Magie des Ortes erschließt sich - wie alle Magie - nur dem, der sie sucht. Erst im Glauben an die doppelten Böden wird die Stadt zum Wunderwerk und ästhetischen Faszinosum. Und erst im Glauben an die magische Symbolik entstehen jene Figurationen von Urbanität, die dann als Hexenkessel, als rückhaltlose Hingabe an Bewegung, als das Eigentliche von Erfahrung wiederkehren.

Die Verwandlung der Stadt in ein ästhetisches Faszinosum, ihre hemmungslose Bewunderung setzt eine Perspektive voraus, die eigentlich nicht die eines ihrer erfahrenen Bewohner sein kann, der dort lebt und arbeitet, der einen Parkplatz sucht und im Supermarkt in der Schlange steht. Nicht umsonst versetzt Benjamin seinen Flaneur - der zwar keine Magie betreibt, sich aber doch von ihr begeistern läßt - auf die "Schwelle der Großstadt"[29]. Jemand, dem die große Stadt Gewohnheit ist, alltägliches Mittel der Reproduktion, bewundert sie ebensowenig wie ein Zauberer die doppelten Böden seines Koffers, wenn diese erst einmal zu seinem Handwerk gehören. Deswegen ist die Magie der Stadt vor allem eine Angelegenheit der Ankömmlinge, deswegen ist vielleicht sogar alle Identifikation der Stadt als *die Stadt* - und damit beginnt ihre Allegorisierung - ein Schwellenphänomen: "Just think of the millions, from all over the globe, who yearned to be on that island, in those towers, in those narrow streets! There it was, the Rome, the Paris, the London of the twentieth century, the city of ambition, the dense magnetic rock, the irresistible destination of all those who insist on being *where things are happening* - and he was among the victors!"[30] Herr

---

[28] Ibid., p. 226

[29] Walter Benjamin, "Paris, die Hauptstadt ...", ibid., p. 179

[30] Tom Wolfe, The Bonfire of the Vanities, New York 1987, p. 77

McCoy, der Protagonist "*des* Großen Metropolenromans"[31], versichert sich des Erfolgs seiner Biographie, indem er Heimatkunde als Eigenlob betreibt und sich selbst die Stadt beschreibt - und zwar als Stadt ohne Vorstadt.

Dem Rezensenten der *Zeit* ist das als Fehler in der Erzähltechnik aufgefallen: Die detaillierte Beschreibung aller Luxusgüter, der Kleidung, der Wohnung, des Autos, die redselige Verehrung der Stadt vertrage sich schlecht mit der Selbstverständlichkeit, die einen Reichen im Umgang mit Reichtümern, den Metropolenbürger im Umgang mit seinem Wohnort auszeichnen müsse. Denn: "...ein solches Glückskind wird sich kaum an einem Mercedes aufgeilen."[32] Es stimmt: Wolfe schreibt tatsächlich über New York "wie ein Tourist"[33]. Doch hat auch dieser Fehler eine Aufgabe: Der Protagonist demonstriert an sich selber die Magie der Metropole als Idolatrie des Erfolgs -die Biographie der Stadt ist so gelungen wie die eigene. Deswegen ist Herr McCoy ein Beispiel, das den Kommentar zu sich selber spricht. Anders gesagt: McCoy wird zum Hermeneuten seiner selbst und der Stadt, weil es etwas zu demonstrieren gibt, nämlich die Stadt als Fetisch. An diesem Fetisch wird jeder gleichsam zum Touristen - nein, nicht zum Touristen ... zum Mitglied einer Gemeinde, von der Stadt umschlossen wie Gläubige in gotischen Kirchen.

Urbane Biographien

Wenigstens an einem Punkt ist Tom Wolfes Roman aufrichtiger als die Theoretiker der neuen Urbanität: Das Personal seiner Form von Kulturkritik läßt keinen Zweifel darüber aufkommen, in welchen gesellschaftlichen Verhältnissen es sich bewegt. Wo die Reinkarnationen des Flaneurs, die Chronisten und Stadtphilosophen erst einmal historisch werden und im Geiste Stevensons das Verschwinden der Gaslaternen beklagen, ist der Journalist Wolfe etwas schneller beim Thema: New York erscheint als die Metropole eines universalen Kapitalismus, und selbst das kleinste Detail der Erzählung soll Rechenschaft davon ablegen, wie sehr Erfolg und Besitz die Kriterien sind, an denen allein sich ein Leben mißt: Wolfe entfaltet seine Welt als Warenhaus und die Stadt als Semiotik der

---

[31] Newsweek, zitiert nach dem Klappentext der amerikanischen Taschenbuchausgabe, erschienen bei Bantam Books, New York 1988

[32] Willi Winkler, "Das Geld schreibt", in: Die Zeit, Nr. 35, 26. August 1988

[33] Ibid.

freien Marktwirtschaft. Die Preise zählt er auf, als gehe es um "pornographische close-ups"[34]. Deswegen ist McCoy als erfolgreicher Börsenmakler ein "Master of the Universe"[35], und deswegen ist derselbe Herr auf dem Weg ins Gefängnis, ohne Geld, Geliebte, Familie und Auto, ein "professional defendant"[36], ein Mensch, dessen Dasein in seiner Rolle als Angeklagter aufgeht.

So verläuft keine *comédie humaine*. Wolfes Roman gehört zu einer Ästhetik, die sich in Westeuropa mit amerikanischen Fernsehserien wie *Dallas* und *Dynasty* durchsetzte: Ihre Figuren erheischen keine Identifikation und kein Mitleid. Was an ihnen demonstriert wird, ist die absolute Einheit von Charakter und sozialer Stellung, und die Stadt gilt als Zirkulationssphäre dieser Verhältnisse, als der "alembic", in dem solche Einheiten destilliert werden. Anders gesagt: Sherman McCoy ist Gesellschaft ohne Vorbehalte, und daher erscheint er als bedingungslos urban. "Die Affäre mit der Welt", die den Zauber der Großstadt ausmachen sollte, ist hier radikal zu Ende gedacht. Im Resultat eines solchen Romans entstehen daher weder Genugtuung noch Bedauern - er ist ein Phänomen der Stilisierung jenseits der Einfühlung und schließt mit einem möglicherweise fatalistischen, aber nichtsdestoweniger affirmativen "Es ist so". Und wenn von den vielen Geschichten der großen Stadt sich die des Herrn McCoy irgendwo im Unglück verliert, haben anderswo schon hundert neue begonnen.

Wie bei jedem sogenannten Yuppie sind auch die teuren Schuhe McCoys, seine Geliebte und sein Mercedes nicht nur Indizien für die Höhe seines Einkommens. Der Herr des Universums rechnet sich seinen Lebensstil und darin auch sein Leben in der Welthauptstadt zur Ehre. Dabei geht es weniger um die Demonstration einer Zahlungs- als um einen Nachweis von Satisfaktionsfähigkeit. Denn gewaltig "ist die Erschütterung, wenn jemand darauf hinweist, er komme aus New York. Da wollen etliche in die Knie sinken, wenn sie nicht schon einiges erlebt haben und also standfest sind."[37] In der Ehre - in der Stilisierung des Erfolgs als Lebensart und Charakter - wird der Konsum, wird aber auch die Wahl des Wohnorts zu einem gesellschaftstheoretischen Akt. Jedes Accessoire ist ein soziales Urteil, jedes Ambiente eine Allegorie.

---

[34] Ibid.

[35] Wolfe, ibid., p. 10 und anderswo

[36] Ibid., p. 657

[37] Matthias Zschokke, Prinz Hans, München 1986, p. 92

Auch das Umgekehrte existiert: die Figurationen eines mißlungenen Lebens. Vor einigen Jahren noch lief die leibhaftige Darstellung von Erfolg-, Sinn- und Glücklosigkeit als Punk herum, darin so schamlos wie die Zelebrierung des Hedonismus durch die Kultur der höheren Markenartikel. "Die Welt ist versaut bis auf den Grund, da würde selbst ne verschärfte Revolution nicht helfen."[38] Auch so etwas ist Gesellschaftstheorie, nämlich ein dramatisierter Untergang des Abendlandes - und diese Philosophie ist nicht weniger an Adelsausweisen interessiert als die ihres Komplements: Wie er sich freut, so ein Punk, daß er weiß, wie fertig die Welt ist, und wie sehr er sich das Unglück zur Ehre rechnet! Darin liegt keine Infragestellung der gesellschaftlichen Ordnung, sondern eine einfache Umdrehung der Werte: Was entsteht, ist eine negative Ordnung, die aufrechtzuerhalten wohl genausoviel Mühe macht wie die Fortsetzung der herrschenden Verhältnisse. Ein mißlungenes Leben - das ist eine Inszenierung der Opfer, die das Funktionieren der Gesellschaft fordert, und zwar als unendlicher Vorwurf: Nichts ist je wiedergutzumachen. Anders gesagt: auch in den Allegorien des Scheiterns erscheint ein gesellschaftliches Schicksal als Charakter.

In ihrer unmittelbaren Bindung an das Funktionieren einer ganz bestimmten Form von Gesellschaft sind beide Seiten einer Typologie des Erfolgs, das gelungene wie das mißlungene Leben, urbane Existenzen. Urban sind sie nicht nur, weil ihre Reproduktion vor allem in der Stadt gewährleistet ist, sondern auch, weil die Stadt die positive Grundlage ihres Selbstbewußtseins bietet: als Ort des konzentrierten freien Wettbewerbs, als Zirkulationszentrum von Macht, Geld und Vergnügen - eine bewohnbare Metonymie. Die einen oben, als Ritter der Hochkonjunktur, die anderen unten, als die marodisierenden Banden der Verlierer. Die Figurationen des gelungenen wie mißlungenen Lebens sind in diesem Sinne sozialphilosophische Tropen, Formeln einer absoluten Hingabe an die Verhältnisse. Es ist, wie es ist, und wie es ist, so soll es sein: Im *Transitorischen*, im Eigentlichen urbaner Bewegung sind die Figurationen von Erfolg und Mißerfolg in einer Weise zu Hause, der gegenüber die modernen Stadtgeister sich verhalten wie weiland Benjamins Flaneure, nachdem sie erst einmal den Markt betreten haben: Sie sind hingerissen. Ihre Begeisterung entlarvt das angebliche "Schwinden der symbolischen Anziehungskraft der Stadt"[39] als akademisches Gerücht.

---

[38] Matthias Horx, Das Ende der Alternativen, München 1985, p. 101

[39] Klaus R. Scherpe, "Nonstop nach Nowhere City?", a.a.O., p. 145

Urbane Symbolik

Was ist eigentlich mit dem Blick des Flaneurs, wenn er am Ende eines seiner endlosen Späziergänge ruhen muß, weil die Füße schmerzen, die Zunge im Munde klebt und der Magen knurrt? Wie matt wird das Auge, wenn auf den Rausch ein Kater folgt? - Daß die Symbolik der Stadt, so wie sie in ihrem Hermeneuten entsteht, ein ästhetisches Konstrukt sein muß, schafft die Grundlage der Enttäuschung, die derjenige in ihr erfährt, der nicht mit Leib und Seele, rund um die Uhr zur Gemeinde gehört. Das Komplement zu den pubertären Phantasien eines Johann Ritter, der "nach Berlin (kam), um binnen eines Jahres Geld, eine große Altbauwohnung und einen Sportwagen zu besitzen"[40], ist die Erfahrung eines Max, der durch Paris läuft und Paris denkt: "Er schaut sich nicht genau um, denn das ist ja wohl noch nicht Paris. Oder doch nicht bezeichnend für Paris. Einmal eine große Säule auf einem Platz. Immer noch Nieselregen. Bistro Bistro. Vor einem MacDonald's war er müde und mußte unbedingt auf die Toilette."[41]

Auf der anderen Seite ist das Versprechen, das in der ästhetischen Konstruktion einer Stadt liegt, schon längst ein Element des Städtebaus sowie dessen, was sich auf den Straßen ereignet: Auch in Europa wird die urbane Symbolik - nicht die Symbolik von Herrschaft oder Reichtum, sondern die der Stadt selber - mittlerweile in die Stadt hineingebaut. Die Innenstädte werden zu Apologien ihrer selbst. Die meisten amerikanischen Innenstädte haben dieses Element stets schon enthalten -in ihnen erscheinen die Metamorphosen, die imaginierten Landschaften und Stuben des Flaneurs als Bestandteil der Architektur. Die urbane Erscheinung, immer wieder beschworen wie im Vorspann zu *Dallas* und *Dynasty*, aber auch in allen Photographien, die Manhattan vom Land aus zeigen, ist schließlich doch nur eine Inszenierung - so wie die Landschaften nach der Natur im Central Park oder Tiergarten. In ihnen liegt etwas Falsches wie in den hochgezogenen Fassaden von Guntown, Arizona, oder hinter den Säulen und Kapitellen, hinter denen sich doch kein Palast, sondern ein ganz, ganz schlichtes Haus verbirgt. Und der Eindruck des beinahe Unermeßlichen, die - wie bei gotischen Kirchen - auf Erhabenheit hin kalkulierte Wirkung eines einzigen, geschlossenen Komplexes von sehr, sehr hohen Häusern, wird in dem Augenblick dementiert, in dem man diesen Bezirk selber betritt. Von der Straße aus betrachtet, von dort aus,

---

[40] Michael Kleeberg, <u>Der saubere Tod</u>, München: Schneekluth 1987, p. 7

[41] Matthias Zschokke, <u>Max</u>, Frankfurt am Main/Berlin/Wien 1984, p. 99 f.

wo Menschen und Brachflächen, Parkplätze und Müllsäcke sichtbar sind, erscheinen die Kathedralen des Kapitals als Willkür. Sie sind beliebige Siege über die Natur und wie die Parzellierung der Straßenzüge weniger dem Utiliatrismus verpflichtet, als einer Symbolik von Nützlichkeit oder, was dasselbe war, einer städtebaulichen Kritik an der Monarchie.[42] Werktags zweimal täglich, jeweils im Berufsverkehr, wird dann der Funktionalismus als Idealismus entlarvt. Die Leitvorstellung der amerikanischen Innenstadt, formuliert im *commissioner's plan* für New York aus dem Jahre 1811, ist daher in dem Maße magisch, wie es die Unterwerfung einer beliebigen Natur unter das Planquadrat und die Konkurrenz der Höhe verspricht. Es sind Symbole einer gelungenen Biographie der Gesellschaft, die - und das gehört zum weiteren Gelingen dieser Biographie - auch immer wieder und auf immer wieder neuen Niveaus gelingen muß, so daß es diesbezüglich schon lange einen Wettbewerb der Städte, Bauherren und Architekten gibt.

Die amerikanische Stadt, d.h. die Stadt, die nicht die Entwicklung von Markt über die Residenz, den Industriestandort zum Großraumbüro mitmachen mußte, verwirklicht die urbane Symbolik am reinsten - und zwar im Angesicht einer von vorneherein kapitalisierten Landwirtschaft und eines verstädterten Umfeldes. "Those towers, those streets" sind ein Versuch, einen Gegensatz zwischen Stadt und Land aufrechtzuerhalten, einen Gegensatz, der in Amerika so nie existierte. Dabei hat die Vorstellung von der Stadt, die dieser Symbolik zugrundeliegt, etwas von einem Bild aus der Zeit vor der Industrialisierung - einer Zeit also, in der eine Stadt als geschlossenes Gebilde und in Differenz zum Bauernland ringsum erkannt werden konnte, in der es ein "Gegenüber von freier Landschaft und aufgetürmter Stadt"[43] gab. Einer solchen Stadt nähert sich der Armenadvokat Siebenkäs aus dem Reichmarktflecken Kuhschnappel an einem schönen Morgen: .. alle Gebäude kamen ihm wie schimmernde, aus dem Äther gesunkene festere Luft- und Zauberschlösser vor." Die nordamerikanische Innenstadt, das Frankfurter Bankenviertel und La Défense sind ästhetische Rückgriffe auf Zeiten, in denen die Stadt noch das ganz andere zum Land war.

---

[42] Die rektanguläre Grundanlage vieler amerikanischer Städte geht zurück auf die u.a. von Jefferson vertretene Vorstellung, das Rechteck symbolisiere Gleichheit, und wendet sich gegen die sternförmige, zentrierte Anlage der meisten europäischen Städte. Vgl. André Corboz, "<Non-City> Revisited", in: La ville inquiète, Hrsg: Le temps de la réflexion, Paris 1987, pp. 45 - 59

[43] Hartmut Häußermann und Walter Siebel, Neue Urbanität, Frankfurt 1987, p. 105 f.

Umgekehrt: es scheint vor allem in Europa, aber auch in Nord-
amerika mittlerweile ein Bedürfnis zu existieren, nicht nur diesen
Gegensatz zu behaupten, sondern szenisch auszugestalten. In dem
Maße, in dem der Gegensatz von Bürgertum, Handel und Austausch
auf der einen, Adel, Bauerntum und landgebundener Produktion auf
der anderen Seite als endgültig aufgehoben erscheint, tritt daher in
der Stadt die Idylle eines reinen Marktes, der Markt als Interieur
auf: Die Wiederbelebung der europäischen Innenstädte begann, wie
Harald Jähner bemerkt[44], mit dem Flohmarkt. Hinzu kamen die
fliegenden Händler, die Pflastermaler, Gaukler und Feuerschlucker
und was alles noch so den Kurfürstendamm, die Freßgaß und den
Jungfernstieg bevölkert - farbenfrohe und sehr improvisierte
Existenzen, die ab Mitte der siebziger Jahre auch nicht mehr von
der Polizei vertrieben, sondern vom städtischen Kulturamt eingeladen
wurden. Und zu dieser Inszenierung von Geselligkeit kam die
entsprechende Architektur der Piazzen und Arkaden und Passagen
und Campaniles - all das Dekorzeug, was so Postmoderne heißt. Die
scheinbare Trennung von der Industriekultur führte in eine falsche
Renaissance, und der flanierende Stadtgeist gehört insofern dazu, als
er seinen detektivischen Sinn dazu benutzt, gleichsam das Programm-
heft zu schreiben - der Apologie des Städtischen liefert er die
historische Teleologie.

Die Urbanisierung des Urbanen, d.h. die Ikone "Innenstadt" oder
"downtown" ist ein Kulturprojekt und wird als Insel gestaltet -
rundherum herrscht dann doch die Industriekultur oder deren
Brachen, die endlosen Vororte oder das verstädterte Land. In ihrer
Inselhaftigkeit aber ist die Urbanität, die in dieser Ikone beschrieben
wird, beliebig reproduzierbar. Die Beschwörung läßt sich wiederholen,
und so sind denn auch die neuen Märkte von St. Louis, Paris oder
Bad Homburg gegeneinander austauschbar. Die Ikone läßt sich daher
auch beliebig verkleinern - jede "mall", jedes bessere Einkaufs-
zentrum demonstriert das heute mit einem Forum, mit Piazze unter
Glas, Bogengängen, Verkaufsständen ...

Auf diese Weise tritt mittlerweile halbwegs jede westliche Großstadt
in einer gemeinsamen Anstrengung von Kapital und Kommunalpolitik
als Markenartikel auf. Und so sehr man darüber spotten mag, um
so weniger wird dadurch zurückgenommen, daß in dieser Verbindung
so etwas wie die Rückkehr der Stadt zur Residenz geschieht -
wenngleich da etwas anderes als ein einzelner Fürst residiert. Sicher,
das ist ein Atavismus, aber auch eine "Ästhetisierung von Politik",

---

[44] Harald Jähner, "Tour in die Moderne", ibid., p. 232

gegen die gerade Benjamin allerhand einzuwenden gehabt hätte[45].
Indessen verläuft diese Selbstdarstellung des Politischen nicht
unmittelbar als Ausdruck von Herrschaft, also nicht als Inszenierung
von Erhabenheit, sondern als Ausdruck eines Konsensus - als die
Demonstration eines Anspruches, Politik sei noch etwas ganz anderes
als Macht, nämlich für die Kultur da. Da erscheint der Bürger als
Schloßherr, das Rathaus als Sitz des Impresarios, Festivalbüro und
Aushängeschild - und der Flaneur wird vom Kultursenator bestellt.
Die Kultur, die dabei entsteht, ist populistisch und scheut sich nicht
vor Kahnfahrten, Feuerwerk und Rockmusik.

Im Rahmen der urbanen Sinnproduktion kehrt die Stadt damit nicht
nur als Repräsentationssphäre von Staat und Kapital zurück. Sie
wird in einem ganz neuen Sinne zur Demonstration von Gesellschaft:
So wie sich Marie Antoinette hinter dem Park ihren Weiler "Le
Hameau" hielt in der Reminiszenz an den echten, an den landver-
bundenen Adel, so bildet sich der moderne Staat ab in dem
Gemeinwesen, das mit ihm entstand und ihn überhaupt erst wirklich
werden ließ: Die Metropole der bürgerlichen, der kapitalistischen
Gesellschaft wird zum Gesamtkunstwerk. Darin, so ist zu vermuten,
hat der Boom kommunaler Kulturpolitik in den westeuropäischen
Ländern seinen Sinn. Und das offenbart sich nicht nur darin, daß
die entsprechenden Projekte - von der Kulturstadt bis zum Jubiläum
der französischen Revolution als Pariser Veranstaltung - nur noch
über eine konzertierte Aktion von Staat und Kapital zu finanzieren
sind, sondern auch darin, daß alle, alle mitmachen. Eine solche
Kulturpolitik hat keine Gegner mehr: Selbst der böseste Punk belegt
noch die Symbolik der Großstadt und findet sich auf einer Postkarte
wieder - selbst er ist Beweis eines Arguments, das er bekämpfen
will.

---

[45] Walter Benjamin, "Das Kunstwerk im Zeitalter seiner technischen
Reproduzierbarkeit", in Gesammelte Schriften, I, 2, vor allem p. 506 ff.

DIE AUTOREN

Charles W. Haxthausen: Professor für Kunstgeschichte an der University of Minnesota, Minneapolis

Harald Jähner: Referent für Öffentlichkeitsarbeit im Haus der Kulturen der Welt in Berlin

Friedhelm Lach: Professor für deutsche Sprache und Literatur an der Université de Montréal

Walter Moser: Professor für Vergleichende Literaturwissenschaft an der Université de Montréal

Lothar Müller: Literaturwissenschaftler an der Freien Universität Berlin

Michael Rutschky: freier Autor, Redakteur der Zeitschrift *Der Alltag*, lebt in Berlin. Der Beitrag ist eine überarbeitete Fassung eines Essays, der im September 1987 im *Merkur* erschien.

Linda Schulte-Sasse: Professorin für deutsche Sprache und Kultur am Macalester College in Minneapolis

Thomas Steinfeld: DAAD-Lektor für deutsche Sprache und Literatur an der Université de Montréal

Heidrun Suhr: DAAD-Dozentin für *German Studies*, stellvertretende Leiterin der DAAD-Außenstelle New York